高职高专"十三五"经济与管理类核心课程系列规划教材

商务谈判与礼仪实务

（第二版）

李 滨 编著

西安交通大学出版社
XI'AN JIAOTONG UNIVERSITY PRESS

国 家 一 级 出 版 社
全国百佳图书出版单位

图书在版编目(CIP)数据

商务谈判与礼仪实务/李滨编著. —2 版.—西安:西安
交通大学出版社,2019.11
ISBN 978-7-5693-1361-1

Ⅰ.①商⋯　Ⅱ.①李⋯　Ⅲ.①商务谈判-高等学校-
教材②商务-礼仪-高等学校-教材　Ⅳ.①F715.4
②F718

中国版本图书馆 CIP 数据核字(2019)第 225735 号

书　　名	商务谈判与礼仪实务(第二版)	
编　　著	李　滨	
责任编辑	赵怀瀛	
出版发行	西安交通大学出版社	
	(西安市兴庆南路 1 号　邮政编码 710048)	
网　　址	http://www.xjtupress.com	
电　　话	(029)82668357　82667874(发行中心)	
	(029)82668315(总编办)	
传　　真	(029)82668280	
印　　刷	陕西奇彩印务有限责任公司	
开　　本	787mm×1092mm　1/16　印张 15.25　字数 387 千字	
版次印次	2015 年 1 月第 1 版　2019 年 11 月第 2 版　2019 年 11 月第 1 次印刷(累计第 4 次印刷)	
书　　号	ISBN 978-7-5693-1361-1	
定　　价	39.80 元	

读者购书、书店添货,如发现印装质量问题,请与本社发行中心联系、调换。
订购热线:(029)82665248　(029)82665249
投稿热线:(029)82668133
读者信箱:xj_rwjg@126.com

第二版前言 Foreword

在经济全球化的大背景下,尤其是我国加入 WTO 以后,随着市场经济的不断发展,一切面向市场的组织都必须置身于市场经济的大潮中,按照市场经济的规律,做好自身的经营和管理。社会经济的这一大变革,使得会经营、懂管理、善策划的市场营销专业人才成为时代的宠儿。而伴随着市场经济的不断深化,商务谈判成为市场营销活动中的重要组成部分,社会对于商务谈判的专业人才的需求逐年递增。

市场营销专业是伴随着市场经济的发展而建立和发展起来的新兴专业,迄今为止,其发展还不到 100 年。随着营销实践的发展和完善,商务谈判的内涵及其与之相关联的对营销人才知识体系的要求也在不断发展和变更:市场营销已由单纯的销售产品实施过程发展到营销的战略和策划过程,由单纯的产品营销发展到品牌营销,由单纯的实物产品营销发展到服务产品营销,由单纯的微观营销发展到宏观与微观相结合的全方位营销,而这一切都离不开各种各样的商务谈判。

从我国的现实情况来看,市场营销理论进入我国的时间较晚,在改革开放后,我国才逐步引进和接受市场营销观念。1978 年我国开始引进市场营销课程,1992 年一些大学才开始正式将市场营销专业列入招生目录。近二十年,随着我国改革开放的不断深入和强化,市场和社会对市场营销专业人才的需求不断增加。就近十年大学毕业生就业情况来看,市场营销专业毕业生的就业率均名列前茅。由此,我们根据学科的发展及社会对市场营销专业人才的需要来重新规划营销人才培养体系,将商务谈判与礼仪实务的相关知识列入课程体系,为适应社会发展需要的新型市场营销专业人才的培养提供工具和基础。

本书是一本关于商务谈判与礼仪实务理论与实践相结合的教材,在第一版的基础上,对教材内容进行了删改和更新。本书分别阐述了商务谈判的基本概念、特征、种类以及作为本学科所要研究的对象、内容及商务谈判思维与语言,商务谈判准备,商务谈判开局与摸底,商务谈判报价与磋商,商务谈判签约与履约,商务谈判策略与技巧,以及商务谈判中的各种礼仪知识等内容。学习者可以通过本书全面掌握和了解商务谈判的基本知识和基本方法,并掌握商务谈判的语言、行为、技巧、策略。

由于作者水平有限,编写时间仓促,敬请专家和读者批评指正。

作　者

2019 年 6 月

第一版前言 Foreword

　　凡是有人类活动的地方就会有矛盾冲突,就会有利益协调,就会有琐务纠纷,而谈判正是在这样的背景下应运而生的。正所谓人生无处不谈判,生活事事有沟通。人类历史是一条洪流,生活在江尾的我们可以分外看到,社会在飞速进步,科技在迅猛发展,分工越来越细致明确,人与人之间的交换也越来越多而频繁。小到家庭纠纷,大到国际争端,不论人与人之间将建立什么样的联系,会产生怎样的矛盾,我们都能看到在历史长河下,谈判那袭美丽而靓丽的身影。不可否认,谈判是美的,它是人类一种有意识的社会活动,是一种处理人际关系、解决人类利益冲突的手段,是社会需要和社会交流的产物,且自古就有、无处不在。

　　感慨完了谈判就有必要来谈谈它的利益性质。谈判按照谈判利益的性质来划分,可以分为商务谈判和非商务谈判。将谈判应用于商务,或说商务谈判作为谈判的一门分支学科,融汇了市场营销、国际贸易、金融、财务、公共关系、法律、科技、文学、艺术、心理、地理、演讲、交际礼仪等多种学科。它融多学科、多方面的知识为一体,具有较强的科学性和艺术性。所以它既是一门科学,又是一门艺术。对于从20世纪70年代才开始建立的谈判学来说,商务谈判发展至今,所吸纳知识领域的速度算是迅疾得惊人了。对商务谈判有了解的人会知道,仅有商务谈判知识在这样一个强手林立的环境里还远远不够,还要适时配合礼仪实务才能更好地学以致用。而本书,便是详细探究关于商务谈判及礼仪实务这门学科的书籍。

　　回眸历史的桥段,改革开放打开了中国市场经济以及参与世界经济循环的这扇大门。在分析这是一个令人振奋消息的同时,也可以预见到,任何事情都存在它的两面性。特别是对于处在经济全球化、互联网时代的如今来说,既为各行各业创造了空前的生存与发展空间,也把各行各业置身于国际市场的大经济、大风暴中。伴随着知识经济时代的到来,各种经济竞争将更加激烈无情。面临这样的大环境及由此带来的时代性挑战,想要赢就必须尊重科学,并不断去接受新的知识。在经济交流越来越多、越来越复杂的今天,沟通越来越重要。如何科学有效且双赢地合作,故此,商务谈判将有着无比重要的地位及作用。它不再仅是利益争夺的平台,而是一转身成为促进企业与企业间以及企业内的组织间、个人间、组织与个人间协作与沟通的平台。

　　本书阐述了商务谈判的思维、语言及礼仪等,辅以众多的古今中外案例进行陈述,讲究操作上的务实性与技巧上的谋略性相统一,突出了"商务谈判与礼仪实务"的通用性和应用性特色,且用讲述真实事例的方式,把每个观点深入浅出地说明并论证。本书语言通俗流畅,通读起来轻松自然,感悟深刻,让人在欢笑之余收获颇多。

　　　　　　　　　　　　　　　　　　　　　　　　　作　者
　　　　　　　　　　　　　　　　　　　　　　　　　2014 年 10 月

目录 Contents

谈判艺术篇

» 谈判基础篇

第1章 谈判学导论

本章要点

1. 了解谈判的产生与意义
2. 了解谈判的内涵与特征
3. 了解谈判的构成与分类
4. 了解谈判的研究对象与方法
5. 理解成功谈判的含义与理念

第 1 节　谈判的产生与意义

案例链接

基辛格说媒

基辛格博士堪称20世纪的谈判大师。一次，基辛格主动为一位老农的异常优秀的儿子说媒，想试试自己的折冲之技。他对老农说："我已经为你物色了一位最好的儿媳妇。"老农回答说："我从来不干涉我儿子的事。"

基辛格说："可这姑娘是罗斯柴尔德伯爵的女儿（罗斯柴尔德是欧洲最有名望的银行家）。"老农说："嗯，如果是这样的话……"

基辛格找到罗斯柴尔德伯爵说："我为你女儿找到了一个万里挑一的好丈夫。"罗斯柴尔德婉言拒道："可我女儿太年轻。"

基辛格说："可这位年轻小伙子是世界银行的副行长。""嗯……如果是这样……"

基辛格又去找到世界银行行长，道："我给你找了位副行长。""可我们现在不需要增加一位副行长。"基辛格说："可你知道吗，这位年轻人是罗斯柴尔德伯爵的女婿。"于是银行行长欣然同意。

基辛格功德无量，促成了这桩美满的婚姻，让老农的穷儿子摇身一变，变成了金融寡头的乘龙快婿。

这则故事说明了什么？

基辛格运用自己高超的谈判技巧把看似不可能的事变成了可能，说明了谈判技巧运用领域的广泛和谈判所产生力量的巨大，亦说明了谈判是由分歧到达成一致的过程。如何从分歧到一致？基辛格很好地运用了满足对方的心理需求和交易条件相当这一基本的谈判策略，同时也运用了谈判对手信息的有限性来达到了谈判的目的。学习谈判原理和技巧，将帮助人们学会解决矛盾和困难，在工作和生活中获得更多的成功。

1.1 谈判的产生

1. 谈判的由来

"谈判"一词就其字面意义是指人们为了解决某一问题而进行商谈和决定,英文中把正式的谈判称为 bargaining。谈判的历史几乎和人类活动历史一样悠久,在原始社会,人们有时为了处理部落内部的一些公共事务或者解决部落之间的一些冲突,往往需要聚在一起进行商谈和决定,以解决分歧,缓和矛盾,平衡利益,这就是谈判的最初形式。随着人类社会的发展,人们之间的交往越来越频繁,需要处理的各种关系或矛盾越来越多,谈判的事项和领域也就逐步扩大,谈判作为一项利害性和智慧性的活动也日益为人们所重视,谈判策略和技巧也越来越被人们所认识和运用。

历史上,许多重大事件无不闪烁着谈判者超人的智慧和精彩的谈判技巧。晏子出使楚国,扬国威而不辱使命;苏秦、张仪凭三寸不烂之舌,成合纵连横之功,开中国纵横家之先河;蔺相如大义凛然,据理力争,方能完璧归赵;诸葛亮舌战群儒,促成吴蜀联盟,才有赤壁大战,形成三国鼎立之势。

回顾中国近现代史,许多重要时刻无不与谈判活动联系在一起,无论是战争时期的谈判,还是改革开放以来中国长达十五年加入 WTO 的谈判等,都充分说明了谈判活动的重要性和智慧性,所谓"三寸不烂之舌,强于百万之师"。在现代社会,大到解决国家之间的纠纷,小到处理个人之间的恩怨,人们都需要利用谈判。

2. 谈判的产生条件

虽然谈判的历史由来已久,谈判的范围非常广泛,但谈判不是无缘无故产生的。谈判作为一项具有利害关系的特殊活动,需要具备以下条件才会出现:

(1)谈判源于各自的需要。谈判产生的基本动因是需要,人们为了满足某种需要才去谈判,不存在需要就没有谈判。这种需要与当事人有着利害关系,它可能是经济上的,也可能是政治上的,或者是其他方面的。总之,谈判带有某种动机和目的,这种动机和目的既催生了谈判,也制约着谈判。

(2)交易条件的差异性、联系性和可调性。谈判产生的直接条件是谈判各方的交易条件存在着差异性、联系性和可调性。首先,谈判双方之间的交易条件存在着分歧或差异,所以才需要商谈,显然,没有分歧就不需要谈判,直接成交就可以了。其次,谈判双方的交易条件须存在一定的联系或相对接近才有可能谈判,如果条件相差太远或者根本没有达成一致的可能性,就不可能也没有必要谈判,如"基辛格说媒"中老农的儿子对于银行家的女儿几乎没有谈判的可能性,相反,世界银行的副行长对于银行家的女儿就有谈判的可能性了。再次,谈判之所以能进行,是因为谈判双方的交易条件可以调整,存在着商谈的余地;相反,"一口价""明码标价"就无需谈判,命令或强迫对方接受自己的条件就不是谈判。

(3)行为主体资格的独立性和对等性。谈判产生的重要前提是行为主体(谈判者)资格具有独立性和对等性。所谓独立性,是指谈判者在谈判利益上是独立的,能分出己方和对方的利害,因此同一利益主体就不能视为谈判,如夫妻之间的家务事、单位同事之间的工作事项等;所谓对等性,是指谈判主体资格具有平等性,有与对方谈判的地位和权利,因此,上级命令下级、强者压迫弱者,就不可能有谈判。

1.2　谈判的意义

案例链接

工厂关闭,工人失业

一家位于苏格兰的轮胎公司原来一周只开工 4 天,经理为了加强产品在市场上的竞争力,希望能将工作日改为一周 5 天。但是,工会拒绝接受,工会的理想目标是周五不开工。

在漫长的对抗过程中,公司一再表明,如果工会不肯合作的话,公司将可能被迫关闭。看来资方的决心挺大,可工会的决心更大,不肯做出让步。双方的斗争又持续了一段时间,最后公司只好宣布关闭,工人随之失业。

在上述案例中,因劳资双方缺乏谈判意识和谈判艺术,导致了两败俱伤,本来可以"双赢",结果变成"双输"——工厂关闭、工人失业,尤其是工会拒绝用谈判的思路来解决问题,一味以拒谈、对抗来迫使资方接受自己的条件,其结果是因小失大。这个案例充分说明了谈判在现实社会中的作用和意义。

1. 谈判是实现交换的重要手段

交换促进了人类社会的发展,但交换的实现离不开谈判。通过谈判,双方可以提出各自的需要,进行协商,讨价还价,调整目标,从而达成一致,实现交换。

2. 谈判是解决冲突的有效方式

有史以来,人类社会就离不开冲突,国家与国家之间有争端,组织与组织之间存在分歧,人与人之间产生纠葛。解决这些矛盾,不外乎以下几种方式:一是武力;二是诉讼;三是谈判。而谈判无疑是首选和最佳方式,在谈判未果的情况下才会考虑采用其他两种方式。通过谈判,冲突双方可以探索多种方案进行合作,各取所需,从而消除分歧,化解矛盾,平息争端。可以这样说,和平时代谈判是解决两个利益主体之间冲突的主旋律。

3. 谈判可以充分反映各方的意愿和需求

与威胁、强迫、命令不同,谈判是双方在平等自愿的基础上进行的,谈判者可以充分提出自己的意愿和要求,充分交换意见,互相沟通,探讨合作,从而有利于最大限度地发现和满足各方的需要,实现互利、双赢。

4. 谈判有利于增进谈判各方的关系

基于谈判的平等自愿和充分沟通,谈判者通过谈判不仅满足了各自的需要,而且通过彼此交往和合作增强了双方的感情和信任,建立了良好的关系,从而有利于实现双方的长期友好合作。

5. 谈判有利于促进平等与和平

人类社会演进至今,进入了一个以和平与发展为主题的时代,但世界并不安宁,不时能看到武力争斗,乃至战争的硝烟。如果多一些谈判,那么就会多一些平等与和平;如果都用谈判的方法来解决矛盾和冲突,那么人类前进的步伐就会更快,人类社会也就会变得更加美好。

1.3 谈判的应用

1. 谈判的适用范围

从谈判的产生条件可知,谈判是有适用范围的,这种范围主要可概括为两方面:①是不是真正的谈判;②有无必要谈判。显然不能将普通的说服工作等同于谈判,如有一些观点认为,只要与对方洽谈就是谈判,只要进行说服就是谈判,这就患了"泛谈判论"的毛病,对正确认识和指导谈判是不利的。因为谈判毕竟是一种耗时费力、讲究策略的正式活动,能不谈判就不谈判,无必要谈判就无须谈判,不是谈判就不要视为谈判。总体来看,谈判主要适用于以下事项:

①基于利益的合作。

②解决利益的分歧。

③解决冲突或纠纷。

④为交易达成一致。

显然,谈判并不适用于所有的事项或交易,在一些情况下,用并非谈判的方式去解决问题可能更经济、更有效,如零售商店的明码标价,一些企业在销售上的"统一价"和"一口价"等。一般来说,越是重要的事务或越是大型的交易,就越需要谈判。

2. 当代谈判的发展

谈判与人类其他活动一样,是随着人类社会的发展而发展的。

这种发展主要体现在以下方面:

①谈判的领域不断扩大;

②谈判的对象越来越广泛;

③谈判的手段和方式更灵活多样;

④更注重谈判的效率;

⑤更注重谈判实力和技巧的运用;

⑥更注重合作的双赢和长期性。

第 2 节 谈判的内涵和特征

2.1 谈判的定义

谈判有广义和狭义之分。广义的谈判是人类行为中一种非常普遍的现象,它是指各种交涉、洽谈、磋商等,这样的谈判无处不在。正如美国谈判专家荷伯·科恩所说:"世界是张谈判桌,万事均可谈判。"大到国家之间的政治、军事、经济、外交等方面的谈判,小到一家人为了晚饭吃什么而进行的商量,都属于广义的谈判范围。狭义的谈判是指在专门场合下安排和进行的谈判,这种谈判经过事先的安排和准备,相对而言要正式和严肃一些。

不同学者从不同角度去总结谈判的概念,综合各种关于谈判的概念,本书将谈判定义为:人们为了协调彼此之间的关系,满足各自的需要,通过协商而争取达到意见一致的行为和过程。

2.2 谈判的特点

理解谈判的特点有助于正确界定谈判的范围并理解谈判,谈判具有以下特征:

(1)目的性。谈判是建立在双方需要的基础上的,这是人们进行谈判的动机,也是谈判产生的原因。当人们想满足自己的某种物质或者精神利益时就会产生各种需要,如交换意见、改变关系、寻求合作等,如果这种需要无法通过自身满足,只能借助他人的合作才能满足时,人们就会开始谈判。人们对谈判要求的迫切程度与需要的强烈程度有关。

具有目的性的谈判区别于一般的“聊天”或者“闲谈”,聊天和闲谈没有明确的谈判目的,为什么而谈和谈论什么都不明确,也没有经过事先计划,率性而为的聊天和闲谈不是谈判。

(2)相互性。谈判需要双方或多方的参与。谈判产生的条件里要求有“需求没有满足且无法自我满足和愿意为满足需求而付出代价”的谈判对方,这里的对方可以是一方,也可以是几方,但不会是自己。

具有相互性特征的谈判区别于某些人认为的人们可以自己和自己进行的谈判——“自我谈判”,如一个人为周末去郊游还是去看望朋友而犹豫不决,为晚饭吃米饭还是吃面条而进行思想斗争。显然,这种所谓的“谈判”不具备谈判产生的条件,不过是个体在遇到困难时需要作出的自我决策而已,这里的个人需要是很容易自我解决和满足的需要,因此它不属于谈判。

(3)协商性。谈判的开始意味着某种需求和希望得到满足、某个问题需要解决或某个方面的社会关系需要调解。而谈判则是一种协调行为的过程,在这一过程中,双方需清楚地阐述自己的立场和观点,同时认真地听取对方的需求和陈述,从而不断调整策略、沟通信息,以求缩小分歧、达成共识。但是由于参与谈判各方的利益、思维及行为方式不尽相同,存在一定的冲突和差异,因而谈判的过程实际上就是寻求共同点的过程。

(4)博弈性。谈判过程也就是谈判者选择和使用策略的过程,因而也是谈判双方博弈的过程,在这个过程中,谈判方根据自己掌握的信息和资料,在对对方进行深入分析并推测对方可能采取的方法策略的基础上,制定和决策己方的谈判方案。在这里,掌握谈判各方面的信息、对对手的分析和策略的决定选择非常重要。

(5)公平性。只要谈判各方是自愿参与谈判,在谈判时对谈判结果具有否决权,这样的谈判就是公平的,无论它的结果看起来是多么不平等。谈判的公平性体现在谈判的自愿参与、自主决策和自我负责上,只要没有强迫性、不存在一方“打劫”的谈判都是公平的谈判。至于谈判结果的不平等,则是由于谈判各方实力、水平、能力和对成交的迫切程度差异造成的。

2.3 谈判与推销的区别和联系

一些人常常将推销与谈判混为一谈,认为谈判就是推销,推销就是谈判,用推销的原则来指导谈判,其结果在实践中往往犯错误,达不到良好的谈判效果。实际上,谈判与推销既有内在的联系,又有本质的区别。弄清两者的区别与联系,对正确指导谈判与推销活动具有重要的意义。

1. 谈判与推销的区别

(1)谈判是一种与对方进行磋商以达成一致的活动,推销是一种推动对方进行购买的活动,因此推销只适用于卖方,而谈判既适用于卖方,也适用于买方。

(2)谈判的产生往往需要一定的条件和时机,即双方经过一定的认知和准备后,具有谈判的意愿和必要时才会真正开展谈判;而推销则没有这种条件限制,它可以由推销者自主地掌握进行。

(3)在谈判中,谈判的主动权既可以在买方,亦可以在卖方,双方的地位也更平等;而在推销中,因卖方主动找买方,因此交易的主动权往往掌握在买方手中,买方的地位也往往优于卖方。

(4)谈判的主要目标是实现己方利益的最大化,而推销的主要目标是卖掉商品,因此谈判的重心是促使对方接受己方的条件,而推销的重心则是激发对方的购买欲望。

(5)谈判是一场心理斗争,讲求的是力量对抗,注重谈判实力和谈判谋略的运用;而推销是一场说服运动,讲求的是如何调动和满足顾客的需求,注重产品利益和推销技巧的运用。因此体现在具体的方式方法上,两者亦有很大的不同,如推销者需要主动、热情、尽量接近对方,而谈判者则未必需要,有时甚至是相反。总体来看,谈判活动比推销活动更复杂,更需要策略。

2.谈判与推销的联系

虽然谈判与推销有这样那样的区别,但两者亦有一定的内在联系。推销的实现常常需要谈判才能完成(不是所有的推销都需要谈判)。当谈判者是推销者的时候,推销与谈判是密不可分的,推销构成了谈判的前奏,即推销进行到一定时候,对方具有购买的兴趣和谈判的意愿时,谈判就随即开始,此时谈判者既需要推销,也需要谈判。此外,无论是谈判还是推销,都主要依赖于说服艺术,因此,在说服艺术上两者有共同之处。

第3节 谈判的构成与分类

3.1 谈判的构成要素

一项完整的谈判活动须具备以下要素,否则,谈判活动就无法进行。

1.谈判主体

谈判活动显然要有主体,即谈判当事人。谈判当事人常常具有双重性:一是谈判的代表者,即谈判的个体或团队;二是谈判组织,即谈判者所代表的组织。谈判主体的这种双重性,对指导谈判具有重要意义,即在谈判中既要重视谈判组织的需要,亦要重视谈判代表的需要,两者不可偏废。为了便于称谓,对谈判主体统称为"谈判者"。

2.谈判客体

谈判活动要有谈判的标的和议题,即谈判客体。所谓谈判标的,是指谈判的事务,如贸易型谈判的标的是指买卖的货物,服务型谈判的标的是指服务的内容等。所谓谈判议题,是指谈判的具体内容或交易条件,如价格、数量、质量、付款方式等。

3.谈判目的

谈判目的是构成谈判活动不可缺少的因素。只有谈判主体和客体,而没有谈判目的,就不能构成真正的谈判活动,而只是闲谈。正因为谈判各方鲜明的目的性,才会使得谈判活动具有较强的冲突性和竞争性,而闲谈则不涉及各方的利害关系,也不会导致双方的对立或竞争。

4.谈判行为

谈判活动是通过谈判双方的谈判行为来进行的,有谈判的主体、客体和目的,而没有谈判行为,显然只是谈判的构想,而不是谈判的现实。谈判行为是指谈判主体的言行举止或具体活动,是决定谈判结果的主要因素。

5.谈判环境

谈判活动都是在特定的环境下进行的,受到环境的具体制约,脱离了具体的环境,谈判就没有什么意义。这种环境既包括了外部的大环境,如政治、经济、文化、市场等,亦包括了谈判的小环境,如时间、地点、交往空间等。

6.谈判结果

一项完整的谈判活动必须要有谈判结果。无论谈判成功与否,都需要有相应的结果,没有结果,则意味着谈判活动还没有结束。有些谈判旷日持久或相持不下,但只要没有明确的谈判结果,那么谈判就有继续的可能。谈判活动不了了之,只能称为"不完整的谈判",应尽力避免。

以上因素既是谈判构成的要素,也是影响谈判活动具体进行的因素,更是分析和研究谈判的依据和来源。

3.2　谈判的分类

根据不同的划分标准,可以将谈判活动分为不同的种类。认识谈判的不同种类,是分析谈判的原则、方法和策略的基础。

1.按谈判主体的多少划分

(1)双边谈判,是指谈判主体只有两方的谈判。

(2)多边谈判,是指谈判主体多于两方的谈判。

2.按参加谈判人数的规模划分

(1)小型谈判,一般认为是指谈判各方的人数在 4 人以下的谈判。

(2)中型谈判,一般认为是指谈判各方的人数在 4～12 人的谈判。

(3)大型谈判,一般认为是指谈判各方的人数在 12 人以上的谈判。

规模不同的谈判,谈判的复杂程度和谈判涉及的人员范围等亦不同。规模越大的谈判,谈判的复杂程度越高,涉及的人员范围越广,谈判所需的准备也要越充分。

3.按谈判利益的性质划分

(1)商务谈判,是指以经济主体、营利活动为性质的谈判,如商品贸易、工程承包、项目合作、投资、服务、咨询、代理等。

(2)非商务谈判,是指以非经济主体、非营利活动为性质的谈判,如外交事务、战争调停、政治争端、行政矛盾、社会冲突、民事纠纷等。

商务谈判与非商务谈判有时可能互相交织,但两者的性质不同,因此所遵从的原则、方法和策略亦有较大的不同。如两者的对抗性不同,故谈判的斗争程度亦不同。

4.按谈判所在的地点划分

(1)主场谈判,是指谈判场所在己方所在地的谈判。主场谈判因己方更适应或掌握更多的主动权,因此往往有利于己方。

(2)客场谈判,是指谈判场所在对方所在地的谈判。客场谈判往往更有利于对方。

(3)中立地谈判,是指谈判场所在第三方中立地的谈判,其对双方的影响更平等。中立地谈判往往适用于谈判双方冲突激烈或对双方有重大影响的谈判,如国际争端。

5.按谈判者接触的方式划分

(1)面对面谈判,是指谈判当事人面对面进行的谈判。面对面谈判往往更生动活泼,更能准确地反映当事人的意图,双方往往也更容易沟通和接近,谈判的效果也就更好,因此成为谈判的主要形式。其缺点是比较正式和耗时耗财,也容易受到场地和时间的制约,因此往往适用于谈判的正式阶段。

(2)电话谈判,是指谈判当事人以电话形式进行的谈判。电话谈判具有方便、省时、高效、不太正式等特点,因此,往往适用于惯例交易或谈判的试探、缓和阶段,为面对面谈判做准备。但电话谈判有着容易造成误解、没有足够的时间考虑、对方比较容易拒绝、无法验证等缺点。正如有些事情适合面谈,而有些事情适合电话交谈,电话谈判本身也是谈判策略的一部分。

(3)书面谈判,是指谈判当事人以书面形式进行的谈判,即当事人不是通过面对面或电话形式,而是通过文书往来(包括各种电子文书)的形式进行的谈判。书面谈判具有正式、严肃、精炼等特点,适用于谈判的问询、通知、争议、承诺等事项,是谈判的重要补充方式。

以上三种形式的谈判,因其特点不同,所以在运用过程中其语言要求、方式方法、策略艺术、分寸把握等亦有很大的不同。

6.按谈判内容与谈判目标的关系划分

(1)实质性谈判,是指谈判内容与当事人的谈判目标或利益具有直接关系的谈判,如价格、质量、付款、运输、保险等的谈判。

(2)非实质性谈判,是指谈判内容与当事人的谈判目标或利益没有直接关系的谈判,如谈判的时间、地点、议程、人员安排等。非实质性谈判往往是为实质性谈判的顺利进行作铺垫的,但不能错误地认为它无关紧要或仅仅起从属性作用,实际上非实质性谈判往往对实质性谈判及谈判结果具有重要影响。

7.按谈判各方的准备和进展程度划分

(1)正式谈判,是指谈判各方对谈判已有一定的准备后正式进行的谈判,即谈判内容和行为对谈判当事人具有实际的利害关系和约束力。

(2)非正式谈判,是指谈判各方接触性、试探性的谈判,一般起着通报情况、沟通关系的作用,它往往为正式谈判探索前景、扫除障碍;或者是当形势和条件不适合采用正式谈判时而采用的一种方式,它对谈判双方一般都没有实际的约束作用。如当双方的谈判需求或意图不是很明朗时,就可采用非正式谈判以作进一步的了解。非正式谈判中,双方派出的往往也是非正式谈判代表,如较低级别的职员、第三方代表等。

一般来说,真正的谈判都是正式的,非正式谈判常常是正式谈判的前奏。无论是正式谈判,还是非正式谈判,既可能属实质性谈判,也可能属非实质性谈判,例如非正式谈判也可能涉及实质性内容。

8.按谈判各方对谈判的意识划分

(1)有形谈判,是指谈判各方已经意识到谈判开始或存在的谈判,亦即谈判各方对谈判的对象、目的、内容和议题已有较清楚的认识。

(2)无形谈判,是指谈判一方已经开始谈判或作谈判的准备,而另一方尚未意识到这种谈判的存在。无形谈判常常是谈判的一种谋略,在对方不知觉的情况下,作谈判的充分准备,以增强己方的谈判实力或寻找有利的谈判时机。无形谈判一般通过对方不知悉的方式实施,如宣传造势、搜寻于对方不利的证据、摸清对方的底细等，一旦条件成熟，则与对方开展有形谈判。

9. 按谈判各方的诚意程度划分

（1）真实谈判，是指谈判者的真实目的与谈判的具体目的相一致的谈判。真实谈判的谈判代表往往是真实的，其所进行的谈判活动也是真实有效的。

（2）非真实谈判，也称影子谈判，是指谈判者的真实目的与谈判的具体目的不一致的谈判，这种谈判的代表往往是虚假的，其谈判的目的也是虚假的。非真实谈判也是谈判的一种谋略，其目的在于摸清对方的动向或底细，以为其真实谈判所用，如商贸领域中"货比三家"的谈判。

10. 按谈判进行的程序划分

（1）纵向谈判，是指上一个议题是下一个议题的条件的谈判，即谈好一个议题再接着谈下一个议题；若上一个议题未谈成，则没有必要谈下一个议题。纵向谈判往往从一方或双方最关心的问题开始，具有节约时间、直奔主题的特点，适用于时间要求紧、竞争激烈等情况的谈判，但其易导致谈判进入僵局或破裂，从而影响谈判的效果。

（2）横向谈判，是指下一个议题不以上一个议题为条件的谈判，即一个议题谈不成，可以接着谈另一个议题。横向谈判往往从双方最易谈成的议题开始，具有灵活、氛围较好、最大限度地促进谈判的成功等优点，其缺点是相对比较耗时。

11. 按谈判结果的性质划分

（1）分配谈判，亦称零和谈判或有输有赢的谈判，是指一方所得恰恰是另一方所失的谈判。例如，在商品买卖中，买主从卖主那里砍下来的每一分钱都是买主的收益，同时又是卖方的损失。因此，分配谈判的本质是对一份固定的收益谁应分得多少而进行的谈判，各方都在为自己的"赢"而争斗。

（2）综合谈判，又称双赢谈判，即至少有一种方案能使各方都赢的谈判。综合谈判比分配谈判更可取，因为它建构的是长期的关系并推进了将来的共同合作，它将谈判各方团结在一起，并使每一个人在离开谈判桌时都感到自己获得了胜利。但综合谈判要具备一定的条件，如双赢方案的存在，信息的公开和双方的坦诚，一方对另一方需求的敏感性、灵活性等。

第 4 节　谈判学的研究对象与方法

4.1　谈判学的研究对象

通过对谈判的产生条件与意义、内涵与特征、要素与类型等的分析，可知谈判学主要是研究在一定的谈判环境条件下，参与谈判的各方彼此相互竞争与合作的方式和关系，以及相应的谈判策略、原则、方法与技巧的综合性学科。

1. 谈判学的特点

（1）实践性。谈判的产生与发展，始终与现实社会生产与生活保持着不可分割的联系，它的理论与原理主要来源于实践经验的总结和提炼，并且都将回到实践中去检验、修正与完善，其研究的目的亦是为了应用于谈判实践。

（2）复杂性。随着人类的进步与社会的发展，谈判的范围、对象、手段、方法等日益广泛和复杂,谈判者需要掌握综合的知识和能力,如商务、贸易、营销、法律、金融、保险、物流、心理学、管理学、哲学、文化礼仪、产品知识等,同时,谈判本身没有固定的模式和策略,需要谈判者具体情况具体分析,随机应变,因地制宜。

(3)科学性。谈判学的科学性主要来源于谈判活动具有一定的规律和特点,其原则、方法的应用具有一定的普适性,尤其是那些经过实践检验行之有效的方法、策略、技巧对谈判者具有很强的指导性和提高性,这就是学习谈判学的充分必要性。

(4)艺术性。艺术性是谈判学最鲜明的特点。谈判的主体是人,这就决定了无论谈判的具体内容如何,都必须通过"与人打交道"来进行。谈判者必须具有处理人际关系的技巧,学会将原则性与灵活性相结合,以理服人,以情动人,察言观色,见机行事。谈判艺术来源于谈判的经验与智慧,来源于人格的修养和历练。

2.谈判学研究的基本内容

谈判学的核心是研究谈判活动的基本规律与策略方法,其基本内容包括下述八个方面:

①谈判的内涵与特征。

②谈判的类型与应用。

③谈判的理念与原则。

④谈判的程序与活动。

⑤谈判者的素质与行为。

⑥谈判思维与语言。

⑦谈判策略与技巧。

⑧谈判风格与礼仪。

4.2 谈判学的研究与学习方法

1.谈判学的研究方法

(1)理论实践结合研究法。研究谈判学不仅需要总结前人的谈判理论与智慧,更需要深入实践,亲身加入谈判的队伍行列中,去观察、历练、思考,进行实践检验与改进,经验总结和升华,而不是闭门造车,纸上谈兵,从书本到书本。只有这样,才能使谈判学得到真正发展。

(2)多门学科结合研究法。谈判学因涉及众多的知识和领域,因此应将多门学科综合起来研究,如心理学、语言学、哲学、策略学、商贸学、营销学、管理学、行为科学等。只有这样,才能使谈判学这样一门综合性、应用性学科具有更强的科学性和系统性。

(3)古今结合研究法。我国是世界上谈判产生、应用和总结最早的国家之一,中华文明的战争谋略和说家辩术蕴藏着博大精深的谈判智慧,是具有中国特色谈判学的瑰宝。对它们进行扬弃提炼,并与当今丰富多彩的谈判实践与理论相验证、相融合,是研究谈判学最重要的方法之一。

(4)中外结合研究法。虽然谈判活动的历史在中国源远流长,但谈判作为一门学科的提出最早却是在西方,尤其是20世纪60年代以来,欧美等国出版了大量的谈判方面的著述,谈判学比较系统的理论和流派均出自于此,而我国在这方面的研究和积累则非常薄弱。因此,要研究我国的谈判学,必须要广泛借鉴和吸收国外谈判学的成果,为我所用,以便提高。

2.谈判学的学习方法

(1)原理学习。原理学习是指比较系统地学习和掌握谈判学的基本理论与方法技巧,从理论到实践,再从实践到理论,是学习谈判学的最基本、最快速的武器。

（2）技能训练。技能训练不同于理论学习,它是以直接应用为目的、以示范演练为手段的一种有效的针对性学习方法。如对谈判中的语言技巧、人际关系处理技巧、文化礼仪等,用技能训练的方法,其学习效果要好得多。

（3）案例研讨。通过对具体谈判的"情景再现"和"角色扮演",学习者可以自己去分析、讨论、体验,从而提高对问题的理解力和洞察力,体会在谈判过程中应当遵循的原则、策略和方法。案例研讨法已被越来越多的学科所重视,是学习谈判学最主要、最有效的方法之一。

（4）模拟谈判。通过设计谈判的场景,学习者可以扮演谈判者,亲身参加谈判,在实验中去运用原理、发现问题,不仅能寓教于乐,使人记忆深刻,而且可以学以致用,举一反三,具有良好的学习效果。

（5）现场观摩。现场观摩是指通过身临其境地观察,或参与秘书、服务、记录等工作,将看到、听到的内容与学习的知识进行比较、综合,亦是一种有效的培训谈判人才的方法。

（6）总结提高。总结提高是指搜集积累各类谈判资料,进行归纳总结,或者对参加过的谈判进行分析总结,积极思考,是提高谈判能力的有效途径。

第 5 节 成功谈判的含义与理念

案例链接

史密斯夫妇郁郁而终

史密斯夫妇空闲时在一本刊物的封面上见到一只造型十分精美的古玩钟,这正是他们喜欢的那种。他们甚至都在商量把它摆到壁炉上还是客厅的桌子上。他们决定立刻出发去买这只钟,并希望能用 500 美元买下它。

他们找了很久,总算在一家古董店找到了它。"就是它!"妻子兴奋地叫起来。但是钟的标价一下又吓住了他们,那是 800 美元。"试一下吧!"丈夫带着沮丧去和老板商量,"这只钟……我和我妻子都很喜欢它,能不能优惠点卖给我们,我想给它出个价,你看 400 美元怎么样?"说完,他下意识地往后缩了一下,因为他怕老板愤怒的声音淹没了他。但是,老板连眼睛都没眨一下:"好吧,给你啦!"史密斯夫妇闷闷不乐地拿着钟回到了家。他们一直在想:"假设我们出价再低一点……"带着这个念头,他们从此郁郁寡欢,至死仍念念不忘"如果我们出价再低一点……"

上述这个案例生意是成交了,史密斯夫妇也得到了比预期优惠得多的价钱,但他们却从此郁郁寡欢。店老板不与他们讨价还价,不懂得给予对方心理满足,看似成功的交易,却没有达到成功的效果。因此,什么是成功的谈判,值得深思。

5.1 成功谈判的含义

作为谈判者,都希望和追求谈判的成功。但什么是成功的谈判,不同的人可能有不同的理解。一些人把自己在谈判中获得利益的多少作为谈判是否成功的评判标准,认为在谈判中自己获得最多,而对方所获甚少,则谈判是成功的;有些人则把协议的签订与否作为谈判是否成功的标准;而另一些人则把己方谈判目标的实现程度作为评价谈判成功与否的标准。以上看法均有一定的片面性,即只从自己和眼前的角度来理解谈判。实际上,谈判作为一项互利性的合作活动,需要人们将眼光放得更广、更宽。只有真正弄清了什么是成功的谈判,才能对谈判活动具有正确的理念和方法。

谈判是否成功可以从以下三个方面去综合评价。

(1)达到目标。没有达到目标的谈判不能算做成功的谈判,但也不能认为达到目标就是签订合同,关键还要看合同是否体现了预期利益目标,同时要正确看待目标利益体系。

(2)建立和改善关系。谈判的主体是企业组织和行为人,评价谈判成功也要考虑是否建立和改善了组织与组织、人与人之间的关系。那些尽管签订了一份自己满意的合同,却导致谈判双方关系紧张甚至恶化的谈判不是完美的谈判。

(3)谈判富有效率。评价谈判也要考虑性价比,高效率的谈判是节省时间和精力成本的,因此,性价比不高、耗时又耗力的谈判尽管可能最终达成预期目标,但效率却不高。

5.2 成功谈判应具有的基本理念

1.双赢的理念

成功的谈判不仅要满足己方的需要,亦要满足对方的需要;不仅己方要赢,对方也要赢。但是"双赢"既不是谈判利益的平均分配,也不是放弃己方的利益,而是在考虑对方合理利益的基础上去追求己方利益的更大化。

案例链接

分苹果馅饼

一个家庭的兄弟俩为吃一块苹果馅饼争吵起来,谁都想多吃一点,都不愿平均分配,为此闹得不可开交。父亲向他们建议:由一个孩子先来切馅饼,他爱怎么切就怎么切;另一个孩子则可以先挑自己想吃的那一块。也就是,一个孩子有切馅饼的权利,另一个孩子有先挑馅饼的权利。对这个建议两个孩子都觉得挺公平,于是欣然接受了。兄弟俩欢天喜地地把馅饼分吃完了,一场矛盾得以圆满解决。

2.增强对方心理满足的理念

给予对方更多的心理满足,在不增加己方实际付出的基础上,可以让对方有更多"赢"的感觉,这样可以增强谈判的吸引力,亦有利于改善双方的关系。谈判者虽然代表的是谈判组织,但谈判活动是由谈判者具体进行的,因此给予对方谈判者良好的心理满足,就能促进谈判的成功。

3.增强谈判实力的理念

谈判者无论处于什么样的情况,都应有增强谈判实力的理念。因为在谈判中各方所得利益的确定,往往是由各方的谈判实力决定的,因此要追求谈判的成功,就必须设法增强己方的谈判实力。同时,由于谈判实力具有相对性、动态性和隐蔽性等特点,这就使得通过策略和方法来提高谈判实力有了可能。

4.建立人际关系的理念

谈判活动虽然是一种利益合作行为，但也是一种人际交往行为。双方的人际关系如何，往往影响着谈判能否成功、谈判的效率以及协议的履行与长期的合作。因此，谈判者不仅要善于"对事"，亦要善于"对人"，通过建立良好的合作氛围，开展积极的公共关系，加强个人的人格修养，使对方从心理上认同、接纳和信任自己，就可有力地促进谈判的成功。

案例链接

飞机推销员打动了将军

飞机推销员拉埃堤到新德里，想在印度航空市场占有一席之地。没想到，当他打电话给有决定权的拉尔将军时，对方反应十分冷淡，根本不愿见面。最后，在拉埃堤的一再要求下，拉尔将军才勉强答应给他10分钟的见面时间。

拉埃堤决定要利用这10分钟的时间扭转乾坤。当他跨进将军的办公室时，满面春风地说："将军阁下，我衷心地向您道谢。因为您使我得到了一个十分幸运的机会，在我过生日的这一天，又回到了出生地。""什么，你出生在印度吗？"将军半信半疑地问道。"是的！"拉埃堤借机打开了话匣子。"1923年的今天，我出生在贵国的名城加尔各答，当时我的父亲是法国密歇尔公司驻印度的代表……"

10分钟过去了，将军丝毫没有结束谈话的意思，他被拉埃堤绘声绘色的讲述深深地吸引住了，并邀请他共进午餐。拉埃堤从公文包中取出一张颜色已经泛黄的照片，双手捧着，恭恭敬敬地请将军看。"这不是圣雄甘地吗？"将军惊讶地问。"是呀，您再仔细看一下那个小孩，那就是我。4岁时，我和父亲一道回国，在途中十分幸运地与圣雄甘地同乘一条船，照片就是那时我父亲为我们拍摄的。我父亲一直把它当做最珍贵的礼物珍藏着，这次因为我要去拜谒圣雄甘地的陵墓，父亲才……""我十分感谢你对圣雄甘地和印度人民的友好感情。"将军紧紧地握住了拉埃堤的手。

午餐自然是在亲切无比的气氛中进行的。拉埃堤和将军像是一对久别重逢的老朋友，越说越投机。当拉埃堤告别将军时，不用说，这宗本来希望渺茫的大买卖已经成交了。

5.追求长期利益的理念

优秀的谈判者不只是看到一场谈判的得失，他们往往能从双方的合作中看到所隐藏的长期利益，为了长期、更大的利益，他们愿意牺牲一些眼前、局部的利益，他们也懂得先予后取的道理，追求长期、整体利益的最大化。相反，那些坚持"好汉不吃眼前亏"、锱铢必较的人，往往会因小失大。

5.3　谈判中常见的错误

因缺少正确的谈判理念，在谈判中往往出现这样那样的错误，阻碍了谈判的成功。

1.狭隘利益症

狭隘利益症表现在以下方面：只看到自己的利益，看不到对方的利益；只考虑自己的需求，不考虑对方的需求；只从自己的角度看问题，不从对方的角度看问题；只愿取，不愿予。这种做法常常导致谈判进入僵局和破裂，最终也会损害自己的利益。

案例链接

大雁飞了

有这样一则寓言故事。两个饿极了的猎人在荒无人烟的草地上突然发现了一只低空徘徊的大雁,它好像掉队了。猎人甲一边张弓搭箭,一边欣喜若狂地说道:"这回可有美味了,我最喜欢吃烤得香喷喷的雁肉了。"听了这话,猎人乙好像觉得有什么不对:"哎,老兄,干吗要烤呢,我喜欢吃煮的!"猎人甲放下手中的弓箭,跟对方较上了劲:"不行,我就要烤的!"

就这样,两人你一言我一语地吵了起来。要不是两人都已筋疲力尽,早已打了起来。最后,不知谁的脑子里闪过一丝理智,他们达成了协议:等射下大雁,一半烤着吃,一半煮着吃。但是当他们再次拿起弓箭时,大雁早已飞得没影了。

2. 非赢即输症

非赢即输症是指不是把谈判看做是一场互利互惠的合作,而是把谈判看做是一场你死我活的斗争或有输有赢的比赛,其结果只能是要么输,要么赢。其实质是把谈判利益看做是一种"零和",你多我就少,如果我少了,那我就输了。这种看法是非常有害于谈判的,它会使谈判者把眼睛只盯在现有的"小蛋糕"上,而不是去谋求对双方更有利的"大蛋糕"或发现整合双方的真实需要,最终亦会破坏双方的合作和关系。如前所述,大多数谈判实际上都是可以"双赢"的。

3. 直来直去症

没有经验的谈判者常常会患"直来直去"的毛病,即怎么想就怎么说,有多少就说多少,是什么就说什么,或者轻易地把内心的想法和感情流露出来,或者夸夸其谈,滔滔不绝,把自己的意图、计划完全暴露给对方,而没有看到谈判是一场心理斗争艺术,需要多听少说,需要以迂为直,需要虚虚实实。谈判中过于直率或坦白,等于把谈判的主动权拱手让给对方,受制于人。

4. 一步到位症

有些人不习惯或不愿意讨价还价,往往把价格一次让到位或"一口价",不给对方讨价还价的空间和余地,愿买(卖)则买(卖),不买(卖)拉倒,或者一次就应允对方的交易条件,或者不够坚持,轻易地作出让步。如此种种,一方面不能很好地发挥谈判的作用,降低了合作成功的可能性,另一方面也降低了对方的心理满足程度。

5. "一条道"症

谈判者带着先见进入谈判,事先想好了事情的原委和解决的办法,然后带着对方会接受这种解决办法的心理进入谈判,或者对问题只有一种解决方案,没有其他的解决方案,这样他们的思维就沿着一条直线往前走,不会或不愿考虑其他方向和途径。"一条道"症极易引发双方的矛盾,堵塞双方的合作空间,是一种思维僵化、眼界狭隘的表现。

6. 漫游综合症

漫游综合症是指谈判中没有明确的思路和计划,谈判话题经常从一个跳到另一个,或不时返回先前的话题而又不增加新的内容,或者甲问题未完又跳到毫不相关的乙问题,或者纠缠于细枝末节,抓不住重点和要害等。结果是谈判越谈越混乱,越谈越困难,不仅降低了谈判的效率,而且阻碍了谈判的成功。

7. 害怕冲突症

谈判者因担心双方的冲突会破坏谈判的成功,因此只谈那些容易谈的问题,而回避那些容易引起争论或矛盾的问题,只愿做"白脸",不愿做"红脸",不敢向对方施加压力来争取己方的利益,或面对对方的压力轻易屈服。没有看到成功的谈判不仅需要适度的冲突,而且要善于处理冲突。害怕冲突是一种软弱主义的表现,不仅会损害己方的利益,而且也无助于谈判的成功。

8. 忽视关系症

谈判者不善于同对方的个人建立良好的关系,并利用这种关系来促进谈判和合作,而把谈判看做是纯粹的公事公办,或者过多地由律师来参与或负责谈判,降低了双方的信任程度和人际作用。这种谈判看起来是简单了许多,实则会影响双方的良好合作。

9. 过分热情症

谈判者不一定要冷漠无情,但也无须过分热情,这是谈判与推销的重要区别之一。谈判者过于热情,要么会引起对手的戒心,增加谈判的难度;要么会使对方放心,降低你的谈判实力。优秀的谈判者往往谨慎、冷静、善于分析,老成持重,不轻易流露自己的情绪,也不会轻易作出承诺。

10. 不拘礼节症

谈判约定俗成的各种礼节是不能违背的,它们保留至今是为了得到遵守。谈判对手往往不会原谅违背当地礼节的行为,特别是社交场合中令人尴尬的失礼行为,尽管这是由于己方无知造成的,对方可能不会公开指责错误,但会记在心上。不拘礼节常常表现为对谈判或当地的礼仪无知,或者不拘小节,过于随便,或者等级不分,行事莽撞等,使对手轻视己方,甚至会利用己方失礼作为谈判的筹码。要知道,一个好的谈判者应该是举止文明优雅和守信的人。

案例链接

中方代表迟到的代价

中国某公司到美国采购一套大型设备。中方谈判小组人员因上街购物耽误了时间,当他们赶到会场时,比预定时间晚了近半个小时。美方代表对此大为不满,花了很长时间来指责中方代表的这一错误,中方代表感到很难为情,频频向美方代表道歉。谈判开始后,美方代表似乎对中方代表的错误耿耿于怀,一时间弄得中方代表手足无措,无心与美方讨价还价。等到合同签订后,中方代表才发现吃了一个大亏。

第2章 | 商务谈判概述

本章要点

1. 了解商务谈判的概念与特点
2. 了解商务谈判的作用与原则
3. 了解商务谈判的基本内容

第1节 商务谈判的概念与特点

1.1 商务谈判的概念

商务谈判是指谈判参与方为了协调彼此间的商务关系和满足商务需求,通过信息沟通与磋商寻求达成双方共同利益目标的行为互动过程。

对商务谈判这一概念,不仅要正确把握其中"谈判"的概念,同时也要把对这一概念的理解建立在对"商务"这一概念的理解和界定的基础上。商务是指一切有形与无形资产的交换或买卖事宜。按照国际惯例的划分,商务可以分为以下四种:

(1)直接的商品交易活动,如批发业、零售业。

(2)直接为商品交易服务的活动,如运输、仓储、加工整理等。

(3)间接为商品交易服务的活动,如金融、保险、信托、租赁等。

(4)具有服务性质的活动,如咨询、广告等服务。

商务谈判各方之间的商务关系归结起来可能是上述一种或几种,因此,商务谈判也是围绕上述商务活动展开的。实际中的买卖行为可能很多,但并不是每一项买卖行为都是商务行为。

1.2 商务谈判的特点

与其他类型的谈判相比,商务谈判具有以下特点:

1.谈判主体一般为经济主体

商务谈判的主体一般都是以营利为目的的组织或个人,具有独立的法律资格,绝大多数主体都是从事商品生产或经营活动的企业,这与政治、行政、军事、民事等谈判的主体显然是不同的。

2.鲜明的经济性

商务谈判主体洽谈的是商业活动事务,目的是为了实现各自的经济利益,它能以金钱的多少来衡量谈判的效果;同时,商务谈判注重谈判的成本与效率,经济效益的多少是谈判成功与否的主要标志。可以说,没有经济利益的驱使,就不可能有商务谈判的动机。这种强烈的经济性,决定了商务谈判与其他谈判不同的游戏规则。

3.平等互利性

与其他谈判比较,商务谈判具有更多的平等互利性。商务谈判是在平等自愿的基础上展开的,虽然有谈判实力的差异,谈判不可能绝对平等,但不存在以大欺小、以强凌弱的压迫或剥削,否则就是非法的。同时商业活动天生就具有互利性,即通过交换互相满足了对方的需要,而不是只满足单方的需要,只不过各方满足的程度可能有所不同。

4.较低的对抗性

商务谈判虽有一定的对抗性,但这种对抗主要体现在经济利益上的竞争,是一种和平基础上的商业游戏,不构成对人格和人身的伤害,不牵涉价值立场与政治主张,这与政治、军事等谈判中你死我活、明枪暗箭的斗争在性质上是截然不同的。因此,商务谈判无国界,同时在对抗中一定要注意"度",不可过头或变味,既要懂得对抗的艺术,也要懂得合作的艺术,俗话说"生意不成情意在"。

5.谈判对象的可选性

与其他类型的谈判不同,商务谈判的对象往往不是唯一的,而具有相当的选择性,尤其是随着经济区域的不断扩大和市场竞争的日益加剧,无论是作为买方还是卖方,商务合作的对象都越来越广泛,同时由于市场情况的瞬息万变也增加了谈判对象的不确定性。商务谈判的这种特点,决定了选择谈判对象和加强谈判实力的重要性。

6.谈判环境的多变性

商务谈判主要面对的是经济环境,而经济环境最大的特点是复杂多变和不确定性,不仅存在着极大的地区差异,而且时间对环境的影响甚大,尤其是随着经济的全球化和信息爆炸,这种变化的速度在不断加快,所谓"唯一不变的是变"。环境的变化对商务谈判有着重要的制约,同时对谈判各方的影响是不同的,这就充分说明了分析谈判环境和选择谈判时机的重要性。

7.商务谈判受到价值规律的制约

商务谈判的功能在于促进商品生产和交换的发展,它必须在遵循价值规律的基础上进行。其一,商务谈判必须以双方的等价交换为原则,只有在等价交换的基础上,谈判才能成功;其二,商务谈判受到市场供求关系的影响,供求关系不仅影响着双方的谈判实力对比,也制约着双方的利益分配。可以说,每一次谈判的具体结果,都是价值规律作用的体现。

8.商务谈判以价格为核心

虽然商务谈判涉及的因素不只是价格,谈判者的需要或利益也不是唯一表现在价格上,但价格几乎是所有商务谈判的核心内容,这是因为价格集中地体现了谈判双方的利益。价格谈判受到很多因素的影响,如供求关系、质量、数量、付款等,同时谈判双方在其他利益因素上的得与失和多与少,又可以折算为一定的价格,通过价格的升降得到体现,因此,价格是所有利益的互换器和平衡器。商务谈判的这种特点,一方面要求谈判者要始终把握价格这个中心,坚持自己的利益,另一方面又不要仅仅局限于价格,要善于拓宽思路,从其他利益因素上争取利益。

第2节 商务谈判的作用与原则

2.1 商务谈判的作用

商务谈判作为商务交往和商务合作的重要形式和手段,随着商品经济的发展和市场竞争的加剧,发挥出越来越重要的作用,成为经济生活中不可或缺的部分。

1. 商务谈判有利于促进商品交换

市场经济是商品交换的经济,谈判作为实现交换的重要手段,可以更好地反映交换各方的意愿与需求,可以更好地探索合作的空间与方案,从而促进交换的成功,尤其是良好有效的谈判,可以扩大交易的范围和数量,提高交换的效率。

2. 商务谈判可以更好地满足交易各方的需求

商务谈判是交易各方进行协商以达成一致的过程,谈判各方在谈判中可以充分提出自己的利益要求,交换意见,深入沟通,探索多种合作方案,最大限度地发现和满足各自的需要。只有各方的要求达到了平衡和一致,谈判才可能成功。这显然与不允许商讨、强买强卖、一口价等非谈判的方式对需求的满足程度是不同的。

3. 争取谈判可以提高商务合作成功的机会

当今社会,企业之间的竞争越来越激烈,尤其是在买方市场下,作为卖方如何能争取到买方的合作,已成为日益困难和迫切的问题。如果争取不到谈判,就难以争取到合作。相反,争取到了谈判,就可以与对方进行更深入的接触和沟通,可以更好地发现和满足对方的需求,更好地让对方接受和认同,从而提高合作成功的概率。

4. 有效的谈判可以提高谈判者的效益

谈判者之间的利益分配往往不是平均分配,各方所得利益的多少取决于谈判者的谈判实力和谈判技巧。因此,高明的谈判在满足对方"赢"的基础上,可以争取到己方更多、更长远的利益;相反,低劣的谈判往往以牺牲己方的利益为代价。同时,有效的谈判可以更好地降低成本,提高谈判的效率。

5. 商务谈判有助于增强谈判各方的关系

商务谈判是一个较长时间的双方接触、认识和沟通的过程,从谈判的准备到协议的签订,往往不是一蹴而就。在此过程中,不仅是企业与企业之间的交往过程,更是谈判者之间了解与熟悉的过程,尤其是经过谈判中的充分交流和达成一致,双方由此培养了友谊和信任,建立了互利互惠的关系,有助于双方的长期合作。

6. 良好的谈判有助于塑造企业的形象

谈判过程中,谈判者的素质和言行举止是企业形象最直接、最有效的展示,同时,谈判者在谈判过程中的注重信用、信守承诺以及对合同的良好履行,为企业培育和积累了信誉;尤其是与强大对手的谈判成功,是企业业绩和实力最有说服力的标志。

正因为商务谈判有以上积极作用,因此需要懂得谈判原理和善于运用谈判技巧。如前章所述,谈判也有自身的缺点,如效率较低、不确定性较大,因此,企业在交易中也要视具体情况辩证地运用商务谈判。

2.2　商务谈判的原则

商务谈判要遵循合法原则、双赢原则、诚实守信原则、坚持最低目标利益原则、实力原则和相容原则。

1. 合法原则

商务谈判中的合法原则具体表现在以下三个方面：

(1)谈判主体合法，即谈判的关系主体和行为主体必须合法，具有合法资格。

(2)谈判客体合法，即谈判议题，也就是交易项目必须合法，非法议题即使谈判各方完全自愿并能达成一致意见，也是法律不允许的。

(3)谈判方法合法，即通过公平、公正的手段去谈判，不能使用法律所不允许的不正当手段取得谈判的结果。

商务谈判中，只有遵循以上三个方面的合法原则，谈判的结果和协议才具有法律效力，谈判当事人的权益才会受到保护。

2. 双赢原则

谈判的双赢原则是指参与谈判的各方应本着合作互惠的原则，以互惠为目标寻找最佳结合点。双赢原则下的谈判模式应当是在双方分别"分析己方需要＋探寻对方需要＋寻找解决途径"之后，达成谈判协议或谈判破裂。那种一味"确定己方立场＋维护己方立场＋妥协"的谈判模式是以己方的成功或失败为结果的，不应当提倡。

双赢原则追求双方利益的更大化而不是简单地分割眼前利益，谈判中也不能视对方为对手，谈判双方并非"我胜你败，你死我活"的敌对关系，而是合作伙伴关系。双赢并不排斥竞争，而是希望通过竞争鼓励谈判各方采用各种策略和技巧展开谈判，最终更好地达成谈判目标。

3. 诚实守信原则

诚实守信原则是指在谈判中遵守诺言，签订合同后严格履约，以诚信的态度参与商务活动。诚实守信并不等于谈判中没有策略和技巧，相反，诚实守信原则和双赢原则一样，同样主张谈判中维护自身利益，运用各种策略和技巧追求预期收益最大化。

4. 坚持最低目标利益原则

商务谈判中的各方都会有自己的目标利益体系，在谈判中也会努力维护自己的利益体系，这一目标体系由四个项目构成，其含义和作用分别如下：

(1)最优期望目标。这是对己方最有利的目标，这个目标实现的可能性非常小，但是可以作为谈判报价的开始。

(2)实际需求目标。这一目标是谈判方考虑各种综合因素后，经过科学论证和预测，纳入谈判计划的正式谈判目标。这个目标一般是谈判的内部机密，也是谈判者坚守的一条防线。

(3)最低目标。这是谈判的底线，是谈判者必须死守的"最后防线"，穿越这一防线将导致谈判破裂。

(4)可接受目标。能满足谈判方的部分需求、实现部分经济利益的就是可接受目标。这一目标往往同时有相应的调整目标，即无法实现这一可接受目标时其他可以代替的目标。

5. 实力原则

要取得良好的谈判效果，谈判者必须要善于增强己方的谈判实力，要认真分析和评估对方的谈判实力,知己知彼,做好谈判的充分准备,要选择好谈判的时机,制定有效的谈判策略,提高谈判的技巧,争取谈判的主动权和优势地位。

案例链接

施迈先生的"心不在焉"

施迈先生已年届七十,但仍活跃在工商界。他了解到他的儿子想发展一项公寓计划。老施迈无意拿自己的钱去投资,他决定去借款。他让他的秘书霍夫曼太太为他约见银行家魏特曼先生。他们做了充分的准备,了解到魏特曼有两大嗜好——网球和歌剧。

会面以习惯性的闲谈开始,施迈从不是个健谈者,竟然滔滔不绝地大谈特谈。首先是网球,接着谈歌剧……已经下午5点整了,该是银行职员下班的时间了。魏特曼是那种十分讲究整洁的人,神经质地摆弄着桌上施迈的卷宗。他曾希望在这个下午和施迈达成一个协议,以便在下周一例会向上司报告。但施迈先生仍单调乏味地谈着。

5点10分,施迈先生终于站起身来,看了一下手表,说他感到谈话非常愉快,直到他们向电梯走去时,银行家才讲了一句与这次会谈目的相关的话:"您是否想谈谈关于抵押贷款的事?""抵押贷款?你要我见他是为了抵押贷款,霍夫曼太太?"施迈说。当然这事全是霍夫曼太太的主意,施迈始终没有要求贷款,是魏特曼把话题扯到这上面来的。

他让魏特曼主动提出,当他们站在电梯门边时,魏特曼真的这样做了。魏特曼要的利率是6.18%,银行利率本来不应少于7%,而且条件异常优惠。

6.相容原则

相容,就是要互相包容,要允许有多种意见、多种方案,而不是"一条道"到底或者只有你错我对;要善于消融对方的情绪,不为对方的消极情绪所动;要善于建立有利合作的谈判气氛,强化双方的认同感。同时,要将人与事分开处理,要重利益而不是重立场,以利益来统一双方的立场,促进一致。

案例链接

渔民与电力公司的冲突

1973年6月,一大群愤怒的渔民闯进了日本名古屋褚木电力公司,抗议这家公司下属的一座发电厂没有处理好废水问题,致使大量海洋生物死亡,严重影响了渔民的生计问题。电力公司处于进退维谷的境地。

为了减少环境的污染,他们被迫采用低硫燃料,可这样一来,电的成本提高了,用户们又怨声载道。面对大声抗议的人们,该如何来平息他们的怒气呢?

电力公司的有关人员首先耐心地听完了渔民的倾诉,对渔民的损失表示同情,使他们觉得被人理解而逐渐平息了怒气。接着,公司人员向他们说明了公司的难处及将要采取的措施,使公众知道这是一家具有社会责任心的公司。最后,渔民们不仅理解了这家公司的方针、政策,谅解了他们的缺点与不足,而且还积极为公司出谋划策,使海水污染与企业生产的矛盾最终得到了解决。

第 3 节　商务谈判的基本内容

商务谈判是商业事务的谈判,包括了商品买卖、劳务买卖、工程承包、咨询服务、中介服务、技术转让、合资合作等方面的谈判。但不论是哪一方面的商务谈判,其一般包括下述基本内容。

3.1　合同之外的谈判

合同之外的谈判,是指合同内容以外事项的谈判,它是谈判的一个重要组成部分,为谈判直接创造着条件,影响着合同本身的谈判效果,因此要加以重视。它主要包括以下几个部分:

1. 谈判时间的谈判

它是关于谈判举行时间的谈判。谈判时间可能是一方决定的结果,也可能是双方协商的结果。谈判时间不同,对双方的影响是不同的,这是因为时间不同,双方的准备程度不同,外部环境的变化不同,双方的需求程度不同,进而谈判实力也不同。因此,谈判者要尽量争取于己方有利的时间。

2. 谈判地点的谈判

它是关于谈判举行地点的谈判。一般来说,主场谈判比客场谈判更有利。谈判到底在哪一方举行,往往由谈判实力强的一方决定,但也是可以通过谈判协商争取的。

3. 谈判议程的谈判

它是关于谈判的议题安排的谈判。先谈什么、后谈什么,该谈什么、不该谈什么,主要谈什么、次要谈什么等,对谈判结果的影响是显而易见的。谈判议程是谈判策略的重要组成部分,其确定往往是双方协商的结果。

4. 其他事宜的谈判

它可以是谈判参加人员的确定、谈判活动的相关规定、谈判场所的布置等,往往也是可以通过协商去争取于己方更有利的条件。

3.2　合同之内的谈判

1. 价格(金额)的谈判

商务谈判的价格是指谈判双方让渡的金额,而不仅是指商品价格。价格是商务谈判的核心,也是谈判中最敏感、最艰难的谈判,是商务谈判策略与技巧的集中体现。商务谈判的失败往往是价格谈判的失败。价格谈判包括了价格术语、价格计量、单价与总价、相关费用等方面的内容。

2. 交易条件的谈判

这是指围绕价格中心的相关构成条件的谈判,它与价格相辅相成、相互影响,并可以通过价格体现出其状况,是谈判者利益的重要组成部分。交易条件主要包括标的、数量与质量、付款方式、服务内容、交货方式、保险等。

3. 合同条款的谈判

合同条款是构成一份完整、有效的合同所必不可少的部分,是价格和交易条件的补充与完善,是履行合同的保证。它主要包括双方的权责约定、违约责任、纠纷处理、合同期限、补充条款、合同附件等。

第3章 商务谈判思维与语言

本章要点

1. 掌握商务谈判思维
2. 掌握商务谈判语言
3. 掌握商务谈判行为语言
4. 了解商务谈判信息

第1节 商务谈判思维

1.1 谈判思维的基本特点与模式

1. 谈判思维的基本特点

(1)发散性。发散性是指促使思维的发散化,力求充分发挥思维的想象力、创造力,开阔思路和视野,从多个角度、多个方向不断地对事物进行全方位的扫描透视。

在谈判中,发散性思维的具体运用主要有两种情况:一是把与交易内容有关的所有议题都联系起来,列入谈判,而不是孤立地就某个议题而谈某个议题。例如,在货物买卖谈判中商谈价格时,就要考虑到订货数量、产品质量、交货时间等问题。二是在讨论某个议题时,不是只讨论这个议题所涉及的某几个方面,或一两个主要方面,而是要讨论所有有关的方面。还以价格议题的谈判为例,不仅要讨论某一单位的货物能卖多少钱,还要考虑计价的货币采取什么样的支付方式,支付时间又是怎样等问题。

(2)多样性。多样性是指促使思维多样化,要从事物之间的直接联系和间接联系、内部联系和外部联系、必然联系和偶然联系及因果联系等普遍联系中,寻找解决问题的新路子、新方法。例如,向国外投资创办独资企业,在与东道国政府谈判时,某些问题难以谈得通,这时就应使思维多样化,就应该想到经济与政治、外交是联系在一起的。在这种情况下,可以请我国政府出面,通过政府之间的政治外交关系来帮助做工作,影响谈判。实践表明,这往往是富有成效的。

(3)动态性。动态性是指促使思维动态化,在动态中调整和优化思维。人们对问题的认识和分析常常是依据一定的环境条件和针对事物当时的某一状态而进行的,因而是相对的、静止的。由于事物的不断发展、事物之间联系的不断改变,过去是正确的认识和分析结论,现在可能不那么正确,甚至是错误的。因此,如果思维是静态的,只是抱着过去的认识和看法不放,就会脱离实际。商务谈判的特点之一是其复杂性和多变性。随着谈判双方意见交流的展开,各种因素都在不断地变动,人们的思维必须紧紧抓住这种变动,迅速地调整思维的方向、重点和角度,优化思维的过程和结构。

例如,在一场设备出口谈判中,原先我方与对方一直在现汇支付的基础上进行谈判,但随着谈判的深入,各方面情况的逐步展开,对方突然提出因外汇支付能力有限,希望用产品进行支付,即由现汇贸易改为补偿贸易。这一要求的提出必然打乱了我方原有的对谈判的各种因素、关系的分析和谈判目标的设想。在这时,就应该迅速地调整思维,考虑由现汇贸易改为补偿贸易的可能性,对我方的利与弊,以及在新的支付条件下应该考虑哪些因素,各因素之间的关系和目标,并做出权衡。如果仍然抱着现汇支付条件下对谈判中的各因素和关系的分析不放,不研究新的问题,那么势必吃亏。

(4)超前性。超前性是指争取思维的超前。谈判中,如果能在思维上领先于对方一步,超前考虑到某些问题,准确预见到某个事物发展变化的趋势,那么必然在谈判中占有极大的主动,并获得巨大的利益。

例如,在涉外商务谈判中,一般都会碰到选择什么样的货币作为计价和支付的货币问题,这就必须对各种货币的汇率变动趋势进行预测。没有预测或预测不准,就将面临巨大的汇率风险损失。

又如,在一般人看来太阳黑子活动与世界农产品市场上的交易是两个毫无关系的问题,而一个精明的具有超前思维和多样化思维的农产品交易商则不这样看。在他看来,太阳黑子活动的程度如何,直接影响到地球上的气候,而气候又会影响农产品生产,从而最终会影响到农产品的价格。因此,他会根据对太阳黑子活动的预测分析来调整和决定其在农产品交易中的行动,这就比别人先行了一步。

有人说,一个成功的股票投资家之所以能获得成功,就是因为他的思维和行动比常人快了一步。当别人还没发现股票价格将要下跌而在期待更高的行市,或者大量投资购买时,他却已经预见和发现了,并将手中的股票抛出,既获得了盈利,又避免了损失。而当别人因股票价格下跌不愿购买,甚至大量抛售时,他却又预见和发现了股票价格将要上涨,而与众不同地大量收购。

2. 谈判思维的基本模式

正确的思维模式是谈判者处理好谈判过程中各种问题的保证。人们的一般思维模式可分为辩证思维、逻辑思维和形象思维三类,不同的思维模式具有不同的特征,是正确思维的有机组成部分,了解它有利于培养自身的科学思维方式。

(1)辩证思维模式。辩证思维是用唯物辩证法的观点和方法来认识世界、思考问题的一种科学思维方式。它强调用客观而不是主观的、用普遍联系而不是相互割裂的、用全面系统而不是片面破碎的、用运动发展而不是静止不动的观点来观察世界、认识事物、思考问题。它的基本内容包括三大规律和五对范畴。

①质量互变规律:揭示存在于事物中的基本形式或状态、量变和质变以及它们之间的联系。通过把握一定的度,促使事物内在矛盾的转化,从而引起量变、质变。

②对立统一规律:揭示事物内部矛盾对立双方的统一和斗争,是事物普遍联系的根本内容和事物变化发展的根本动力,矛盾的观点、矛盾分析的方法是它的基点,通过分析矛盾把握矛盾的性质,在事物诸多矛盾中抓住主要矛盾,在矛盾双方的对立面中抓住矛盾的主要方面,从而占据主动,促使矛盾的转化和解决。

③否定之否定规律:揭示矛盾所引起的事物发展运动过程,即肯定→否定→否定之否定的前进运动。把握这一规律就可从整体上理解事物自我运动和发展的全过程。

除了这三个相互联系着的基本规律外,辩证法还包括一系列相互联系和转化的基本范畴,即原因和结果、必然和偶然、可能和现实、内容和形式、现象和本质。

这五对范畴反映了事物、现象的普遍联系和全面发展的不同侧面,不仅有着各自的特殊内容,而且有着本质上的联系,不仅每对范畴与范畴之间,而且各对范畴内部的两个方面都是紧密联系着的,它们在人们的辩证思维中同三大规律一起相互交织、相互渗透,综合地发挥着作用。这就要求谈判者在谈判过程中能够从结果中探究原因,通过形式考察内容,透过现象看本质,从偶然性中发现必然性,促使有利的可能性转化为现实性,从而认识和把握谈判活动的本质,不被表面现象所迷惑,促使谈判获得成功。

掌握辩证的思维模式,全面把握辩证法提供的科学思维方法,就能够客观、全面、辩证地去观察和分析整个谈判活动,准确地认识问题并有针对性地采取措施,使谈判活动的变化朝着有利于己方的方向发展。

(2)逻辑思维模式。逻辑学是一门思维科学,它研究人们的思维形式及其规律,包括形式逻辑、辩证逻辑、数理逻辑三个分支,这里着重介绍有关形式逻辑的主要内容。

形式逻辑所研究的主要是概念、判断、推理等思维形式和同一律、矛盾律、排中律、充足理由律等科学思维的基本规律。

①概念。概念是反映对象的本质属性或特有属性的一种思维形式。没有概念就不能做出判断,更不能进行推理,也就不可能有思维活动。所以要正确地合乎逻辑地思维,首先必须准确地运用概念,严格明确概念的内涵和外延。在谈判中使用的概念必须是准确无误的、没有分歧的、贯穿始终的,否则就可能留下偷换概念的漏洞,导致双方的分歧。

②判断。判断是对思维对象有所断定的思维方式。它通过对思维对象的性质、关系、状态等所作的断定,表现人们对现实对象的一定认识。它包括直言判断(性质判断)、关系判断、联言判断、选言判断、假言判断等基本方法。

③推理。推理是从一个或几个已知判断出发,推出另一个新判断的思维方式。作为推理出发点的判断称为推理的前提,由前提所推出的判断称为结论。推理包括直言推理、演绎推理、归纳推理、类比推理、假说推理等基本方法。正确进行推理的关键有以下几点:一是必须遵循各种推理方法的内在规则;二是必须把握同一事物、同一现象之间的内在联系;三是必须分清一事物与它事物之间的本质区别和同一性。只有这样才符合逻辑,才能由真前提推出真结论,否则就不合逻辑,真前提也可能推出假结论。

④同一律。它要求在思维和辩论过程中,任何一个思想与其自身是同一的。也就是说,在同一思维过程中,一个概念的内涵和外延应当是确定的,不能随意变换,否则就是"混淆概念""偷换概念"。同样,一个判断的内容也应当是确定的,不能有多种解释,不能把两个不同的判断混淆等同起来,否则就是"变换论点""偷换论题"。

⑤矛盾律。它要求思维必须前后一贯,不能自相矛盾,对同一对象不能同时做出两个相互矛盾的判断,既肯定它,又否定它。

⑥排中律。它要求对于两个相互矛盾的判断肯定其一,不能对同一判断既不肯定,又不否定,否则就是"模棱两可"。

⑦充足理由律。它是指在思维和辩论中任何一个真论断必有其充足理由,这个理由不仅被断定为真的,而且它同其推出的论断之间有着逻辑的推论关系,否则就是"虚假理由""预期理由"或犯"推不出"的逻辑错误。

在谈判中掌握正确的逻辑思维方法,一方面可以更好地表述和论证己方观点,另一方面可以正确判断对方,更好地识别、揭露和反驳对方的谬误,免入对方圈套,为己方争得谈判优势和更多利益,同时也可帮助己方设置诡道,使对方上当。

(3)形象思维模式。形象思维不像前两种思维方式那样具有系统的理性,而更多地表现为一种自由想象性和灵活性,它利用一些人们熟悉的或谈判双方共同接触过的事物、场景、故事、寓言、笑话、人物等具体生动的形象来激发人们的情感和思想。通常运用具体生动、活泼幽默的语言表示出来,起到活跃谈判气氛、调动情绪及充分认同的目的。理性使人思考,而只有感性才能使人行动,即所谓"动之以情,晓之以理"。

总之,不同的人有不同的思维习惯和方式。善于辩证思维的人能够从不同的角度"一分为二"地辨析问题,"由此及彼、由表及里、去粗取精、去伪存真",全面把握事物的本质特征和内在联系,表现出精于思维的特征;善于逻辑思维的人则步步为营、一丝不苟,在辩论中环环相扣,表现出合理性、严密性的特征;善于形象思维的人能够摆脱纯粹理性的约束,驰骋想象、旁征博引、言彼而证此,表现出多角度、多侧面问题的灵活性。三者各有特色,在谈判中也起着不同的作用,了解这一点可以在谈判人员选配时进行适当组合,以增强谈判实力。作为谈判者,系统地了解并掌握这些思维模式,有利于提高科学思维的能力。一方面提高说服的能力,使对方心服口服;另一方面在谈判中可以少犯错误,避免被对方抓住把柄;同时还可以及时辨识对方的思维错误,并对其进行有力反击,甚至有意制造"错误"诱使对方上当,为争取谈判主动权和赢得更多利益而创造条件。

1.2　谈判思维障碍的主要原因

1.目的不明

目的不明是指谈判者对谈判的目的不明确或目的混乱,或主次不分,不知道自己所要追求的主要结果是什么,使得谈判的意图不清楚,最易导致思维不清晰,条理混乱。例如,谈判者因谈话的意图不清,很容易导致闲聊乃至瞎扯;又如谈判者在追求利益与达成协议间发生矛盾时,不知道主要的目的是什么,就会使得思维混乱,无的放矢。

2.概念不清

谈判者对谈判中表达的概念不理解、一知半解或理解有歧义,就会表错意、会错义,产生误解或分歧,从而使思维走入误区。对谈判涉及的一些专业术语或概念,谈判中不可私下揣摩或望文生义,而要准确查找、理解其含义。

3.主线不清

所谓主线不清是指谈判者对谈判所要达成目的的计划、步骤不清楚,易患"漫游综合症",经常从一个话题跳到另一个话题,或纠缠于细枝末节,结果越谈越混乱,越谈越迷茫,身陷其中而不能自拔。

4.思维定势

思维定势是指人们对事物的观念根深蒂固,形成某种一成不变的看法。思维定势主要来源于人们过去的经验,经验越多,其趋向就越强。在遇到新事物时,人们总是根据自己过去的经验去推断,如经验告诉人们,火会烧伤手,某人很讲信用,某厂家的产品质量差等,于是就不去碰火(实际上带上石棉手套,火是可以碰的),愿意跟某人合作(实际上对某人的了解并不是全面的),不愿买某厂家的产品(实际上质量是可以改善的)。实际上,由于人们认识事物的环境、时间、角度不同,得出的结论也往往是不同的,个人的经验总是有局限的,只从自己的角度、自己的经验去理解事物,就容易产生思维的僵化乃至偏见,是思维障碍的主要原因。所谓"成功是失败之母","唯一不变的是变",克服思维定势就必须以发展的眼光、换位的思维看问题。

5. 晕轮效应

晕轮效应是指人们因对事物局部看法的形成而影响对事物整体的看法,就像月亮的"晕轮"掩盖了人们对月亮整体的认识。例如,在谈判活动中,谈判者往往容易因对手某一个方面的品质和特征特别明显而产生深刻印象,这一印象对谈判者产生强大的干扰,使其看不清对手其他的品质和特征,进而对对手做出片面的判断。又如认为"年轻"就缺乏经验,"教授"一定学识渊博,"穿着气派"一定有钱,"囚犯"一定很坏等,人们的头脑中就是存在这样那样的假设,而假设与事实毕竟是两码事。要克服晕轮效应,就必须学会辩证地、全面地看问题,以事实进行求证。

6. 归因错误

人们通常愿意把自己的成功归因于自己的能力和主观努力,把自己的失败归因于客观原因,而把别人的成功也归因于客观原因,把别人的失败归因于主观原因,从而影响对人、对事的正确判断。这种倾向,心理学上称之为"基本性归因错误"。

7. 自我中心

有的谈判者在谈判中以"自我主义"为中心,唯我独尊,只认为自己的观点是正确的,别人的观点是错误的,听不得不同的意见与声音;或者只关心自己的问题和利益,对于别人的问题和利益不想关心,只想说而不愿听,从而造成思维的片面与狭隘。

8. 对手干扰

谈判思维障碍的另一个重要原因是谈判对手的有意干扰,如虚张声势、故布疑阵、情绪爆发、思维诡道等谈判战术,使谈判者常常被"假象"所迷惑、所慑服,受到对手的摆布。这种手段尤其对具有羞怯心理,或过分纠缠细节,或贪于全面取胜的缺乏经验的谈判者非常奏效。

美国谈判学家雷法在其主持的"哈佛谈判研究方案"中还指出,在大多数谈判中,对问题过早地进行判断而不愿从多角度去理解,过早地下结论而抨击不同的看法,把谈判看做是"固定金额"的、不可能产生对各方具有更大利益的比赛,只重眼前的自我利益而不考虑对方实现己方建议的可能性和方便性,都是阻碍谈判思维的重要原因。

1.3　谈判思维的艺术

为了克服谈判的思维障碍,必须学习和掌握现代思维艺术。思维艺术不是一朝一夕练就的,而是在长期的实践中经过有意识地学习、培养和锻炼不断积累起来的。

在谈判思维中,逻辑与非逻辑的要素——社会的、文化的、心理的、个人的要素——作为谈判思维的基本构成单元介入谈判思维过程中,形成了各有差异的谈判思维方式。

1. 散射思维

散射思维是从多个角度对谈判议题进行全方位的理性确认的思维方式。其特点是思维的立体性和转移性,使得思维灵活、流畅。在谈判中,运用散射思维可以开阔谈判思路,消除谈判死角,化解谈判症结,打破谈判僵局。例如,在进行价格谈判时,作为买方,运用散射思维方式对卖方的报价进行确认的过程可以用图 3-1 表示。

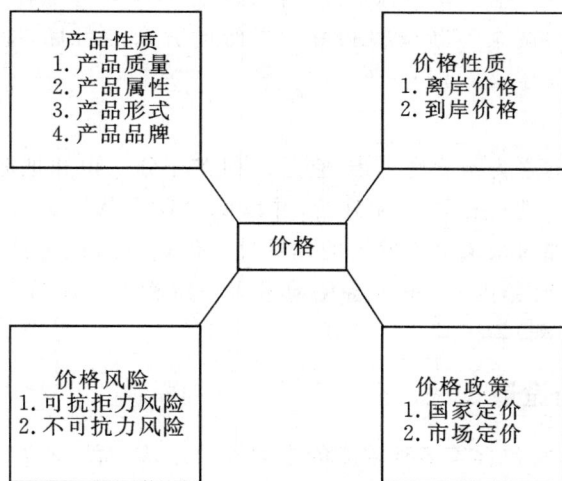

图 3-1　散射思维的价格确认过程

2.逆向思维

逆向思维是指在思维过程中从已有的结论逆向推论其条件前提的思维方式。逆向思维的公式是:结论→依存的条件前提→评价条件前提的客观性与真实性→肯定或否定结论。逆向思维是一种违反常规思维的思维方式,是一种创新性的思维方式。因而,谈判中运用逆向思维方式容易发现一些在正常思维条件下不易发现的问题,利用这些问题可以作为与对方讨价还价的条件或筹码。例如,卖方 4 套设备的总报价为 450 万美元,按逆向思维对买方报价进行确认:设定利润率为 20% 的正常水准,则其总成本为 360 万美元,而根据卖方在报价中各部分价格所占的百分比,4 套设备的成本分别为 120 万美元、100 万美元、80 万美元和 90 万美元,第四套设备的成本显然不可能有那么高,卖方价格的计算基础不真实,应调整报价。

3.跳跃思维

跳跃思维是指在谈判中把事物发展过程的某些内容跳跃过去,而迅速抓住自己想要说明问题的思维方式。这种思维方式由于能在复杂的事物或大量的信息面前迅速抓住问题的本质,因而被谈判者普遍采用。

跳跃思维方式的心理基础是找到要害,一举成功,无论是在说明问题还是反击对方时,运用这种思维方式均能取得有利的效果。例如,在国际对销贸易的谈判中,谈判会涉及产品规格、质量、数量、包装条件、价格、交货期、结算方式、许可证等多项内容,谈判议题纷杂。这么繁琐的谈判议题当然要逐一地进行详细讨论,但在决定是否拍板时则必须用跳跃思维,把复杂的具体事项跳过去,而迅速抓住问题的要害,即对销中的产品作价问题,否则,不仅延误了谈判时间,而且也很难将己方的实际利益解释清楚。

4.动态思维

它是一种不断地依据客观外界的变动情况而不断调整和优化思维的程度、方向和内容,以达到思维目标的一种思维活动。动态思维强调在思维过程中与外部客观环境的信息交流与协调,通过信息的交流与协调来不断调整和修正思维的方向和目标,提高思维的正确性和有效性。

5.超前思维

超前思维有时也被称之为预测性思维,它是一种在充分认识和把握事物发展变化规律的基础上对未来的各种可能性进行预测和分析,并以此对现在状况进行适当调整的思维方法。超前思维能够使人们增加对未来事物发展的预见性。但这种思维方法也有其缺陷性,那就是由于它是对未来的一种预测,因此,不可避免地带有一定程度的不确定性(不准确)和模糊性(只能粗线条地来描绘未来)。

1.4　谈判思维的诡道

诡道是谋略的一种,它包含着某种程度的虚假和狡诈,因而历来为"道学家"斥之。但历来无论是国家与国家、团体与团体,甚至个人与个人之间,还是战争、政治、交易,抑或是交往中,它都一直存在着,只是程度不同而已。谈判既然是矛盾双方为各自的利益而进行讨价还价,那么诡道与其他各种谋略和技巧都会一样地被使用。因而诡道也是道,不能否认它在谈判中的存在。适当使用诡道而又不被对方识破,在对方使用诡道时又能及时识破并予以解除,是谈判的应有之义。诡道在谈判中的表现形式数不胜数,下面介绍主要的三种。

1.诡辩逻辑

凡诡道之术都与形式逻辑的思维方式相违背,违反逻辑思维的基本规律,使用语言戏法,兜售歪理,迷惑他人。德国古典哲学家黑格尔对诡辩做了简要的阐释:"诡辩这个词通常意味着以任意的方式,凭虚假的论述,或者将一个真的道理给否定了,弄得动摇了;或者将一个虚假的道理弄得非常好听,好像真有一样。"其主要表现形式如下:

(1)循环论证,即用论题来论证论据的真实性,以论题为论据转移视线,是典型的自相矛盾。

(2)机械类比,即把对象间的偶然相同或相似作为论据,或将两个仅表面相似而实质完全不同的对象进行类比,从而推出一个荒谬或毫不相关的结论来,以混淆视听,进行谬论辩护。

(3)平行论证,即当论证符合某个弱点时,虚晃一枪另辟战场,寻找己方另一个弱点或故意捏造论据制造弱点,形成新的论题,以达到偷天换日的目的。

(4)以偏概全,即只根据个别情况就得出一般性结论。如在谈判中抓住对方某个零件报价不合理而推断整个报价都不合理,或抓住对方某点错误纠缠不放等。

(5)滥用折中,即利用谈判中发生分歧时折中往往被人们接受的情况,对双方分歧不作历史的具体分析,纯粹搬弄一些抽象概念,把双方分歧混合起来加以折中。

(6)偷换概念,即把表面相似而实质不同的概念加以混淆,张冠李戴,偷梁换柱,制造迷惑,转换问题。

2.制造错觉

制造错觉是有目的、有计划地创造种种假象,使对方产生判断错误而造成失误,主要有下述几种：

（1）故布疑阵，就是在谈判中创造"失密"，通过巧妙地暴露，在"公开"中隐藏秘密，给对方制造假象。如"遗失"笔记、便条、文件，或将一些数据资料丢到对方容易见到的纸篓里，用假资料将对方引入歧途。

（2）故意犯错，即加错或乘错某些数字，错漏字句或做不正确的陈述等。如写错金额小数点、产品规格、零件清单，模糊服务条款概念等。这些错误即使被识破也可推托："人非圣贤，孰能无过？"

（3）装疯卖傻，即在谈判中故作姿态，嬉笑怒骂，撕摔拍走等，以"无知"为武器，一问三不知，不论提出什么条件，都以"我只能这样了"应答。以此动摇对方的谈判决心，既可麻痹对方，又能回避一些尖锐问题。

3. 攻心夺气

攻心夺气是针对对方谈判者的个性心理施加压力，使其丧失斗志，陷于迷乱，进而乱中取胜，常见的有下述几种：

（1）恶人告状，即在谈判中遇到软硬不吃的强硬对手时，就利用"离间术"，通过单独接触对方上司或其他成员，表明诚意，分析难以签约的症结，流露出"不换将，难成交"的意思，使对方主谈失去上司和同事的信任，达到施加心理压力，动摇主谈意志的目的。

（2）卑词厚礼，即以切实或不切实的言词恭维颂扬对方，以合适或不合适的礼物赠送对方，助长对方的骄傲情绪，软化其谈判立场，待其弱点暴露、有机可乘时再出其不意地抓住对方，实现自己的谈判目标。

（3）佯装可怜，即利用对方的恻隐之心，在谈判中故装可怜、为难，以打动对方，求得让步。如卧病不起、满脸愁容、言真意切，求对方高抬贵手、留条生路等，给对方造成心理压力。

第 2 节　商务谈判语言

案例链接

不会说话的主人

某人请几位客人到家里吃饭，有一位客人一直没有来，主人等得心急，便抱怨道："你看看，该来的不来！"有位客人一听："哦，该来的不来，我岂不是那不该来的了？"于是站起来便走，主人急忙挽留，见不成，又说："嗨，不该走的走了！"另一位客人听了想到："这么说，我才是该走的。"这么一想，他也生气地离开了。主人见状，觉得很委屈，便向最后一位客人诉苦："我没有说他们啊！"那位客人闻言不悦："哦，那你是在说我哪！"也怒气冲冲地走了。

主人明明是一番美意，就因为不会说话，只好眼睁睁地看着事物的发展走向其愿望的反面。这就是不善于掌握语言，运用语言不当的后果。

所以如果想在人际交往中左右逢源、无往不胜，就必须讲究一点语言运用的技巧和方法，即所谓的语言艺术，使语言的表达取得最佳效果，发挥最大的功效。谈判作为人际交往的一种特殊类型，对谈判语言的运用有着更高的要求。因为谈判者的语言表达能力是谈判能力的基础,它直接影响着谈判的结果。

2.1 商务谈判语言艺术的重要性

商务谈判行为集中表现为语言交流行为,因而语言艺术水平的高低往往决定着谈判双方的关系乃至谈判的成败。讲究商务谈判语言的艺术性是非常重要的。

1.有利于谈判的成功

美国企业管理学家哈里·西蒙曾说:"成功的人都是一位出色的语言表达者。"成功的谈判都是谈判双方出色运用语言艺术的结果。如在谈判中间同样一个要表述的问题,恰当地运用语言艺术可以使对方听来饶有兴趣,乐于聆听,否则就可能让人产生乏味、反感;面对"冷面战士",富于艺术性的语言处理会使其由冷转热,相反用语不当也可能会破坏融洽的谈判气氛。因而谈判者必须认识到这一点,进行必要的语言学习和训练。

2.有利于处理双方人际关系

谈判中双方的人际关系变化主要是通过语言交流来体现的,双方各自的语言都表现了自己的愿望和要求。语言艺术性的高低可能使双方人际关系得以调整、改善、巩固和发展,也可能导致解体、破裂,进而使谈判失败。如开局时就需要运用语言艺术创造一种轻松、自然、和谐、愉快的气氛,为谈判成功创造一个良好的前提。在寒暄之后用"我们是否可以把帷幕拉开了""让我们先预告一下节目怎么样""这是彩排,尽可以对这个节目议论,发表意见"等,这就比较容易达到开局目的。如果夸夸其谈,离题万里,或冷目横眉、沉默不语,或语言生硬,就可能破坏开局气氛。较高的语言艺术既能清楚表达自己的目的,又能保持双方的良好关系,即使是反驳、否定对方的要求,也可以说得委婉,让对方听得入耳。否则,即使是赞同、认可、支持对方的话,也可能会使对方反感。

3.有利于阐明观点,实施策略

在谈判中,双方要想把自己的判断、推理、论证等思维成果表达出来,就必须出色地运用语言艺术。要想使自己的谈判策略有效实施获得成功,也要运用语言艺术。如在动用"红白脸"策略时,扮演强硬派的人既要态度强硬、寸步不让,又要处处讲理、言之有据,保持良好形象,未必是表现"强硬"就要嗓门高扬、唾沫星飞溅、出言不逊、蛮横无理。一句成语、一个典故、一则寓言或嬉笑幽默,都能坚定地捍卫自己的利益。

2.2 商务谈判语言的类型

商务谈判者的思维都是通过言谈举止而表情达意的,一方面通过自己的言谈举止准确表达己方的要求、意图,另一方面通过对方的言谈举止探寻其目的、要求。而"言谈举止"都可以归为"语言",谈判便是各种语言的直接交锋。语言艺术水平的高低直接决定了谈判的效果和成败,因而必须十分重视商务谈判语言的研究和应用。

1.按语言的使用方式分类

(1)面谈语言。面谈语言是谈判者用口语方式表达其意愿的一种语言。这是最常用、最普通、最简便的语言交流形式。人们通常的思想交流大多通过口头交谈来完成,它具有直接性、生动性、灵活性、迅速性、深入性等优点,但也有难以进行详尽准备、保留时间短、受外界干扰、受空间条件限制、语音差异、地区差异、发话人表达以及受话人听力和注意等影响造成信息的曲解等不足。面谈语言是表情达意的最主要形式,掌握好面谈语言艺术,是获得商务谈判成功的首要保证。

(2)电话语言。电话语言是谈判者在不会面的情况下使用的谈判语言,是一种间接的口头谈判语言。现代人的谈判许多是通过电话来完成的。电话具有传递使用方便、效率高等特点。同时,也带来一些不利于语言表达的缺点。在电话中进行谈判,声音是传递信息的唯一媒介,听觉是接受信息的唯一渠道,在语言表达中起重要辅助作用的肢体语言变得无能为力。而且,谈判者无法理解对方所处的环境是否适合谈判,无法保证通信设备的质量,还有时间的限制等,这些都会给谈判语言的运用带来影响。

(3)书面语言。书面语言是商务谈判者用文字处理及其载体记录来表达意愿的一种语言,它具有严谨、正规、准确,便于保存,不易更改,传递反馈速度慢,没有情态等辅助形式配合的单一性等特点,因而要求使用者要认真谨慎。近年来,随着通讯事业的发展,信函往来日益增加,这就要求谈判者提高自己的文字水平,善于从对方的文字语言中搜集更多信息,并使己方在文字语言中尽可能严密、精确、完整,不留下遗漏。书面合同尤其要做到这一点。

(4)函电语言。函电语言是现代通信手段发展的产物,包括传真、电子邮件等。函电语言往往应用于谈判双方的函件往来。此种语言类同于书面语言,但不及书面语言全面、周到、细致,往往也有失委婉。但这也同时构成了此种语言的特点,即精练、直截了当、保密性好(若采用双方所商定的共同代码系统,则更好)。函电语言用于处理亟须磋商之事或发送亟须文件(如提请对方注意某事项等),言简意赅。但它也同时具有书面语言的局限性。所以,不宜用其展开全面谈判,只能用其处理谈判来往中的急事急件,且应注重简明扼要、不模糊、无歧义,勿背离其自身的特点。

2.按语言的使用特点划分

(1)交际性语言。商务谈判是一种人际交往行为,离不开交际语言的使用。谈判中的交际语言不涉及谈判实质信息的传递,其主要作用是建立双方的关系、增进双方的了解、缓和谈判的气氛等。交际语言最大的特点是注重礼节和分寸,表达一定的感情和留有余地,如"很荣幸能与贵方合作"。

(2)专业性语言。专业性语言是指与谈判业务内容有关的一些商务专业术语。不同的谈判业务有不同的专业术语。如产品的购销谈判中有供求、市场、价格、品质、包装、运输、支付、保险等专业用语,工程建筑谈判中有造价、工期、开工、竣工、交付使用等专业用语。这些专业用语的特征是简练、明确、专一。

(3)法律性语言。法律性语言是指谈判业务所涉及的有关法律规定用语,每种法律语言及其术语都有特定的内涵,不能随意解释使用。它的特征是法定的强制性、通用性和刻板性。通过法律语言的运用可以明确谈判双方各自的权利和义务。

(4)外交性语言。它是一种弹性语言,其特征是冷静、庄重,有模糊性、缓冲性和圆滑性。在谈判中使用外交语言可满足对方自尊的需要,又可避免己方的失礼;既可以说明问题,还可为进退留有余地。如"很抱歉,恕我权力有限""很遗憾,您的要求我无法满足""请原谅,这项条件有待研究"等都属外交语言。应当指出,过分使用外交语言会让对方感到冷淡、推托,无合作诚意,可以导致谈判破裂。

(5)文学性语言。文学性语言原指小说、诗歌、散文、戏剧等文学作品反映社会生活、塑造艺术形象所使用的语言,在商务谈判中,则是指汲取文学语言精华,表述准确、鲜明、生动的语言。它的特征是生动、活泼、优雅、诙谐,富于想象力和感染力。在谈判中形成紧张、沉闷、生硬气氛时,恰当地使用文学性语言既可以生动明快地说明问题,又可以缓解、活跃谈判气氛。

(6)军事性语言。军事性语言是指能表明攻、守、进、退情况下所用战略、战术的语言。这种语言的特征是干脆、利落、简洁、坚定、自信并带有命令性。在谈判中适当运用军事语言可以起到振奋精神、提高信心、稳住阵脚、加速谈判进程的作用。

2.3 商务谈判语言的表达方式

在谈判过程中,往往有类似下列的情景:既想拒绝对方的某一要求,又不想损伤对方的自尊心;既想吐露内心的真情,又不好意思表达得太直白;既不想说违心之言,又不想直接顶撞对方;既想和陌生的对方搭话,又不能显得自己太轻浮或鲁莽……凡此种种说明,为了适应谈判交往的各种不同情境,达到自己预期的目的,必须重视口语的表达策略。

1. 直言

有句外国谚语叫做:"出自肺腑的语言,才能触动别人的心弦。"在谈判中,心诚意白、直抒胸臆的话语虽没加上什么粉饰雕琢,有时还可能是逆耳之言,但效果却常常是出乎意料的好。正如弗兰西斯·培根所说的那样:"人与人之间最大的信任就是关于进言的信任。"直言是谈判者真诚的表现,也是和对方关系密切的标志。所谓见外,往往就是指由于某种不必要的委婉而与谈判对手造成的一种心理上的隔阂感。试想,如果你在与很熟悉的朋友谈判时,一开口就说"对不起",一插话就问"我能不能打断一下",他们会以一种异样的眼光看待你。同样,如果你在火车车厢里对比肩而坐的同路人,连自己的姓名、职业、目的地都不肯直说,那也可能会使人觉得你这人有点不可捉摸,而不愿与你诚实交谈。

直言也是自信的结果,因为只有相信别人的人才谈得上自信。那种过分害怕别人的反应,走一步路怕踩蚂蚁、说一句话要反复斟酌半天的人是谈不上有什么自信的。而缺乏自信正是和谈判对方交往的重大障碍,因为人们一般是不会乐意同一个畏畏缩缩的人打交道的。

在有些国家,人们不习惯于太多的客套而提倡自然坦诚。例如在美国,主人若请你吃饭,如果每道菜上来时你都客气一番,迟迟不动,那么,也许你会饿着肚子回家;如果你是一位进修学者,当指导教授问及你的特长和主攻方向时,你过分自谦,那也许你真的会被派干洗试管之类的杂差。因此,客气谦逊也要看讲话的对象不同而有所不同。

直言不讳并不意味着粗鲁,不讲礼貌,如果在谈判桌上直言,特别是在说逆耳之言时能注意以下问题,也许会使直言的效果更好。

①直言时配上适当的语调、速度和表情、姿态。如在对一群正在打扑克喧嚷的人说,"请不要吵闹,家里有人值夜班,现在需要休息"时,语调温和,并微欠身体举手示意,还略带抱歉的笑意,就容易使人接受。

②在拒绝、制止或反对谈判对方的某些要求和行为时,诚恳地陈述一下原因和利害关系。例如,有人向你借照相机使用,你不太愿意借给他,就索性向对方挑明原因:"前几次就是为这件事和妻子闹了别扭,望你谅解。"这样,对方一般也就不会强人所难了。

2. 婉言

现代谈判学的研究表明,谈判者的认识和情感有时并不完全一致。因此,在谈判中有些话虽然完全正确,但对方往往却因为碍于情面而觉得难以接受,这时,直言不讳的话就不能取得较好效果。但如果把话语磨去"棱角",变得软化一些,也许谈判对手就能既从理智上又在情感上愉快地接受意见,这就是婉言的妙用。

婉言的具体做法大致有以下几种:

(1)用某些语气词。用"吗、吧、啊、嘛"等软化语气,使对方感到讲话口气不那么生硬。

例 3 - 1

试比较下列句子:

别唱了!

别唱了好吗?

今天别去了!

今天别去了吧。

你不要强调理由!

你不要强调理由嘛!

无疑,每组中的第二句就显得比较客气婉转,会使听话的对象容易接受。

(2)灵活使用否定词。谈判时把"我认为你这种说法不对"改为"我不认为你这种说法是对的",把"我觉得这样不好"改为"我并不觉得这样好",就能把同样的意思表达得不那么咄咄逼人。

(3)缓和、推托。如果对方有求于你,你不想直截了当地拒绝,就可以说:"这件事目前恐怕很难办到。"又如对方请你后天晚上去他家玩,你没空闲时间,你就应这样回答:"后天恐怕没有时间,我下次一定来。"相反,如果说:"没空,来不了。"就会使人扫兴。再如有人向你借钱,你手头也不宽裕,就可以说:"这件事,我得同我那位内当家商量商量。"

(4)另有选择。例如,对方问你:"那种产品我觉得很好,你认为如何?"回答是:"还可以,不过我更喜欢另一种产品。"又如,谈判对手问:"下次洽谈定在星期一好吗?"回答是:"定在星期五怎么样?"实际上都是用另一种选择从侧面否定了对方的意见。

3. 模糊语言

在谈判交往过程中,有时会因某种原因不便或不愿把自己的真实思想暴露给别人,这时就可以把输出的信息"模糊化",以便既不伤害别人,又不使自己难堪。在谈判过程中,模糊语言的使用方法主要有以下几种:

(1)答非所问。

例 3 - 2

电影《少林寺》中的一段台词:

法师:尽形寿,不近色,汝今能持否?

觉远:能。

法师:尽形寿,不沾喝,汝今能持否?

觉远:能。

法师:尽形寿,不杀生,汝今能持否?

觉远:(犹豫不答)……

法师:(高声催问)尽形寿,不杀生,汝今能持否?

觉远:知道了。

剧中觉远和尚的这种模糊回答,既能在法师面前过关,又不违背自己要惩治世间恶人的决心和本意,真正做到了两全其美。

(2)不置可否。

例3-3

有人问："你说广州的产品好还是上海的产品好？"答曰："各家有自己的特点。"

又如，谈判对手问："你看这家工厂的产品质量是否降低了？"回答是："不太清楚，我一下子看不出来。"

(3)转移话题。

例3-4

甲问："星期天去不去工厂参观？"乙答："我们还是先来商量一下下次谈判的安排怎样准备吧！"

甲说："我们明天在谈判大厅再见面好吗？"乙说："好吧，不过我想时间定在会谈前不如定在会谈后。"

4.反语

中国有句古语叫做"将欲取之，必先予之"。传统的太极拳理论也讲究"欲进先退，欲前先后"。谈判中有时为了达到某种目的，说话者说出的意思和自己的真实意图会刚好相反，从而成功地达到预期目标，这就是反语的妙处所在。

例3-5

在《三国演义》中，孔明为了不让司马懿攻进无一兵一卒的西城，便大开城门，频频招呼司马懿"来、来、来，请上城来听我抚琴吧"，而司马懿却反令大军倒退30里。

这场妇孺皆知的"空城计"就是巧妙地利用了司马懿的多疑性格取得成功，而其中孔明善用反语策略也无疑是一个重要因素。

案例链接

利用反语批驳对方

《晏子春秋》中有一个故事，说烛邹不慎让一只打猎用的鹰逃走了，酷爱打猎的齐景公下令把烛邹推出斩首，晏子就上前拜见景公，开始了下面一段对话：

晏子：烛邹有三大罪状，哪能这么轻易杀了呢？请让我一条一条列数出来再杀他可以吗？

景公：当然可以。

晏子：(指着烛邹的鼻)烛邹，你为大王养鸟，却让鸟逃走，这是第一条罪状；你使得大王为了鸟的缘故而要杀人，这是第二条罪状；把你杀了，天下诸侯都会责怪大王重鸟轻士，这是第三条罪状。

景公：别杀他了，我明白你的意思。

晏子用的反语，表面上是数落烛邹的罪状，实际上是批评齐景公重鸟轻士，并指出这样做的危害，既收到批评效果，又没使自居高位的君王难堪，可谓是使用反语策略成功的典型杰作。

5.沉默

沉默的含义确实太丰富了：沉默既可以是无言的赞许，也可以是无声的抗议；沉默既可以是欣然的默认，也可以是保留己见；沉默既可以是威严的震慑，也可以是心虚的无言；沉默既可以是毫无主见、附和众议的表示，也可以是决心已定，不达目的不罢休的标志。

青年男女之间倾心相爱时,双眸含情脉脉,无言相对,这种沉默所传递的信息量更是要比言语大几十倍,这确实可以称得上"此时无声胜有声"。

在双方谈判口舌交战中适时沉默一会儿,这是对自己有自信、有力量的表现,所谓"沉默是金"就是这个道理。因为沉默能迫使对方说话,而羞怯、缺乏自信的谈判者往往害怕沉默,要靠喋喋不休的讲话来掩饰内心的忐忑不安。

6. 自言

在谈判场合,大家都互不认识,这时一句"今天天气真热"之类的自言自语往往能成为交谈开场的引子。在走出考场后,一句"唉,今天考得不理想"的垂头自叹也能马上使你和那些原不相识的考友们攀谈起来。

自言自语也是一种主动输出信息的好办法。

例 3 - 6

《水浒传》中的那位多灾多难的及时雨宋江,曾经好几次就要死于非命,而全靠他那句自报家门式的自言自语:"可怜我宋江宋公明……"才使别人了解他的身份,而屡屡死里逃生。

因此,如果你陷入困境,旁边又无熟人,这时靠一句"这下可怎么办"这类的自言自语,再配上焦灼的表情,也许会招来几位热心人为你排忧解难。

自言自语一般有助于谈判者的自我表现,如果怀才不遇,一旦有伯乐在场,就该像千里马那样引颈长嘶几声,以期引起有识者的注意。战国时客寓孟尝君处的冯谖,不就是靠几次弹剑高歌式的自言自语"长铗归来乎"而引起孟尝君的注意吗?如一位著名话剧演员年轻时投考戏剧学院,而报名时间已过,他灵机一动在考场外自己引吭高歌起来,从而引起了主考老师的注意,这才得以走上剧坛。因此,谈判者大可不必看轻自言自语和自我表现,它在谈判中常常具有许多其他手段都没有的优点。

7. 幽默

恩格斯认为:"幽默是具有智慧、教养和道德上的优越感的表现。"在人们交往中,幽默更是具有许多妙不可言的功能。幽默的谈吐在社交与谈判场合是有很大作用的,它能使那些严肃紧张的气氛顿时变得轻松活泼,它能让人感受到说话人的温厚和善意,使他的观点变得容易让人接受。

幽默能活泼谈判交往的气氛。在谈判各方正襟危坐、言谈拘谨时,一句幽默的话语往往能妙语解颐,举座皆欢,使来宾们开怀大笑,气氛顿时活跃起来。有时候,一句得体的幽默话语会消除一场误会,一句巧妙的幽默言辞能胜过许多平淡乏味的攀谈。

例 3 - 7

在社会主义改造运动中,上海曾经有一位老教授因为基层干部作风粗暴,竟投河自杀,后被人救了起来。陈毅市长知道后,把这位干部叫去狠狠地批评了一顿,还要他主动去老先生家中赔礼道歉。后来在一次高级知识分子大会上,陈毅风趣地对那位老教授说:"我说你呀,真是读书一世糊涂一时,共产党搞思想改造,难道是为了把你们整死吗?我们不过想帮大家卸下包袱,和工农群众一道前进,你为啥偏要和龙王爷打交道,不肯和我陈毅交朋友呢?你要投河也该先打个电话给我,咱们再商量商量嘛!当然啦,这件事主要怪有的干部不懂政策,也怪我陈毅教育不够。"要自杀,哪有事先告诉别人,和别人商量一番的?很明显,陈毅故意用这番"似是而非"的幽默话语来批评那位教授,促使他放下思想包袱,在微笑中得到教诲。

幽默的语言有时也能使局促、尴尬的谈判场面变得轻松和缓,使人立即解除拘谨不安,它还能调解小小的矛盾。

例 3-8

老舍先生曾经举过这个例子:一个小孩看到一个陌生人,长着一只很大的鼻子,马上叫出来"大鼻子"。假若这位陌生人没有幽默感,就会不高兴,而孩子的父母也会感到难为情。如果陌生人幽默地说:"就叫我大鼻子叔叔吧!"这就使大家一笑了之。

当然,幽默只是手段,并不是目的,不能强求幽默,否则反而弄巧成拙。

幽默往往也是紧张情景中的缓冲剂,它既能使对方摆脱窘境,又能自我解嘲。

例 3-9

一次在公共汽车上一位姑娘不小心踩了一个小伙子一脚,姑娘神色紧张,忙不迭地道歉:"对不起,我踩了你。"那小伙子却风趣地回答:"不,是我的脚放错了地方。"这时,姑娘如释重负地笑了。

当然,能具有这种幽默感的人一般都豁达大度,富有宽容精神。

幽默在谈判中还被用来含蓄地拒绝对方的某种要求。

例 3-10

美国第 32 任总统富兰克林·罗斯福当海军军官时,有一次一位好友向他问及有关美国新建潜艇基地的情况,罗福斯不好正面拒绝,就问他:"你能保密吗?""能。"对方答道。罗福斯笑着说:"你能我也能。"对方一听也就不再问及此事了。

幽默还可以提高批评效果。

例 3-11

美国作家卡尔·桑德贝格脾气很怪,有一次卡尔在匆忙中打不开一扇窗门,就扬起双臂乱喊乱叫起来,这时,他的妻子走了过来,一边抬头望着他,一边用手抚摸着丈夫的胸膛说:"多么令人提神的好嗓子啊!"卡尔立即不好意思地安静下来。

在谈判交往中,如果有人蓄意攻击和侮辱,那么幽默又可以是一种十分有效的反击武器。

例 3-12

据说德国大文豪歌德一天在公园散步,碰到了曾恶意攻击过他的一位批评家。那位批评家傲慢地说:"我是从来不给傻瓜让路的。"歌德立即回答说:"我却完全相反!"说完,他就转到一边去了。

这种幽默的回答,充分表达了歌德的机警和敏捷。在错综复杂的谈判过程中,需要因时因地恰当地运用幽默策略战胜对手。

8. 含蓄

人们在形形色色的谈判场合有时因某种原因,不便把某类信息表达得太清晰直露,而要靠对方从自己的话语中揣摩体会出里面所蕴含的真正意思,这种"只可意会,不可言传"的手段就称为含蓄。

中国古代著名文字评论家刘勰在《文心雕龙》中说"智以藏往,神以知来",倡导文章贵在含蓄。其实谈判也是如此。因为谈判桌上话语一旦全露,一览无余,势必味同嚼蜡,毫无余地;而"盘马弯弓惜不发""犹抱琵琶半遮面",让人三思后才得,才能使谈话清新隽永,令人回味无穷,因此,含蓄是说话人高雅、有修养的表现,也是对听话人的一种尊重,运用含蓄的话语一定会使交谈更加耐人寻味。一般来说,含蓄在交往谈判中可以起到以下几方面的作用:

(1)暗示心迹。

例 3 - 13

一位小伙子问心爱的姑娘:"你愿意和我结婚吗?"姑娘不正面回答。电影《五朵金花》中的金花是用"蝴蝶飞来采花蜜,阿妹梳头为哪桩"以此来启发情人;而《阿诗玛》中的阿黑是用"一朵鲜花鲜又鲜,鲜花长在崖石边;有心想把鲜花戴,又怕崖高花不开"来试探阿诗玛。

由此可见,比喻和借代等修辞手法都不失为含蓄地表达意思的有效手段。

(2)美化言语。

例 3 - 14

有一位长者用他去买一只"夜壶"(即尿壶)的故事,说明了含蓄在美化语言方面的妙用。他在一个摊子上接连挑了几个,虽然不错但都嫌大。卖夜壶的老人一心想做成这笔生意,但他没有直说,只是说了一句:"冬天到了,夜长着哪!"意思既不言而喻,语言又不失粗俗,而且还十分幽默。一笔生意因此做成。

(3)曲表观点。

例 3 - 15

一位姑娘和一个小伙子相爱,她的女友好心劝阻她,说那个男青年相貌平平,不够帅气。这位姑娘笑着回答:"谢谢你的关心,你的话确有一定道理,但我欣赏这样一句名言:'人不是因为美丽才可爱,而是因为可爱才美丽。'"

这样,对方既能玩味出言外之意,又不会感到太难堪。

(4)巧避分歧。在谈判活动中,某些场合往往需要双方本着"求大同存小异"的原则,需要对一些双方目前尚有不同看法的问题巧妙含蓄地加以回避,以求双方都有保留自己意见的余地。

例 3 - 16

1972 年,美国总统尼克松来华访问,以实现中美邦交的正常化。在一次酒会上,周恩来总理在祝酒词中这样说:"由于大家都知道的原因,中美两国隔绝了 20 多年。"这种说法既含蓄地暗示了我国政府对这一事实的原则看法:这是由于美国政府对新中国一贯采取敌视、封锁政策所造成的结果;又不伤着客人的面子,甚至还暗含着一点对客人明智之行的赞赏。周总理的一番发言使到会者无不会心地微笑,真可谓"绝妙好辞"!

2.4　商务谈判语言的一般要求

由于谈判语言受多种不同因素的影响,因此在不同的谈判活动中,针对不同的谈判对象运用的语言也截然有别。但不论采用何种谈判语言都必须注意以下一般要求。

1. 文明性

谈判语言必须符合职业道德的要求,讲究文明礼貌。无论在何种情况下都要保持冷静和理智,不能口出污言秽语,攻击侮辱对方的人格。对某些不恰当的语言应理智、明白、幽默地予以批评;对某些恶意挑衅性的语言,应坚决、果断、无情地予以反击。

2. 流畅性

在谈判中要努力做到咬字准确、吐词清晰、口齿伶俐、语音纯正、语言流畅。结巴口吃、哼哈呢喃、习惯性尾语等不良习惯都应戒除。

3. 简洁性

在谈判中应用最简练的语言表达最丰富的信息,用尽可能少的句子表达更多的意思,做到紧扣主题、干净利落,没有闲言废语,不节外生枝。同时词语的使用要尽可能准确,不能模棱两可、含糊错乱、词不达意,妨碍信息的交流。

4. 清晰性

谈判者应注意语言的标准化,尽可能采用对方能够听清、听懂、理解的语言,尽量少用地方话,避免"黑话"和生造歧义语言。国内谈判语音应尽可能使用"普通话"。国际间谈判,语言翻译应准确、标准化,尽量消除或减少信息失真。

5. 风趣性

当谈判处于高潮或临近终场时,紧张的气氛往往使人坐立不安,容易烦躁疲劳、感情冲动,从而诱发错误,产生失误。如果这时适当说些笑话,在严肃的话题中增加一点幽默、风趣,机智地转移话题,那么对缓和紧张气氛、处理难以回答的问题都可收到意想不到的良好效果。那些善于运用形象思维的人在这里可以很好地发挥其优势。

6. 准确性

策动谈判的动力是需要和利益,谈判双方通过谈判说服对方理解、接受己方的观点,最终使双方在需要和利益方面得到协调和适应,所以这是关系到个人或集体利益的重要活动,语言表述上的准确性就显得至关重要了。谈判双方必须准确地把己方的立场、观点、要求传达给对方,帮助对方明了自己的态度。如果谈判者传递的信息不准确,那么对方就不能正确理解你的态度,势必影响谈判双方的沟通与交流,致使谈判朝着不利的方向转化,谈判者的需要便不能得到满足。如果谈判者向对方传递了错误的信息,而双方又将错就错地达成了协议,那么,还会招致巨大的利益损失。因此,谈判语言必须准确。

7. 针对性

谈判是无所不在的,谈判对象也各有不同,要取得谈判的成功,谈判者就必须遵循针对性原则,要针对不同的谈判对象,采取不同的谈判对策,因人施语。谈判对象由于性别、年龄、文化程度、职业、性格、兴趣等的不同,接受语言的能力和习惯使用的谈话方式也有不同。因此,面对不同的谈判对象,谈判者必须细心区别,深入了解,从对方的实际情况出发,寻找适合其特点的谈话方式和语言材料,怎么说合适就怎么说,这样,才能保证谈判双方的正常交流,获得理想的效果。

8. 灵活性

谈判不能由一个人或一方独立进行,必须至少有两个人或两方来共同参加。谈判过程中,谈判双方你问我答,你一言我一语,口耳相传,当面沟通,根本没有从容酝酿、仔细斟酌语言的时间,而且谈判进程常常是风云变幻,复杂无常,尽管谈判双方在事先都尽最大力量进行了充分的准备,制定了一整套对策,但是,由于谈判对手所说的话谁也不能事先知道,因此任何一方都不可能事先设计好谈判中的每句话,具体的言语应对仍需谈判者临场组织,随机应变。

谈判者要密切注意信息的输出和反馈情况,在自己说完后,认真考察对方的反应。除了要仔细倾听对方的话,从话里分析反馈情况,还要察言观色,从对方的眼神、姿态、动作、表情来揣测对方对自己话语的感受,考察对方是否对正在进行的话题感兴趣,是否正确理解了得到的信息,是否能够接受自己的说法;然后,根据考察的结果,谈判者要及时、灵活地对自己的语言进行调整,转移或继续话题,重新设定说话内容、说话方式,甚至终止谈判,以保证语言更好地为实现谈判目的而服务。如果谈判中发生了意料之外的变化,切不可拘泥于既定的对策。不妨从实际出发,在谈判目的规定的许可的范围内有所变通,以适应对方的反应。如果思想僵化、死板,不能及时以变化的方式去对付变化了的形势,那么必将在谈判中失去优势,处于被动、挨打的地位。

9. 适应性

俗话说"到什么山唱什么歌","什么时候说什么话",就是告诉人们,说话一定要适应特定的言语环境。所谓言语环境,主要是指言语活动赖以进行的时间和场合、地点等因素,也包括说话时的前言后语。言语环境是言语表达和领会的重要背景因素,它制约并影响着语言表达的效果。同样的话在不同的环境,对同一个人说,会产生完全不同的效果。掌握谈判语言艺术就一定要重视言语环境因素,如果谈判时不看场合,随心所欲地想说什么就说什么,那么不仅语言不能发挥效果,甚至还会引人反感,产生副作用。传说大诗人歌德曾当过律师,他在法庭上以诗一般的语言发言时,却招来了哄堂大笑,法官当场禁止他这样讲话。语言虽美,却用错了地方。因此,谈判者说话时必须考虑环境因素,适应特定的言语环境的要求。如在办公室与领导谈话,语言应比较正式、严肃,表现出对领导的尊重。而在自己家里,说话则可以随便一些,像聊家常一样。如果在公共场所,则说话要客气、得体,言语不要过于犀利,大庭广众之下,要顾及对方的自尊心,要给人留面子。总之,要根据不同的场合随时调整语言表达的策略,采用与环境最为契合的表达方式。如果发现环境根本就不适合谈判,就要及时换个环境或者改变谈判计划,甚至终止谈判,以免谈判失败。

2.5　商务谈判语言的一般禁忌

在商务谈判中如果谈判者语言运用不当,就可能伤害对方的感情,造成谈判障碍,甚至失败,因而应注意避免使用以下语言。

1. 啰嗦的语言

谈判都有一定的时限,要讲求时效,重视速度。这就要求双方说话应简明扼要,准确明白。如果说话啰嗦,言之无物,毫无意义,就会浪费时间,引起对方的反感和厌恶。

2. 伤人的语言

成功的谈判是利益的协调和双方的满足。参加谈判的都是具体的人,每个人都有自尊心、荣辱感和个性。谈判中如果能相互尊重、说话和气、谦虚有礼,就可以增进友谊和信任,使谈判顺利进行并提高效率。相反,如果视人如敌、出口伤人就会伤害对方感情,引起反击。一场怒目相对、唇枪舌剑、互相攻击的谈判会是什么结果呢?这就是"好言善语三九暖,恶语伤人六月寒"的道理。

3. 武断的语言

武断的语言常表现出傲慢、盛气凌人、唯我独尊,使谈判空气弥漫着火药味,往往因失去商量的余地而功败垂成。精明的谈判者表达意见时往往表现出克制和谦让的美德,除非有绝对把握,否则很少使用偏激、过度或绝对的语言,而是委婉地阐述自己的意见,促使谈判气氛融洽,易于情感和信息交流,放弃成见,达成一致。

4. 好斗的语言

温和的语言大家易于接受,便于双方沟通;而粗声恶语、出言不逊、争强好斗的语言则使人产生反感、厌烦、回击,使对方变得更加固执,不仅无助于改变对方的观点,反而会使谈判变得更加僵硬。因而对好斗的语言应尽量避免。应当避免提一些敌意性的、挑衅性的问题,对对方大加指责或审问式的盘问等。宽容,做一个友好的使者,这对双方都有利。

5.过头的语言

诚恳、谨慎、适度的语言不仅能够准确地表达自己的愿望和意思,而且给人以信任感和安全感。话说得过头可能产生歧义、误解、怀疑、猜测,造成信息沟通的困难,言过其实也是一种欺骗。在谈判中说话应有分寸,事先应考虑一下哪些话该说,说到什么程度合适,要注意适可而止,应尽量沉着,避免冲动。

6.固执的语言

谈判是一个十分复杂的过程,许多情况处在经常变化之中,谈判中始终应冷静地做好各种应急准备,要多准备几种备选方案和表达方式。如果固执己见,铁板一块,语言没有任何变化,那就会失去谈判的灵活性,使谈判陷入僵局。

总之,谈判语言丰富多彩、灵活多样,而语言表达能力的提高是文化素质综合提高的结果,因而必须多方面提高文化素质,努力学习,积极训练,不断提高语言表达能力。

第3节 商务谈判行为语言

3.1 行为语言概述

1.行为语言的含义和构成

在商务谈判中,非语言沟通的传播符号是非语言形式的符号,即行为语言符号。行为语言符号是谈判者传播某种意图、观点或思想的非语言的行为、体态等概念的总称。一般地,谈判沟通中的行为语言符号的主要形式是默语言、体态语言、类语言和空间语言等。

(1)默语言。默语也即停顿语,它是词项或句子之间的间隙、停顿。默语符号具有包容性和排障性的特点,因而被认为是一种超越语言力量的非语言的传播符号。在商务谈判沟通中,适时、恰当地运用默语,可以用最简单的传播形式表达出含义丰富的内容,获得其他传播符号所不可及的沟通效果。

(2)体态语言。它是通过谈判个体的动作、表情、姿态、服饰等传播信息的非语言符号。体态语言分为动态体语和静态体语两种类型。

①动态体语,是指首语、手势语、目光语、表情语等体态语言。

首语,是通过个体头部动作传播信息的动态体语符号。在谈判的非语言沟通中,运用的首语一般为点头语和摇头语,它们在一般情况下分别传递着正负的信息,即肯定与否定的信息。

手势语,是通过手及手指活动传递信息的体态语言。在谈判中,谈判者可通过手与手的接触或手的动作读解出对方的心理活动或心理状态,也可以把自己的意图传递给对方。

目光语,是以谈判者目光的相互接触传递信息的动态体语。目光语是谈判者深层心理情感的一种自然表现,它具有丰富的含义,同时也是谈判沟通中最接近于同时进行信息传播的沟通方式。

表情语,是以局部表情及表情的变化传递信息的体态语言。在谈判中,各种表情语言所传递的信息或含义都是与特定的谈判环境与背景联系在一起的,离开了具体的谈判环境或背景则很难确定表情语言的含义。

②静态体语，主要是指体态语和道具语。

谈判中，谈判者身体的静态姿势也在向对方传送着某种信息。如谈判者感觉受到威胁时，他的姿态可能很拘谨、呆板。因此，谈判者的静态姿势也是一种非语言传播符号。

道具语，是在谈判中通过谈判者的穿着或者其他身体修饰传递信息的体态语言，它是谈判者身体的静止状态或姿势的延伸。道具语言在传递涉及谈判个体社会的、文化的、心理的和个人的信息上，有着特殊的作用，它是谈判者解读谈判对手个性和心理状态的有效途径。

（3）类语言。类语言符号是指有声而无固定语义的非语言符号。其形式主要有语调、重音等。在商务谈判沟通中，类语言可以制造口头语言的音调或速度的变化，进而使口头信息发生某种变化，从而表达出谈判个体想要表示的愤怒、不满、惊讶、遗憾、冷淡等感情。

（4）空间语言。空间语言是以谈判空间环境及空间环境的变化传播信息组成的非语言符号。广义的谈判空间环境表现为三个层次，即社会空间环境（由经济的、政治的、法律的、社会的、文化的等社会力量构成的制约和影响谈判活动的社会背景与社会氛围）、谈判空间环境（由谈判的具体地点、场所的选择与布置所形成的直接影响谈判活动的空间氛围）与谈判个体存在环境（处于特定谈判空间环境中的谈判者的相对个人空间位置）。在谈判沟通中，任何层次上的空间环境的改变都在传播着对谈判结果可能造成直接影响的信息。因而，空间语言的运用已成为商务谈判中的策略与技巧问题。

2. 行为语言的作用

非语言沟通是以非语言的符号传播谈判信息的过程。非语言符号主要是指谈判者传递某信息或含义的非语言的行为与体态。商务谈判沟通中，语言是可以传递任何信息的，非语言符号传播的范围则是有限的，然而，它却可以补充、扩大语言符号传播的信息，也可以否定语言符号传播的信息。

行为语言在商务谈判沟通中主要有以下作用：

（1）补充作用。非语言符号可以加强、扩大语言符号传播的信息。在谈判中，伴随着语言的运用，出现的动作或表情在不同程度上起着补充、增大语言传送效果的作用。

（2）代替作用。非语言符号在谈判中可以代替语言准确地传送某种意图或情绪。如以热烈的握手和拥抱传送热情、友好的态度。在一定的情形下，当语言不可以或难以传递谈判者的观点或意图时，非语言的传递往往可以取得非常好的效果。

（3）否定作用。商务谈判沟通中，非语言符号可以否定语言符号传播的信息，传送出与语言符号含义完全不一致的含义。

非语言符号的固有性质，决定了非语言沟通是一个特殊的过程，在谈判沟通中，有着特殊的作用。然而，非语言沟通也是有局限性的，多种因素阻碍着非语言沟通过程，所以正确解释非语言符号的含义往往是比较困难的。

3. 行为语言的特点

（1）连续性。行为语言符号传播信息的连续性，是指谈判主体某种特定含义或思想的非语言传送是要通过若干个存在一定联系的行为和体态连续完成的。例如，谈判者不安情绪的表露可能伴随着抓耳朵、搔头皮、扯衣襟等若干个连续性的动作。非语言的信息传送仅有一个动作是很难完成的。而语言的传送往往是独立的、非连续性的。

（2）依赖性。行为语言符号传送信息对环境有很大的依赖性。行为语言符号所代表的含义与特定的传播环境或传播背景是联系在一起的,即它所代表的含义只有和具体的环境或背景联系起来才能确定,脱离了具体的环境或背景,行为语言符号传送的含义则变得深不可测、无穷无尽。

(3)一致性与不一致性。语言和行为语言符号可以显然不一致的传播方式(途径)来传送含义完全一致的信息,而且行为语言符号可以加强、扩大语言符号传播的信息,这是语言传播与行为语言符号传播的一致性。例如,双方谈判人员在见面时的一句问候语之后,相互热烈地握手、拥抱,其所传递的信息往往是言语所不及的。然而,行为语言符号也可以否定语言传播的信息。例如,充满信心的言辞伴以发抖的双手,或者以充满敌视的语调讲着友好的词句,在这里,行为语言符号传播的信息与语言所传播的信息显然是不一致的。

(4)丰富、准确性。行为语言符号传递信息的含义往往比语言传递的信息更为丰富、准确。行为语言符号,尤其是无意识露出的行为语言符号能传送出比语言更为准确、丰富的信息。人类的传播行为是完整的个人行为,通过行为语言符号传送出的信息,许多是来自个体的内心深处,这种行为语言提示是难以控制和掩饰的。因而,往往是一种真实而丰富的提示。

3.2 行为语言的认知

1.眼睛的动作语言

爱默生关于眼睛说过这样一句话:"人的眼睛和舌头所说的话一样多,不需要词典,却能够从眼睛的语言中了解整个世界,这是它的好处。"眼睛被誉为"心灵的窗口",表明它具有反映人的深层心理的功能,其动作、神情、状态是最明确的情感表现。

眼睛的动作及其所传达出的主要信息如下:

①与人交谈时,视线接触对方脸部的时间正常情况下应占全部谈话时间的30%～60%,超过这一平均值者,可认为对谈话者本人比对谈话内容更感兴趣。例如,一对情侣在讲话时总是互相凝视对方的脸部。低于此平均值者,则表示对谈话内容和谈话者本人都不怎么感兴趣。

②倾听对方谈话时,几乎不看对方,那是企图掩饰什么的表现。据说,海关检查人员在检查过关人员已填写的报关表格时,他会再问一句:"还有什么东西要呈报没有?"这时多数检查人员的眼睛不是看着报关表格或其他什么东西,而是看着过关人员的眼睛。如果不敢正视检查人员的眼睛,那么就表明该过关人员在某些方面有不够属实的地方。

③眼睛闪烁不定,是一种反常的举动,常被视为用作掩饰的一种手段或性格上的不诚实。一个做事虚伪或者当场撒谎的人,其眼睛常常闪烁不定,这是一个共同的特征。

④在1秒钟之内连续眨眼几次,这是神情活跃,对某事物感兴趣的表现,有时也可理解为由于个性怯懦或羞涩不敢正眼直视而做出不停眨眼的动作。在正常的情况下,一般人每分钟眨眼5～8次,每次眨眼一般不超过1秒钟。时间超过1秒钟的眨眼表示厌烦,不感兴趣,或表示自己比对方优越,有藐视对方、不屑一顾的意思。

⑤瞪大眼睛看着对方是表示对对方有很大兴趣。

⑥当人处于喜欢或兴奋时,往往是眼睛生辉、炯炯有神,此时眼睛瞳孔就会放大;而消极、戒备或愤怒时,愁眉紧锁、目光无神、神情呆滞,此时瞳孔就会缩小。实验表明,瞳孔所传递的信息是无法用意志来控制的。现代的企业家、政治家以及职业赌徒为了不使对方觉察到自己瞳孔的变化,往往喜欢戴上有色眼镜。眼神传递的信息远不止这些,有许多只能靠意会而难以言传,那就要靠谈判者在实践中用心观察、积累经验、努力把握。

2. 眉毛的动作语言

眉毛一般是配合眼睛的动作来表达其含义的,但单凭眉毛也能反映出人的许多情绪。

①处于惊恐或惊喜时,眉毛上耸,即人们所谓的"喜上眉梢"之说。

②处于愤怒或气恼时,眉角下拉或倒竖,即通常所说的"剑眉倒竖"。

③当困窘、不愉快、不赞成时,往往皱眉。

④表示亲切、同意、愉快时,眉毛迅速上下做动作。

⑤表示询问或疑问,眉毛就会上挑。

上述有关眉毛的动作及其含义,在平时观看戏剧,特别是京剧时可以看得更清楚。可见眉毛对于一个人的表情来说是很重要的,因为没有眉毛的脸会给人一种毫无表情的感觉。

3. 嘴的动作语言

嘴是说话的工具,也是摄取食物和呼吸的器官之一,它的吃、咬、吮、舔等多功能决定了它的表现力,往往反映出人的心理状态。

①紧紧地抿住嘴,往往表现出意志坚决。

②噘起嘴是不满意和准备攻击对方的表示。

③遭到失败时,咬嘴唇是一种自我惩罚的动作,有时也可解释为自我解嘲或内疚的心情。

④注意倾听对方话语时,嘴角会稍稍向后拉或向上拉。

⑤不满和固执时往往嘴角向下。

与嘴的动作紧密联系的是吸烟的姿势。在现代社会中,吸烟的姿势具有较强的表现力,而且是评判一个人态度时的重要依据。那么吸烟是如何表现一个人的心理和情绪的呢?从日常生活中可以看到以下情况。

①将烟朝上吐,往往是积极、自信的表现,因为此时人的身体上部分姿势必然是昂首挺胸的。而将烟朝下吐,是情绪消极、意志消沉、有疑虑的表现,即所谓的"垂头丧气"。

②烟从嘴角缓缓吐出,给人一种消极而诡秘的感觉,一般反映出吸烟者此时的心境与思维比较曲折回荡,力求从纷乱的思绪中清理出一条令人意料不到的道路来。

③斜仰着头,烟从鼻孔吐出,表现出一种自信、优越感以及一种悠闲自得的心情。斜仰着头,这就主动地拉开了与谈话对象或视觉交流目标的距离。这种距离正体现和满足了其心理上不愿与谈话对象或视觉交流目标平等相处的要求。

④吸烟时不停地磕烟灰,表明内心有冲突或不安的感觉。这时的烟成了吸烟者减缓和消除内心冲突与不安的一种道具。因为内心的冲突和不安往往使人手足无措,而不停地磕烟灰使人手上有事可做,从而转移了这种冲突与不安。

⑤让烟烧着而很少拿起来抽,表明在紧张思考或焦急等待。其之所以很少抽烟,是因为大脑专注于某问题,而暂时将烟忘却了。

⑥没抽几口就把烟掐掉,表明想尽快结束谈话或已下决心要干一桩事。这样做是为了不愿让吸烟来分散其精力,干扰刚刚决定的事情的进行。尽管吸烟本身并不对人有多大的干扰。

以上是就面部单个器官的动作及其含义而言的。在通常情况下,人们的面部表情是由面部的各个器官协同表现的。例如,一个具有攻击性并满含敌意的谈判者,会把谈判看成是"你死我活"的竞技场,其典型的脸部表情是睁大着眼睛,嘴唇紧闭,眉角下垂,有时甚至嘴唇不太动却含混地从牙缝中挤出话来。因此,在观察对方面部表情时,除了要注意对方面部各器官的单独动作,更要注意它们之间的配合动作,以掌握其变化规律。

4.上肢的动作语言

上肢包括手和臂膊。通过对上肢的动作或者自己与对方手与手的接触,可以判断分析出对方的心理活动或心理状态,也可以借此把自己的意思传达给对方。

①握拳是表现向对方挑战或自我紧张的情绪。握拳的同时使手指关节发出响声或用拳击掌,都是向对方表示无言的威吓或发出攻击的信号。握拳使人肌肉紧张、能量集中,一般只有在遇到外部的威胁和挑战而准备进行抗击时才会产生。

②用手指或铅笔敲打桌面,或在纸上乱涂乱画,表示对对方的话题不感兴趣、不同意或不耐烦的意思。这样一是打发消磨时间,二是暗示和提醒对方。

③吸手指或指甲的动作是婴儿行为的延续,成年人做出这样的动作是个性或性格不成熟的表现,即所谓"乳臭未干"。

④两手手指并拢并置于胸的前上方呈尖塔状,表明充满信心,这种动作多见于西方人,特别是会议主持人、领导者、教师在主持会议或上课时,用这个动作以示独断或高傲,以起到震慑学生或与会者的作用。

⑤手与手连接放在胸腹部的位置,是谦逊、矜持或略带不安心情的反映。歌唱家、获奖者等待被人介绍时常有这样的姿势。

⑥两臂交叉于胸前,表示防卫与保守,两臂交叉于胸前并握拳,则表示怀有敌意。

⑦握手的动作来自原始时代的生活。原始人在狩猎或战争时,手中常持有石块和棍棒等武器。陌生者相遇,若互相之间没有恶意,就要放下手中的东西,并伸开手掌,让对方摸掌心,表示手中未持武器。久而久之,这种习惯逐渐演变成今日的"握手"动作。

握手的原始意义不仅表示问候,也表示一种保证、信赖和契约。标准的握手姿势应该用手指稍稍用力握住对方的手掌,对方也应该用手指稍稍用力回握,用力握的时间约在 $1\sim3$ 秒。如果发生与标准姿势有异的情况,便有了除问候与礼貌以外的附加意义。主要有以下几种情况:

a.握手时对方手掌出汗,表示对方处于兴奋、紧张或情绪不稳定的心理状态。

b.若某人用力回握对方的手,表明此人具有好动、热情的性格,凡事比较主动。美国人大多喜欢采用这种方式的握手;反之,不用力握手的人,若不是个性懦弱、缺乏气魄,便是傲慢矜持,摆架子。

c.先凝视对方再握手,是想将对手置于心理上的劣势地位。先注视一下对方,相当于审查对方是否有资格与其握手。

d.手掌向下握手,表示想取得主动、优势或支配地位,手掌向下,有居高临下的意思;相反,手掌向上,是性格软弱,处于被动、劣势或受人支配的表现。手掌向上有一种向对方投靠的含义。

e.用两只手握住对方的一只手并上下摆动,往往是热情欢迎、真诚感谢、有求于人、肯定契约关系等意义。在日常生活中,常常可以看到,为了表示感谢对方或欢迎对方,或恳求对方等,一方会用两只手去握住对方的一只手。

5.下肢的动作语言

下肢虽属身体的下端,但它往往是最先表露潜意识情感的部位,主要包括腿和足两大部分,主要有以下动作。

①摇动足部,或用脚尖拍打地板,或抖动腿部,都表示焦躁、不安、不耐烦或为了摆脱某种

紧张感。进入考场前的考生、车站候车的旅客常有这种动作。

②男性足踝交叉而坐,往往表示在心理上压制自己的表面情绪,如对某人某事持保留态度,表示警惕、防范,或表示尽量压制自己的紧张或恐惧。处于受批评、受审讯的人常常会有这种动作。

③女性足踝交叉及膝盖并拢坐,表示拒绝对方或处于一种防御性的心理状态。其含义比较含蓄而委婉。

④架腿而坐,一般在无意识中表示拒绝对方并维护自己的势力范围,使之不让他人侵犯,而频频变换架腿姿势的动作是情绪不稳定或焦躁、不耐烦的表现。

⑤张开腿而坐,表明此人自信,并有接受对方的倾向。

6. 腰部的动作语言

腰部在身体上起"承上启下"的支持作用,腰部位置的"高"或"低"与一个人的心理状态和精神状态是密切相关的。

①弯腰动作,例如,鞠躬、点头哈腰属于低姿势;把腰的位置放低,精神状态随之"低"下来,向人鞠躬是表示某种"谦逊"的态度或表示尊敬。如果在心理上自觉不如对方,甚至惧怕对方时,就会不自觉地采取弯腰的姿势。

从"谦逊"再进一步,即演变成服从、屈从,心理上的服从反映在身体上就是一系列在居于优势的个体面前把腰部放低的动作,如跪、伏等。因此,弯腰、鞠躬、作揖、跪拜等动作,除了礼貌、礼仪的意义之外,都是服从或屈从对方,压抑自己情绪的表现。

②挺直腰板,使身体及腰部位置增高的动作,则反映出情绪高昂、充满自信。经常挺直腰板站立、行走或坐下的人往往有较强的自信心及自制和自律的能力,但为人可能比较刻板,缺少弹性或通融性。

③手插腰间,表示胸有成竹,对自己面临的事物已做好精神上或行动上的准备,同时也表现出某种优越感或支配欲。有人将这视作领导者或权威人士的风度。

7. 腹部的动作语言

腹部位于人体的中央部位,它的动作带有极丰富的表情与含义。在我国,一直重视腹部的精神上的含义,把腹、肚、肠视为高级精神活动与文化的来源以及知识、智慧的储藏所。若某人有学问,就称之为"满腹经纶",作家构思叫做打"腹稿"等。

①凸出腹部,表现出自己的心理优势、自信与满足感,可谓腹部是意志与胆量的象征。这一动作也反映了意在扩大自己的势力圈,是威慑对方,使自己处于优势或支配地位的表现。

②抱腹蜷缩,表现出不安、消沉、沮丧等情绪支配下的防卫心理,病人、乞丐常常这样做。

③解开上衣纽扣而露出腹部,表示开放自己的势力范围,对于对方不存戒备之心。

④系皮带、腰带的动作与传达腹部信息有关。重新系一下皮带是在无意识中振作精神的意思与迎接挑战的意识。反之,放松皮带则反映出放弃努力和斗志开始松懈,有时也意味着紧张气氛中的暂时放松。

⑤腹部起伏不停,反映出兴奋或愤怒。极度起伏,意味着将爆发的兴奋与激动状态而导致呼吸的困难所致。

⑥轻拍自己的腹部,表示自己有风度、有雅量,同时也包含着经过一番较量之后的得意心情。

需要指出的是,以上只是就一般人在一般情况下其动作和姿态所表达的含义描述,不同的民族、不同的地区、不同的受教育水平与个人修养的人,都会在动作、状态及其含义上有所差别。另外,对人的动作与状态的观察,不能只从某一个孤立的、静止的动作或状态去进行判断,而应从其连续的、一系列的动作去进行观察分析,最好与其讲话时的语音、语气、语调等结合起来进行分析,看看其动作之间、动作与语言之间是否保持一致性,这样才能得出比较真实、全面的结论。在谈判过程中,对方也可能会利用某些动作、姿态来迷惑己方,但如果对其连续一贯的动作进行观察,或是与他前后所做的动作以及当时他讲话的内容、语音、语气、语调等相联系,就可以从中找出破绽。

第4节 商务谈判信息

4.1 商务谈判信息的作用

不同的谈判信息对于谈判活动的影响是极其复杂的,有的信息直接决定谈判的成败,而有的信息只是间接地起作用。谈判信息在商务谈判中的作用可以概括为以下几方面:

1. 谈判信息是制定谈判战略的依据

谈判战略是为了实现商务谈判的目标而预先制定的一套纲领性的总体设想。谈判战略正确与否,在很大程度上决定着谈判的得失成败。一个好的谈判战略方案应当是战略目标正确并可行,适应性强,灵敏度高。而要使所制定的谈判战略比较正确且切合实际,就必须要有可靠的大量的谈判信息作为依据。否则,谈判战略就成了无源之水、无本之木。知己知彼,方能百战不殆,在商务谈判中,谁在谈判信息上拥有优势,能够知道对方的真正需要和他们的谈判利益界限,谁就有可能制定正确的谈判战略,在谈判中掌握谈判的主动权。

2. 谈判信息是控制谈判过程的手段

要做到对谈判过程有效地控制,必须先掌握"谈判的最终结果是什么"这一谈判信息,依据谈判战略和谈判目标的要求,确定谈判的正确策略。为了使谈判过程始终指向谈判目标,使谈判能够正常进行,必须有谈判信息作为保证,否则,对谈判过程就无法有效地加以控制和协调,因为谈判过程千变万化,经济、技术、内部、外部之间的联系非常复杂。

例 3 - 17

1986 年秋,我国一家仪表公司同原西德仪表行业的一家颇有名气的公司进行了一项技术引进谈判。对方报价 40 万美元向我方转让时间继电器的生产技术。德方靠技术实力和名牌,在转让价格上不肯让步,谈判陷入僵局。我方要求德商分项报价,以找到突破口。通过对德商分项报价的研究,我方获悉德商提供的技术明细表中包括一种时间继电器元件石英振子技术,而这一技术国内厂家已引进并消化吸收,完全可以不必再引进。在下一步谈判中,我方便掌握了谈判的主动权,提出不再引进石英振子技术,将技术转让费由 40 万美元降至 25 万美元。靠这样一条信息,避免了重复引进并节省了 15 万美元。

3. 谈判信息是谈判双方相互沟通的中介

在商务谈判活动中,尽管各种谈判内容和方式都各不相同,但有一点是共同的,即都是双方相互沟通和磋商的过程。沟通就是通过交流有关谈判信息以确立双方共同的经济利益的相互关系。没有谈判信息作为沟通中介,谈判就无法排除许多不确定的因素,双方就无法进一步磋商,也就无法调整和平衡双方的利益。因此,掌握一定量的谈判信息,就能够从扑朔迷离的情况中发现机会与风险,捕捉住达成协议的共同点,使谈判活动从无序到有序,消除不利于双方的因素,促成双方达成协议。

4.2　商务谈判信息的搜集

1.信息搜集的主要内容

(1)市场信息。

(2)科技信息。

(3)有关政策法规。

(4)金融方面的信息。

(5)有关谈判对手的情况资料。

2.信息搜集的主要方法

在当今充满信息的社会里,信息资料无处不有,只要善于捕捉,勤于分析,信息资料就可以为你所掌握。由于信息源和信息流通渠道具有广泛性和多样性的特点,因而谈判的信息资料的搜集方法也应灵活多变,因地因人因时不同,谈判信息资料的搜集方法也各有不同。具体说来,主要有以下几种方法:

(1)分析公开的信息资料。对于大多数的谈判者来说,如何搜集对手的资料是件极其困难的事,有人甚至认为只有无孔不入的间谍才能胜任。间谍固然是专职搜集信息情报的人,但毕竟名不正言不顺,其实,用合法的手段,也同样可以搜集到许多有用的情报。

案例链接

雅各布的小册子

1935 年 3 月 20 日,有个名叫伯尔托尔德·雅各布的作家被德国特务从瑞士绑架了,因为这位作家引起了希特勒的极度恐慌。他曾出版了一本描述希特勒新军的组织情况的小册子,这本 172 页的小册子描绘了德军的组织结构、参谋部的人员布置、部队指挥官的姓名、各个军区的情况,甚至谈到了最新成立的装甲师里的步兵小队。小册子列举了 168 名指挥官的姓名,并叙述了他们的简历,这在德国属于军事机密。希特勒勃然大怒,他要求情报顾问瓦尔特·尼古拉上校弄清雅各布的材料是从哪里窃取的,上校决定让雅各布本人来解决这个问题,于是便发生了上面的这次绑架。

在盖世太保的审讯室里,尼古拉抓住雅各布盘问道:"雅各布先生! 告诉我们,尊著的材料是从哪里来的?"雅各布的回答却大大出乎他的意料:"上校先生,我的小册子里的全部材料都是从德国报纸上得来的。比如我写的哈济少将是第 17 师团指挥官,并驻扎在纽伦堡,因为当时我从纽伦堡的报纸上看到了一个讣告。这条消息报道说新近调驻纽伦堡的第 17 师指挥官哈济将军也参加了葬礼。"

雅各布接着说:"在一份乌尔姆的报纸上,我在社会新闻栏里发现了一宗喜事,就是关于菲罗夫上校的女儿和史太梅尔曼少校举行了婚礼的消息。这篇报道提到了菲罗夫是 25 师团第 36 联队的指挥官。史太梅尔曼少校的身份是信号军官。此外还有从斯图加特前往参加订婚的沙勒少将,报上说他是当地的师团指挥官。

真相终于大白,雅各布不是间谍,却在做着被认为是间谍才能做到的事。在这个传播媒介极其发达的世界上,只要你留心,许多秘密其实早就不是秘密了。

信息资料在商务谈判中关系到谈判的生命,但是由于社会上、经济上的许多保密观念、保密制度、保密原则以及竞争的需要,都使得信息资料的搜集极为困难。因此要灵活、巧妙地获得准确的信息资料,很重要的一个诀窍就在于要善于捕捉并分析公开的信息资料。如文献资料、统计数字、各类报表、书籍、报纸、杂志、年鉴、各类文件、广告、广播、电贺、企业名录、产品说明书等。在每种载体上都有十分丰富的内容,如国家的政治、经济、政策、法令、调研、论文、新闻、广告、价格、企业经验、市场需求等信息,此外还有各种服务性的单位,如信息中心、咨询公司、技术服务公司等,它们提供的服务也可称为公开信息。对于这些信息只要加工、处理方法得当、准确,就可做到"得来全不费工夫"。下面是几种搜集公开的信息资料的方法。

①报纸资料搜集法。作为信息资料的来源,利用率最高的是报纸。当今报纸的种类和名称多如牛毛,一个公司不可能每种报纸都订阅,应根据公司的业务需要精选几种,同时订阅几份发给有关的业务人员,由阅读者进行裁剪搜集。但是作为业务人员,阅读报纸的时间是相当有限的。据国外一项调查表明,商人和企业家平均每天花1个小时阅读2～3份报纸。因此,如何花最短的时间去搜集报纸上的资料是一个技巧问题,最好的办法是择其重要的,做上记号,然后裁剪下来,放入剪报夹或资料中。

②广播、电视资料搜集法。从广播、电视中搜集资料,往往由于其声或像都瞬间即逝,因此,搜集资料工作比较困难,这就要注意搜集的方法。首先要从广播电视节目报中,把所需信息、资料所列的节目摘出,在预定的时间,准备好录音带或录像带,将其记录下来,然后再慢慢听或看所转录下来的录音带或录像带,将其重要的资料记录存档。目前,我国广播电台、电视台的许多节目的播出时间都比较固定,如中央电视台的《新闻联播》《经济信息联播》《经济半小时》,中央人民广播电台的《新闻和报纸摘要》《午间半小时》等。

有时在无意的视听中,也会发现有价值的信息,所以在看电视或听广播时,要随时准备好笔和笔记本,一旦遇到重要的资料,应马上将其记录下来,这要养成一种习惯。商业广告也是重要的商务资料,要予以搜集。

③订货会、展览会等场合资料搜集法。国际、国内的商品博览会、订货会、展销会信息集中,往往被用来作为介绍商品、广告宣传、改进生产、推动消费的场所。因此,在条件允许的情况下,应尽可能参加这类会议,要在这些会议上搜集资料,必须事先将要了解的情况记在笔记本上,做到心中有数,到时就可有目的地进行搜集。同时要将会议分发的资料全部搜集,然后重点审读,获取有用的东西。

④报告会、讨论会、宴会资料搜集法。人们的集会场所是口头信息的重要来源。在会场上不仅可以直接得到一些有用的资料,而且还是组织信息网的极好机会,在报告会、讨论会、宴会上听发言者的讲话固然可以获取有用的资料,然而在会后多与人接触、交谈更能获取有用的资料。因此,绝不能轻视会后与到会者的接触和交谈,这也是获取信息资料的极其重要的途径。

⑤预测法。预测法主要是指根据环境发展变化趋势,利用一定的科学、经验预测手段推测对手的行动意图。

(2)搜集非公开的信息资料。在搜集商务谈判的信息资料时,有些资料往往无法直接得到,因为这些资料往往是属于非公开的,甚至是保密的,这就要求谈判者使用与分析公开的信息资料不同的方法进行搜集。

①收买信息资料。花钱买信息资料的方法很多,但归纳起来有两种:一是重金购买信息资料;二是花钱聘请掌握信息的"知情人"。

A. 重金购买信息资料。这里购买到的信息资料,完全遵循商品交换规律,如买卖双方自愿,价格随需求状况而变化,信息质量是购买者首先要注意的问题等。根据这些特点,企业对亟需的信息或为了垄断信息,可以不惜重金予以购买。购买的信息资料如下:

a. 新产品的样品。这种信息的作用在于可能使企业扩大产品的范围,适应市场发展的趋势,迅速掌握和开发适销对路的新产品,首先获得超额利润。

b. 文字信息资料。这里又可以分为两类:一是纯粹的市场行情,例如何种产品畅销,何种产品滞销,何种产品还有待开发以及市场价格等;二是与企业经营密切相关的信息,例如有关的法规、运输情况、人才开发、合资经营、原辅材料等。

c. 意见信息资料。这类信息资料主要来源于消费者(用户),它大多是针对现有产品存在的不足而提供的改进意见。

B. 聘请"知情人"。就是用重金聘请掌握信息的人,这是企业经营的长远之计。对于企业来说,"知情人"主要包括以下两类:

a. 购销员。由于购销员熟悉业务,业务联系广泛,而且还能深入到企业内部,特别是他们往往在某个地区、市场进行过多次购销活动,对该地区的风土人情、经济发展状况、人口变动情况都有一个比较系统、完整的了解,这为他们广泛搜集市场信息创造了良好的条件。

b. 高等院校的教师、科研机构的科研人员。我国高等院校和科研机构大多设在大、中城市,他们对大、中城市的某些问题(包括经济问题、市场问题)都有一定的见解,而且许多高等院校与国外的一些院校、研究机构都有学术交流与联系。他们有较多的条件了解国外产品开发和市场情况,也能借助国外的科研成果为国内提供新的产品开发信息。

②使用商业间谍窃取所需情报信息。在商业领域中利用间谍对商务谈判来说更是一个极富诱惑性的手段。虽然人们对此都讳莫如深,但在现实经济生活中,却是实际存在的。谈判学家卡洛斯认为,利用商业间谍由于"没有其他收益能比这个更快……而大部分的买主和卖主,特别是大公司里的人,都生活在一个不大可靠的世界里,他们常常忽略被刺探的可能性,也可能是因为他们从来没有想到要去刺探别人。我相信商业间谍正在与日俱增,因为赌注是如此的高,成本是如此的低,而收益又是如此的快。这是一种不可避免的趋势"。

4.3　谈判信息的传递

谈判信息传递的方式方法,在谈判中是十分重要的一个问题。不同的传递方法,其效果是不同的。选择有效的传递方法,有助于提高信息的影响力,增强谈判的主动权。传递方法的选择,除受到自身特点的制约外,还要考虑谈判的目的、自身条件和环境的影响,同时还要注意对方的反应与变化。为了减少特定的谈判信息传达方法对自己产生的不利影响,必须要注意观察、搜集、识别对方以不同方式做出的反应,根据反馈的信息,敏锐地做出推断,及时修正、调整、变换谈判信息的传递方法。

1. 谈判信息的传递方式

谈判信息的传递方式基本上可以分为口头、书面、新闻媒介三种,它们各有优缺点。一般来说,口头传递比较灵活、主动,不易留下把柄,但影响力和对方的重视度有限,常用于谈判的交流磋商;书面传递比较正式、严肃、规范,易引起对方的重视,但缺点是比较死板,没有退路,常用于谈判的正式交涉和规范文件;新闻媒介传递是一种间接的传递,影响力大、信誉好,但成本高、时间长,常用于谈判的招商和造势。

2.谈判信息的表达方式

按照谈判信息的表达方式,可以将其分为明示、暗示与意会三种。

(1)明示。明示是指谈判者在有关的、恰当的场合,明确提出谈判的条件、要求,阐明谈判的立场、观点,表明自己的态度、打算。明示可以通过下列任何一种渠道进行,如双方相见的谈判场合、宴会场合、礼宾场合、群众性集会场合、官方或团体会议场合、单独会见场合、业务洽谈场合等。

(2)暗示。暗示是指谈判者在有关的、恰当的场合,用含蓄的、间接的方法向对方表达自己的意图、要求、条件和立场等。暗示可以通过语言的形式进行,也可以通过其他的方式进行。

暗示作为一种社会心理现象,在谈判领域具有重要意义。当谈判各方在态度不明确的情况下,暗示是一种极好的信息传递方式,它可以避免不必要的直接对抗,传递出在明示下无法传递的谈判信息。一般说来,对谈判者来说,采用暗示方式比采用明示方式更具灵活性。在谈判过程中,谈判者必须善于应用暗示,这就要求对于影响暗示效果的主客观因素有一定的了解,以便最大限度地发挥其在传递谈判信息中的作用。从主观上看,缺乏主见,随波逐流的人极容易接受暗示。独立性很强,善于独立思考的人往往很难接受暗示。从客观上看,暗示者本人的条件,如地位、权力、声望、知识、信息、相貌、身材、年龄、性别以及谈判双方的相互关系、谈判信息与谈判环境等,都会对暗示效果产生不同的影响。

(3)意会。意会是既不同于明示又不同于暗示的一种特殊的谈判信息传递方式。它是谈判信息的发出者与谈判信息的接受者早已有了信息交流的准备,早已对信息交流的背景有所了解,早已就信息传递的渠道达成了某种默契,为了避免直接明示或暗示给各自带来不利影响,同时也为了避免信息泄密而采取的一种较为谨慎的谈判信息的传递方式。

意会在传递谈判信息方面有着特殊的作用。意会不同于明示那样直截了当,因此当谈判各方传出或接受的信息彼此矛盾或尖锐对立时,不会在"面子"上引起相互关系的紧张。意会也不同于暗示那样含蓄,采用意会方式传递给对方的信息都是明白无误的,它不会引起像暗示那样因为过于含蓄而产生理解障碍,甚至歧解。

但需注意的是,意会也有可能成为无效的传递方式。这主要取决于人们对信息传递后果的理解、体会、推断及社会生活经验,取决于人们对意会的积极或消极态度。如当谈判信息交流的双方即使能够意会出彼此传递信息的全部含义,而双方或某一方若根据自身的社会生活经验,预感到后果对自己不利,就可能采取消极的态度,不予意会。

3.谈判信息的传递时间

按照谈判信息的传递时间,可以将其分为事先传递、事中传递与事后传递三种。三种传递方法亦各有优缺点。事先传递可以先入为主,增强对方的心理适应性,常用来影响对方的期望,但容易暴露己方的意图或造成传递不到位;事中传递具有灵活、及时、针对性强等优点,但传递时间比较仓促,易传递失误;事后传递具有主动、周密、不易失误等优点,但缺点是不够及时,常常用于不便于当场或立即做出答复的事项。

4.谈判信息的传递渠道

按照不同的途径,可以将谈判信息的传递渠道分为以下几种:

（1）主谈人传递与辅谈人传递。一般来说，谈判信息应该统一传递，即由主谈人来统一传递主要的谈判信息，以保证口径一致、传递有序及信息保密。但有些信息适合谈判的辅谈人来传递，以给主谈人必要的回旋余地，如价格问题、让步问题等，如同谈判中的"红白脸"策略、"权力有限"策略等。

（2）己方传递与第三者传递。谈判信息还可选择由己方传递或由第三者传递。商务谈判绝大多数信息是由谈判方自身传递的，但有些信息在有些时候适合由第三者传递，如初步意图的表达、建立对方的期望、僵局的缓解等不便于直接传递的信息或第三者传递效果更好时，就采取第三者传递。第三者传递具有回旋余地大、不失"面子"等优点，但是要注意其传递信息的可靠性与保真度。

5.谈判信息的传递场合

按照传递场合的不同，可以将谈判信息的传递分为场内传递与场外传递、公开传递与私下传递等方式。

（1）场内传递与场外传递。谈判的场内与场外所面临的谈判气氛、正式程度、保留程度等是不同的。场内传递具有正式、对抗性强、受重视等特点，适合于传递正式或必需的信息。场外传递具有灵活、轻松、开放程度高、回旋性强等特点，适合于传递试探性、非正式的信息。

（2）公开传递与私下传递。公开传递与私下传递信息的效果亦有很大不同。公开传递是在公开的场合将信息传递给对方的相关谈判者，甚至是暴露给外界，将内容公之于众，它可以是场内传递，也可以是场外传递。私下传递是在私下的场合将信息传递给对方的某些或个别谈判相关者，注重其保密性，内容只让该知道的人知道，它是典型的场外传递。谈判中有些信息适合公开传递，而有些信息适合私下传递。如谈判中为了影响对方的谈判者，给对方的甲私下传递 A 信息，给对方的乙私下传递 B 信息，或者有意给对方的某人私下透露某些信息。"基辛格说媒"就是利用私下传递信息而取得成功的实例。

4.4　谈判信息的保密

谈判是一场心理战，也是一场信息战，谈判各方都想获取于己方有利的对方信息或情报；另一方面要设法对己方不宜或暂时不宜公开的信息进行保密。做好谈判信息的保密工作，有助于增强谈判的实力、掌握谈判的主动权；相反，如果泄露了不该泄露的信息，就会为对方所利用，使己方陷入被动乃至输掉谈判。因此，谈判中的信息保密是一项不容忽视的工作。

1.谈判信息保密的一般要求

（1）树立保密意识。谈判者的地位越高，权力越大，其所接触的信息广度与深度越强，相应承担的保密责任就越大。对于与谈判活动相关的各个方面人员都必须制定相应完善的保密制度，强化保密意识。

（2）确定信息保密的内容与范围。哪些信息哪些人可以知道，哪些信息哪些人不应该知道，哪些信息应绝对对对方保密，哪些信息暂时对对方保密等，谈判者必须做到心中有数，有的放矢。

（3）确定信息传递的渠道与手段。哪些信息应该由哪些人传递，哪些信息不应该由哪些人传递，哪些信息可以公开传递，哪些信息应该私下传递，哪些信息可以明示，哪些信息应该暗示或意会等，弄清以上问题，对信息的保密至关重要。

2.谈判信息保密的一般措施

（1）采取严格的资料保密措施。对有关资料的搜集、分析与保管建立严密的程序,资料调阅必须严格遵守规定,资料保管地也要严格监控。

（2）选择保密意识强、稳重的人参加谈判。

（3）不需要知道有关信息的人员,尽量不让其知道;需要参与谈判的人,也只让其知道必要的信息。

（4）提供给对方的资料应尽量减少。

（5）做好谈判场所的保密工作,重大谈判还应不断变换谈判场所。

（6）在己方谈判人员间使用暗语。

（7）将工作人员与外界无关者隔离。

（8）最后的底牌只能让关键人物知道。

（9）绝对保护安插在对方的信息源,且知情者越少越好。

（10）坚决处理违反保密制度的人。

» 谈判实务篇

第4章 商务谈判心理

1.了解商务谈判活动中有关商务谈判心理、气质和性格、商务谈判思维等方面的知识

2.掌握商务谈判人员的心理素质要求,正确面对谈判压力和挫折

3.能够运用商务谈判心理和正确的谈判思维方法等技能促进商务谈判成功

第1节 商务谈判心理概述

随着商务活动的日益频繁,商务谈判活动越来越多。不可否认的是,在任何交易活动中,双方都力图有所多得。但是,究竟什么因素影响着谈判结果的分配呢? 有些因素是确定的,如公司拥有的货币量、谈判双方知识深浅对比、各自发展的不同模式和产业格局等。而有些因素是不确定的,它们能够使最终结果发生潜移默化的转移,这就是谈判中的心理因素。心理因素包括个人自我价值判断、自信心、理解和观察能力、对人格类型的把握、个人需求标准和谈判风格等。谈判是智慧与心理素质的较量,是谋略与技巧的角逐,是心理与胆量的比拼,谈判人员的心理直接影响其谈判决策行为。对于谈判者来讲,掌握一定的心理分析技巧无疑有助于其谈判的成功。

商务谈判是一种特定条件下人与人之间的交流行为。在整个谈判过程中,从谈判对象的选择、谈判计划的制订,到谈判策略和技巧的运用与谈判结果的认定,都伴随着谈判各方当事人各种各样的心理现象和心态反应。这些心理现象和心态反应直接影响着商务谈判的成功与否。所以,谈判者若想在谈判桌上处于优势,就有必要掌握谈判对手的心理状况,准确地引导谈判,控制谈判节奏,从而争取良好的谈判结果,实现预定的谈判目标。

1.1 商务谈判心理的概念

1.心理的含义

心理是人脑对客观物质世界的主观反映,它是通过感觉、知觉、表象、记忆、想象、思维、感情和意志等多种多样的形式表现出来的。人的心理看不见、摸不着,而且会给人一种深邃的感觉。当一个人面对祖国的壮丽河山、家乡的秀美景色时,便会产生喜爱愉悦的心理;相反,当看到被污染的环境、恶劣的天气时,就会产生厌恶逃避的心理。这些就是人的心理。人的心理是复杂多样的,人们在不同的专业活动中,会产生各种与不同活动相联系的心理。

2.商务谈判心理的含义

商务谈判心理是指在商务谈判活动中谈判者的各种心理活动,它是商务谈判者在谈判活动中对各种情况、条件等客观现实的主观能动反映。譬如,当谈判者在商务谈判中第一次与谈

判对手会晤时,对方彬彬有礼、态度诚恳,就会对对方有好印象,对谈判取得成功也会抱有信心和希望;反之,如果谈判对手态度狂妄、盛气凌人,势必留下不好的印象,从而对商务谈判的顺利开展存有忧虑。

通过对谈判者心理的研究,一方面,有利于谈判者了解己方谈判成员的心理活动和心理弱点,以便采取相应的措施进行调整和控制,保证己方谈判者能以一个良好的心理状态投入到谈判中;另一方面,有利于摸清谈判对手的心理活动和心理特征,以便对不同的谈判对手,选择不同的战略和战术。

1.2　商务谈判心理的特点

与其他心理活动一样,商务谈判心理也有其心理活动的特点和规律性。一般来说,谈判心理的具体特点归纳如下。

1.商务谈判心理的内隐性

商务谈判心理的内隐性是指商务谈判心理是商务谈判者的内心活动,藏之于脑、存之于心,别人是无法直接观察到的。但尽管如此,由于人的心理会影响人的行为,行为与心理有密切的联系,因此人的心理可以反过来从其外显行为加以推测。例如,在商务谈判中,对方作为购买方对所购买的商品在价格、质量、售后服务等方面的谈判协议条件都感到满意,那么在双方接触中,会表现出温和、友好、礼貌、赞赏的态度反应和行为举止;如果很不满意,则会表现出冷漠、粗暴、不友好、怀疑甚至挑衅的态度反应和行为举止。掌握这其中的一定规律,就能较为充分地了解对方的心理状态,更好地洞悉对方的所思所想,从而在商务谈判中占据主动。

2.商务谈判心理的个体差异性

商务谈判心理的个体差异性是指因谈判者个体的主客观情况不同,谈判者个体之间的心理状态存在着一定的差异。商务谈判心理的个体差异性,要求人们在研究商务谈判心理时,既要注重探索商务谈判心理的共同特点和规律,又要注意把握个体心理的独特之处,以便有效地为商务谈判服务。

3.商务谈判心理的相对稳定性

商务谈判心理的相对稳定性是指个体的某种商务谈判心理现象产生后,往往具有一定的稳定性,在一段时间或一定时期内不会发生大的变化。但这种稳定性不是绝对的,而是相对的。例如,商务谈判者的谈判能力会随着谈判者经验的增多而有所提高,在一段时间内是相对稳定的。

正是由于商务谈判心理具有相对稳定性,因此,需要对谈判对手过去的种种表现进行观察、了解和分析,进一步去认识谈判对手,而且可以运用一定的心理方法和手段去改变它,使其有利于商务谈判的开展。

1.3　研究和掌握商务谈判心理的意义

1.有助于培养谈判人员自身良好的心理素质

谈判人员良好的心理素质是谈判取得成功的重要基础条件。谈判人员相信谈判成功的坚定信心、对谈判的诚意、在谈判中的耐心等都是保证谈判成功不可或缺的心理素质。良好的心理素质,是谈判者抵御谈判心理挫折的条件和铺设谈判成功之路的基石。

谈判人员对商务谈判心理有正确的认识,就可以有意识地培养提高自身的心理素质,摒弃不良的心理行为习惯,从而把自己造就成从事商务谈判的人才。商务谈判人员应具备的基本心理素质有以下几点:

(1)自信心。

所谓自信心,就是相信自己的实力和能力。它是谈判者充分施展自身潜能的前提条件。缺乏自信往往是商务谈判遭受失败的原因。没有自信心,就难以勇敢地面对压力和挫折。面对艰辛曲折的谈判,只有具备必胜的信心,才能促使谈判者在艰难的条件下通过坚持不懈的努力走向胜利的彼岸。

自信不是盲目自大和唯我独尊。自信是在充分准备、充分占有信息和对谈判双方实力科学分析的基础上对自己有信心,相信自己要求的合理性、所持立场的正确性及说服对手的可能性。谈判者要有惊人的胆魄,才能做到大方、潇洒、不畏艰难、百折不挠。

(2)耐心。

商务谈判的状况各种各样,有时是非常艰难曲折的,商务谈判人员必须有抵御挫折和打持久战的心理准备。耐心及容忍力是必不可少的心理素质。耐心是抵御压力的必备品质和争取机遇的前提。在一场旷日持久的谈判较量中,谁缺乏耐心和耐力,谁就将失去在商务谈判中取胜的主动权。有了耐心可以调控自身的情绪,不被对手的情绪牵制和影响,使自己能始终理智地把握正确的谈判方向。有了耐心可以使自己能有效地注意倾听对方的诉求,观察了解对方的举止行为和各种表现,获取更多的信息。有了耐心可以有利于提高自身参加艰辛谈判的韧性和毅力。耐心也是对付意气用事的谈判对手的策略武器,它能取得以柔克刚的良好效果。

此外,在僵局面前,也一定要有充分的耐心,以等待转机。谁有耐心,沉得住气,谁就可能在打破僵局后获取更多的利益。

(3)诚心(诚意)。

一般来讲,商务谈判是一种建设性的谈判,这种谈判需要双方都具有诚意。具有诚意,不仅是商务谈判应有的出发点,也是谈判人员应具备的心理素质。诚心,是一种负责的精神、合作的意向,是诚恳的态度,是谈判双方合作的基础,也是影响、打动对手心理的策略武器。有了诚意,双方的谈判才有坚实的基础,才能真心实意地理解和谅解对方,并取得对方的信赖,才能求大同存小异,取得和解及让步,促成上佳的合作。要做到有诚心,在具体的活动中,对于对方提出的问题,要及时答复;对方的做法有问题,要适时恰当地指出;自己的做法不妥,要勇于承认和纠正;不轻易许诺,承诺后要认真践诺。诚心能使谈判双方达到良好的心理沟通,保证谈判气氛的融洽稳定,能排除一些细枝末节的干扰,能使双方谈判人员的心理活动保持在较佳状态,建立良好的互信关系,提高谈判效率,使谈判朝着顺利的方向发展。

2.有助于揣摩谈判对手心理,实施心理诱导

谈判人员要对商务谈判心理有所认识。经过实践锻炼,可以通过观察分析谈判对手的言谈举止,揣摩清楚谈判对手的心理活动状态,如其个性、心理追求、心理动机、情绪状态等。谈判人员在谈判过程中,要仔细倾听对方的发言,观察其神态表情,留心其举止,包括细微的动作,以了解谈判对手心理,了解其深藏于背后的实质意图、想法,识别其计谋或攻心术,防止掉入对手设置的谈判陷阱,并作出正确的谈判决策。

人的心理与行为是相联系的,心理引导行为。而心理是可诱导的,通过对人的心理的诱导,可引导人的行为。英国哲学家弗兰西斯·培根在他的著作《谈判论》中指出:"与人谋事,则需知其习性,以引导之;明其目的,以劝诱之;谙其弱点,以威吓之;察其优势,以钳制之。"培根此言对于从事商务谈判至今仍有裨益。

了解谈判对手心理,可以针对对手不同的心理状况,采用不同的策略。了解对手人员的谈判思维特点、对谈判问题的态度等,可以开展有针对性的谈判准备并采取相应的对策,把握谈判的主动权,使谈判朝着有利于我方的方向转化。例如,需要是人的兴趣产生和发展的基础,谈判人员可以观察对方在谈判中的兴趣表现,分析了解其需要所在;相反地,也可以根据对手的需要进行心理诱导,激发其对某一事物的兴趣,促进商务谈判的成功。

3. 有助于恰当地表达和掩饰我方心理

商务谈判的过程是谈判双方充分沟通的过程。了解商务谈判心理,有助于表达我方心理,可以有效地促进沟通。如果对方不清楚我方的心理要求或态度,必要时我方可以通过各种合适的途径和方式向对方表达,以有效地促使对方了解并重视我方的心理要求或态度。

作为谈判另一方,谈判对手也会分析研究我方的心理状态。我方的心理状态,往往蕴含着商务活动的重要信息,有的是不能轻易暴露给对方的。掩饰我方心理,就是要掩饰我方有必要掩饰的情绪、需要、动机、期望目标、行为倾向等。在很多时候,这些是我方在商务谈判中的核心机密,失去了这些秘密也就失去了主动。这些秘密如果被对方所知,就成了助长对方滋生谈判诡计的温床。商务谈判的研究结果表明,无论红白脸的运用、撤出谈判的胁迫、最后期限的通牒、拖延战术的采用等,都是以一方了解了另一方的某种重要信息为前提,与一方对另一方的心理态度有充分把握有关,因而对此不能掉以轻心。

为了不让谈判对手了解我方某些真实的心理状态、意图和想法,谈判人员可以根据自己对谈判心理的认识,在言谈举止、信息传播、谈判策略等方面施以调控,对自己的心理动机(或意图)、情绪状态等做适当的掩饰。如果在谈判过程中被迫作出让步,不得不在某个已经决定的问题上撤回,为了掩饰在这个问题上让步的真实原因和心理意图,可以用类似"既然你在交货期方面有所宽限,我们可以在价格方面作出适当的调整"等言辞加以掩饰;如果我方面临着时间压力,为了掩饰我方重视交货时间这一心理状态,可借助多个成员提出不同的要求,以扰乱对方的视线,或在议程安排上有意加以掩饰。

4. 有助于营造谈判氛围

谈判人员熟练掌握商务谈判心理还有助于处理与对方的交际和谈判,形成一种良好的交际和谈判氛围。适当的谈判氛围有利于商务谈判顺利地达到预期的目的,也可以有效地影响谈判人员的情绪、态度,使谈判顺利推进。一个商务谈判的高手,也是营造谈判氛围的高手,会对不利的谈判气氛加以控制。对谈判气氛的调控往往根据双方谈判态度和采取的策略、方法而变化。

一般地,谈判者都应尽可能地营造出友好和谐的谈判气氛,以促成双方的谈判。但适当的谈判氛围,并不一味地都是温馨和谐的气氛。出于谈判利益和谈判情境的需要,必要时,也可以有意地制造紧张甚至不和谐的气氛,以对抗对方的胁迫,给对方施加压力,迫使对方作出让步。

第 2 节　谈判人员的心理素质

2.1　谈判者所承受的压力

参与商务谈判的谈判者会在不同程度上承受来自各方的压力。通常有两种压力：一种压力来自谈判人员自身，是对自身性格动因的反应；另一种压力来自其代表的组织。

每个谈判者要实现组织的目标，完成组织的需求，同时有其自身的需求，当谈判者在进行谈判时，在努力争取完成诸如签订合同、节约资金、收购、买卖交易等组织目标的同时，也会在一定程度上争取实现其自身的需要，诸如取得成就，完成任务，获得地位、权力等及组织的需求。也就是说，谈判者既要设法满足自己所代表的组织的要求，同时要实现自我的目标。因此，谈判者不仅要面对组织的压力，同时要面对个人的压力。对于绝大多数谈判人员来讲，都存在这两种需求混合的情况，然而，并非每个人都有固定的百分比。也就是说，有些人会比较容易受个人因素的影响。例如，个人在多大程度上能坚持"走自己的路，让别人去说吧"，是因人而异的。而且，即便是同一个人，这种比例也不是经常保持一致的。在任何谈判者的背后，都有上司、同事或下属，这些人多半是因为职业的因素，而对谈判的结果产生直接的关心。谈判人员的上司可能会根据谈判的结果来评估该谈判者的能力，来决定是否对其晋升或调任，下属也会根据结果判断自己的上司的发展潜力，同事也会对谈判结果的成功与否做出自己的判断。因而，谈判人员会面临一定的心理压力，需要有良好的心理素质。

2.2　谈判人员心理素质的要求

商务谈判人员的心理素质包括责任心、协调力、创造性、自制力、意志力、幽默感和良好的心态等。

1. 责任心

责任心是指谈判人员要以极大的热情和全部的精力投入到谈判活动中，以对自己工作高度负责的态度，并抱有必胜的信念去进行谈判活动。这是对谈判人员心理素质最基本的要求。只有具有强烈责任心的谈判人员，才会以科学严谨、认真负责、求实创新的态度，本着对自己负责、对别人负责、对集体负责的原则，克服一切困难，完成谈判任务。

2. 协调力

协调力是指谈判人具有良好的性格，能够与他人相处融洽，建立良好的人际关系，在交流中形成良好的氛围，并能协调其他谈判人员统一行动的心理素质。

3. 创造性

谈判是一项复杂的工作，具有创造性的谈判人员善于发现隐藏于表面竞争背后的双方的共同利益，并提出创造性的解决方案，形成双方的共赢。

4. 自制力

谈判人员在环境发生激烈变化时，需要有克服自身心理障碍的能力，以便在谈判顺利时不会被胜利冲昏头脑，也不会由于谈判遇到挫折而萎靡不振。同时，在谈判中要保持良好的克制力，不受个人情感和情绪的支配，避免造成不希望发生的冲突。

5.意志力

意志力是指谈判人员具有坚强的意志品质。商务谈判不仅是一种智力、技能和实力的比试，更是一场意志、耐性和毅力的较量。有一些重大艰难的谈判，往往不是一轮、两轮就能完成的，这就要求参与谈判的人员要具有较强的意志力和耐心，只有这样，才能取得谈判的成功。

6.幽默感

幽默有时可以化解谈判中的尴尬，使谈判者在对立的氛围中得到和解，从而为谈判创造一种和谐的环境，使谈判有一个良性的发展。商务人员在谈判中恰当地运用幽默的语言，往往会有出其不意的谈判效果。

7.良好的心态

谈判是一场斗智斗勇的竞赛，谈判者的心态关乎谈判的成败，急躁的情绪会使谈判者在心态上失去平稳。一位哲人说过："你的心态就是你真正的主人。"心态决定心情，好心态带来好心情。一名成功的谈判者，应该具有良好的心态，无论谈判中发生什么，都要保持自己情绪的平和，都要对谈判成功有坚定的信念。

案例链接

戴维营和平协议

著名的"戴维营和平协议"是一个由于美国前总统卡特的耐心而促成谈判成功的经典案例。为了促成埃及和以色列的和平谈判，卡特精心地将谈判地点选择在戴维营。尽管那里环境幽静、风景优美、生活设施配套完善，但卡特总统仅为谈判者安排了两辆自行车作为消遣工具，晚上休息，住宿的人可以任选三部乏味的电影中的任何一部看。住到第6天，每个人都把这些电影至少看过两次了，他们厌烦得近乎发疯。但是接下来的每天早上8点钟，埃及总统萨达特和以色列总理贝京都会准时听到卡特的敲门声和那句熟悉而单调的话语："您好！我是卡特，再把那个乏味的题目讨论上一天吧。"正是由于卡特总统的耐心，到第13天，萨达特和贝京都忍耐不住了，再也不想为谈判中的一些问题争论不休了，这就有了著名的戴维营和平协议。

（资料来源：王淑贤.商务谈判理论与实务[M].北京：经济管理出版社，2003.）

2.3 商务谈判与心理挫折

1.心理挫折的含义

一个人在做任何事情时都不可能是一帆风顺的，总会遇到这样或那样的问题或困难，这就是平常所说的挫折。

心理挫折不同于平常所说的挫折，心理挫折是人们的一种主观感受，它的存在并不能说明在客观上就一定存在挫折或失败，也就是说，心理挫折的存在并不一定意味着客观挫折的实际存在。反过来，客观挫折也不一定对每个人都会造成挫折感，因为每个人的心理素质、性格、知识结构、背景、成长环境等都不相同，因此，他们对同一事物的反应也就各不相同。

所谓心理挫折，是指人在追求实现目标的过程中，遇到自感无法克服的障碍、干扰而产生的一种焦虑、紧张、愤怒或沮丧、失意的情绪性心理状态。例如，在商务谈判中，当谈判双方就某一问题争执不下时，形成了活动中的客观挫折，对此，谈判人员的感受是不同的。有的人感到了困难,反而激起他更大的决心,要全力以赴地把这一问题处理好;有的人则感到沮丧、失望乃至丧失信心。所以,商务谈判人员要克服心理挫折对谈判的不利影响。

2. 心理挫折对行为的影响

心理挫折虽然是人的内心活动,但它却对人的行为活动有着直接的、较大的影响,并且通过具体的行为反应表现出来。对绝大多数人而言,在感到挫折时的行为反应主要有以下几种。

(1)攻击。

在人们感到挫折时,生气和愤怒是最常见的心理状态,这在行动上可能表现为攻击,如语言过火、情绪冲动、易发脾气等。例如,一个人去一家"不二价"商店买东西,非让老板给她降价,老板不同意,她就挑出商品的瑕疵硬要老板降价。这时老板被激怒了,说出一些过激的话,如"你买就买,不买就算了","我不卖了,你到别的地方买去",甚至做出一些过激的动作,如推搡等。攻击行为可能直接指向阻碍人们达到目标的人或物,也可能指向其他替代物。

(2)退化。

退化是人在遭受挫折时所表现出来的与自己年龄不相称的幼稚行为。例如,像孩子一样哭闹、耍脾气,目的是威胁对方或唤起别人的同情。

(3)畏缩。

畏缩是人受到挫折后失去自信、消极悲观、孤僻离群、易受暗示、盲目顺从的行为表现。这时,人的敏感性、判断力都会下降,最终影响目标的实现。例如,一位刚大学毕业的律师与一位有名的律师打一场官司,那么这位刚大学毕业的律师很容易产生心理挫折,缺乏应有的自信,在对簿法庭时,无论是他的谈判力,还是思辨能力,甚至语言表达能力都会受到影响,这实际上就为对手的胜利提供了条件。

(4)固执。

固执是一个人明知从事某种行为不能取得预期的效果,但仍不断重复这种行为的表现。在人遭受挫折后,为了减轻心理上所承受的压力,或想证明自己行为的正确,以逃避指责,在逆反心理作用下,往往无视行为的结果,不断地重复某种无效的行为,这种行为会直接影响谈判者对具体事物的判断、分析,最终导致谈判的失败。

3. 心理挫折对商务谈判的影响

在商务谈判中,无论是什么原因引起的谈判者的心理挫折,都会对谈判的圆满成功产生不利的影响。任何形式的心理挫折、情绪激动都必然分散谈判人员的注意力,造成反应迟钝、判断能力下降,而这一切都会使谈判人员不能充分发挥个人潜能,从而无法取得令人满意的谈判结果。

4. 商务谈判心理挫折的预警机制

在商务谈判中,不管是己方人员,还是对方人员产生心理挫折,都不利于谈判的顺利开展。因此,谈判人员对商务谈判中的客观挫折要有心理准备,应做好对心理挫折的防范和预警,对己方所出现的心理挫折应用有效的办法及时加以化解,并对谈判对手出现心理挫折而影响谈判顺利进行的问题有较好的应对办法。为了防范商务谈判心理挫折产生的不利影响,可以从以下几个方面建立心理挫折的预警机制。

(1)加强自身修养。

一个人在遭受客观挫折时能否有效摆脱挫折,与他自身的心理素质有很大关系。一般来说,心理素质好的人容易对抗、弱化或承受心理挫折;相反,心理素质差的人当遇到挫折时,则很容易受挫折的影响,产生心理波动。因此,一个优秀的谈判者往往通过不断加强自身的修养来提高自身的应变能力。

(2)做好充分准备。

挫折可以吓倒人,但也可以磨炼人。正确对待心理挫折的关键在于提高自己的思想认识。在商务谈判开始之前,谈判者应做好各项准备工作,对商务谈判中可能出现的各种情况事先应做到心中有数,这样就能及时有效地避免或克服客观困难的产生,减少谈判者的心理挫折。

(3)勇于面对挫折。

常言道:"人生不如意事十之八九。"对于商务谈判来说,也是一样。商务谈判往往要经过曲折的谈判过程,通过艰苦的努力才能到达成功的彼岸。商务谈判人员对于谈判中所遇到的困难,甚至失败也要有充分的心理准备,提高对挫折打击的承受力,从容应对不断变化的环境和情况,为做好下一步工作打下基础。

(4)摆脱挫折情境。

相对于勇敢地面对挫折而言,这是一种被动地应对挫折的办法。遭受心理挫折后,当商务谈判人员无法再面对挫折情境时,可通过脱离挫折的环境情境、人际情境或转移注意力等方式,让情绪得到修补,使之能以新的精神状态迎接新的挑战,如失意时回想自己过去的辉煌。

(5)适当的情绪宣泄。

情绪宣泄是用一种合适的途径、手段将挫折的消极情绪释放排泄出去的办法。其目的是把因挫折引起的一系列生理变化所产生的能量发泄出去,消除紧张状态。情绪宣泄有直接宣泄和间接宣泄两种形式。直接宣泄有大哭、大喊等形式,间接宣泄有活动释放、找朋友诉说等形式。情绪宣泄有助于维持人的身心健康,形成对挫折的积极适应,并获得应对挫折的适当办法和力量。

(6)学会换位思考。

换位也叫移情,就是站在别人的立场上,设身处地地为别人着想,用别人的眼睛来看这个世界,用别人的心来理解这个世界。积极地体会他人的思想感情,意识到自己也会有这样的时候,这样才能实现与别人的情感交流。"己所不欲,勿施于人"是移情的最根本要求。

2.4　谈判中的印象处理

参与谈判的各方人员都会按照自己希望留给对方谈判人员的印象而对自己的穿着、举止进行某种程度上的修饰,以便达到给他人留下好印象的目的。

1. 第一印象

第一印象也称首因效应,是指一个人同他人初次接触时所形成的最初印象。它是一个人通过对他人外部特征的感知,进而取得对其动机、情感、意图等方面的认识,最终形成关于这个人的印象。

许多情况下,我们对某人的看法、见解往往来自第一印象。如果第一印象好,很可能就会形成对对方的肯定态度;否则,很可能就此形成否定态度。第一印象一旦产生,往往不会轻易改变。第一印象的形成主要取决于人的外表、着装、举止和言谈。通常情况下,仪表端庄、着装得体、举止大方的人比较容易获得对方的好感。此外,言谈时的音调、语气、语速、节奏也将影响第一印象的形成。

正是因为第一印象的重要作用,商务谈判者必须重视谈判双方的初次接触,努力在初次接触中给对方留下良好的印象,赢得对方的好感和信任。

2.人际吸引规律

(1)邻近律。

在很多情况下,人际吸引是以空间的接近为先决条件的,这就是邻近律。我们喜欢那些与我们空间距离近的人。首先,地理位置的邻近使得人们易于频繁交往;其次,双方空间距离的接近会使人们产生"长期交往"的期待,从而在人际互动中就可能做到投其所好,建立良好的关系。

(2)相似律。

人与人在思想观念和社会生活方面的相同与近似因素,能够使人际间产生相互吸引。所以,我们更喜欢那些与我们在个人特征、社会特征,尤其是价值观与态度方面相似的人。其中,价值观和态度的相似是决定人的相互吸引的最根本原因。一位贸易公司的职员,经常到某地出差,如果学会该地的方言口音,在业务洽谈时,把对方家乡的口音夹杂在自己的口音里,这种相似的口音就会给客户以亲切感。

(3)互补律。

互补律是指人际交往中人格特征的互补规律。我们喜欢那些在需要与满足途径上与我们互为补充的人。当交往的一方所具有的品质或能力恰好可以弥补另一方的心理需要时,前者就会对后者产生强烈的吸引力。因此,人与人之间的关系不仅以"物以类聚"为特征,也常会表现出"异性相吸"的规律。

(4)对等律。

我们喜欢那些同样喜欢我们的人。这就是古人所说的"敬人者,人恒敬之""爱人者,人恒爱之"的心理机制。一般来说,人际吸引的发生和维持要求双方在交往过程中付出的情感大抵相等。

了解在人际交往过程中,哪些因素有利于吸引对方或给对方留下好感,可以帮助谈判人员建立和谐的谈判气氛,引导双方从共同的利益出发,达成共赢的结果。

3.影响印象形成的因素

(1)个人特征。

决定个人吸引力大小的四项最重要的个人特征是人品、仪表、地位和才能。仪表堂堂的人较相貌平平的人更具有吸引力,这种吸引力在交往初期表现得更为明显。谈判人员应该努力做到克服认知偏见,在谈判过程中作出客观判断。

(2)首因效应。

首因效应是指个体在社会认知过程中,通过"第一印象"最先输入的信息对客体以后的认知产生的影响作用。被知觉对象身上那些首先被发现的特性,即先行的信息,在印象形成过程中起到重要的作用。它会影响人们对后来的其他信息的处理方式,从而可能使一个人的品质被歪曲。

苏联学者包达列夫做了一个实验。他让两组被试者分别看同样的一张照片。照片上的人有两个明显的特征,即深陷的眼窝和突出的下巴。包达列夫告诉第一组被试者,这个人是一个罪犯,而告诉第二组被试者,这个人是一个科学家,然后让两组被试者描述对照片上的人的印象。第一组被试者将其描述为:深陷的双眼证明了他内心的仇恨,突出的下巴显示他死不悔改的决心。而第二组被试者将其描述为:深陷的双眼表明其思维的深度,突出的下巴表明在前进道路上克服困难的毅力。

可见,首因效应在印象形成过程中起到重要的影响作用。在商务谈判活动中,很多时候,谈判人员与谈判对手都是初次见面,一定要注意首因效应在第一印象形成过程中的作用,避免给对方留下一个不良印象,阻碍谈判的顺利进行。同时,对于自身来讲,也要克服首因效应造成的偏见,客观地认识谈判对手。

(3)一致性。

一个人有许多特性,当不同的人被认知为同一个人时,往往会看到被认知者的不同方面。认知者通常将被认知者看成是协调一致的对象。如果在知觉过程中,获得不同的信息,使得对他人的信息知觉有矛盾,认知者便会在主观上给知觉对象组织协调、添补细节,甚至歪曲某些信息资料,综合为一致性的印象,导致印象的形成带有强烈的主观色彩。知觉的一致性使一个人不会被看成既是好的又是坏的,既是诚实的又是虚伪的。

由于一致性的倾向,难以保证对他人的印象准确地反映他人的真实面目。因此,对人的认知应广泛获得客观资料,避免或减少主观臆断。

4.克服认知偏见,作出客观判断

(1)刻板印象。

刻板印象是指人们对某一类人或事物产生的比较固定、概括而笼统的看法,并把这种看法推而广之,认为这个事物或者整体都具有该特征,而忽视个体差异。这是我们在认识他人时出现的一种相当普遍的现象,当知觉他人信息时,一旦发现对方所归属的群体类别,就将该群体的特性加在对方身上。根据个人在社会生活中积累的直接或间接的经验,迅速识别信息并进行判断,简化了认知过程,节省了大量时间、精力,使人们能够迅速了解某人的大概情况,从而利于人们应对周围的复杂环境,但有时某些固有观念的泛化往往会造成错误的知觉。

(2)投射作用。

投射作用又称外射作用,是指个体将自己不喜欢或不能承受,但又是自己具有的冲动、动机、态度和行为转移到他人或周围事物上,认为他人或周围事物也有这样的动机和行为。如"以小人之心度君子之腹""我见青山多妩媚,青山见我亦多情"等就是投射作用的写照。在谈判过程中,谈判人员应该尽可能避免用自己的思路揣测谈判对手的想法,作出错误的判断。

2.5 推测对方心理

1.观察谈判对象的行为选择,分析谈判人员的心理期望值

人的心理活动可以根据他的行为分析出来,如果我们分析一个人在面临选择时的行为,便可以了解这个人的价值观、期望值等。

案例链接

机票的选择

一名业务员打算去广州出差,他希望能够买到符合三个要求的飞机票:①在晚上6点钟之前到达,因为他的一些同学和朋友打算趁此机会举行一个聚会;②打六折的机票(因为他的公司只报销机票的六折金额);③南方航空公司的大飞机。但是,当他去购买机票的时候,发现只有三个选择:①南航的大飞机,可以在晚上 6 点钟之前到达,但是要支付全额票价;②国航的小飞机,晚上 6 点之前到达,机票价格为六折;③南航的大飞机,机票价格为六折,但是晚上 11 点钟到达。

从这名业务员的选择中,便可以分析出对于他来讲什么是最重要的。如果他认为朋友是最重要的,就不会选择选项③,如果他认为价格是最重要的,就不会选择选项①;如果他认为安全舒适是最重要的,就不会选择选项②。当你知道了他所作出的选择,就可以推测出他的价值观和期望值。

在商务谈判开始之前,每个参与谈判的人都会根据自身的以往经验,对即将进行的谈判可能达到的目标的可能性进行分析并加以判断,得出一个谈判的目标期望值。

谈判期望是指谈判者在一定时间内希望通过谈判达到一定的目标。谈判者可以通过分析谈判对手的价值观与期望值,作出正确的应对。

2. 观察谈判对象的行为举止,分析谈判人员的性格与态度

(1)观察握手方式,判断谈判人员的个性。

商务谈判中,谈判人员相互握手是普遍的表示友好的方式。握手行为虽然简单,但每个人握手的方式都不尽相同,在谈判的特定环境中发生这一行为,却往往能反映出双方内心隐藏的许多秘密。每种不同的握手方式,都反映出这个人独特的个性。

握手时,力度较大的人往往精力充沛,自信心强,处事则偏于专断独裁;力度适中的人可能性格坚毅坦率,思维缜密。握手时,喜欢长握不舍的人情感较为丰富;喜欢不断上下摇动的人生性乐观,对人生充满希望。握手时,只用手指抓握对方,而掌心不与对方接触的人个性平和而敏感,情绪易激动,但心地善良。双方谈判人员见面时,主动握手,出手快,表明握手出自真诚,往往显示友好与尊重,乐意并重视发展双方的关系;出手慢,被动应付握手常表明缺乏诚意,信心不足,显示出勉强、冷淡和轻视,没有进一步深交的愿望。

(2)观察身体语言,判断谈判对象的内心世界。

身体语言已越来越引起人们的兴趣。身体语言包括整个人体或人体某一部分的每个有意识或无意识的动作。身体语言往往隐藏着很多信息,可以影响面对面交流的过程和结果。例如,有人在表示不信任的时候会挑眉毛,有人在疑惑的时候会抓挠鼻子、头发。当表示无可奈何或无所谓的时候,很多人会耸一耸肩膀。在一个冗长的会议上,尽管一些人装作比较耐心地倾听或很感兴趣的样子,而脚尖却指向门口,说明他内心已经很不耐烦,在等着会议结束了。

由于文化不同,有些身体语言仅仅在某一文化中使用。越南人在表示尊重的时候会低下头,眼睛注视地面。保加利亚人头抬起、低下,表示"不"而不是"是"。日本人在表示"不"或表明很"困窘"时,会吸一口气,然后将气息从齿间嘘出,而不会直截了当地说"不"。

(3)观察如何落座,推测谈判人员的心态。

通过观察谈判人员如何落座,可以在一定程度上看出谈判者的地位和信心,或者一个谈判集体的团结力和控制力。谈判时,如果一个谈判小组的领导者坐在首位,其他队员围绕他坐,信息可以迅速传递,加强谈判团体团结的力量。落座后的物理距离通常反映了彼此的心理距离。谈判对方落座在我方的近距离,一般表示接受、亲近和肯定的心态,表明谈判双方的会谈气氛友好、融洽;而如果对方落座在我方的远距离,一般表示拒绝、疏远和否定的心态,谈判可能会进行得不顺利。

3.了解谈判对手成长的文化背景和个人情况，选择合适的沟通方式

在谈判过程中，谈判人员之间在沟通中相互影响。由于不同的国家和地区的人们的生活、文化背景、价值观念、行为方式和习惯上的不同，反映到谈判桌上，往往会表现为不同的谈判行为，对谈判对手的反应也会形成特定的预期。了解对手成长的背景和个人情况，有利于采取合适的沟通方式，以避免可能造成的误解或尴尬。

了解谈判对手的个人情况有助于谈判人员更好地采取相应的对策，以适应对方的谈判风格、性格特点，促使谈判顺利进行。

(1)年龄与经历。

年纪较大的谈判者经验丰富但精力不足；年轻的谈判者精力有余但经验不足；中年人则年富力强又有经验，相对来讲最不好对付。经历坎坷的人，性格顽强，能百折不挠地去实现目标；一帆风顺的人，遇到困难，容易灰心丧气。如果了解到对手的谈判经历，要分析他的哪些谈判是成功的，为什么能成功，运用了哪些谈判策略，又有哪些谈判是失败的，为什么会失败等。

(2)个性与嗜好。

从个人嗜好中很容易窥视出对手的心理特征。个性倔强的，有时会刚愎自用；个性软弱的，有时会委曲求全，容易让步；性格内向的，深藏不露，有时会有阴谋诡计；性格外向的，容易激动，也容易上当受骗。

第3节　气质、性格与谈判

谈判至少要由两方构成。谈判能否成功，在很大程度上取决于坐在谈判桌对面的那个人或那一群人。对于参与商务谈判的人员来讲，重要的是要辨别出对手的个性类型和性格特点，并以此为依据来调整自己的态度和方法，为取得谈判的成功打下良好的基础。

3.1　气质

1.气质的定义

气质是指一个人的心理活动的动力特性。其动力特性表现在心理活动过程的速度、强度、稳定性、灵活性等方面。

2.气质的类型

气质一般可分为胆汁质、多血质、黏液质和抑郁质四种类型。气质类型没有好坏之分，每种类型都有较典型的、代表性的、突出的特点。

(1)胆汁质。

这一类型的基本特征是直率、热情、精力旺盛、情绪易于冲动、心境变换剧烈等，是高级神经活动的"强而不平衡的灵活的兴奋型"在人的行为和情绪等方面的表现。

属于这种类型的人，在情绪反应上，他们的情绪发生得很迅速、很猛烈，常有突然爆发的性质，脾气急躁，容易上火。在行为表现上，他们的动作发生得也很强烈，说话很快，声音很大，对自己的行为常感到难以控制，因而往往会表现出无礼的举动。在性格倾向上，他们胆大心不细，做事很勇敢，情感外露明显，面部表情丰富。在社交方面，他们态度直率，具有热情、勇敢、急迫等特点。

如果谈判对手属于这种气质类型,谈判人员应该针对其特点,作出正确的反应。

(2)多血质。

这一类型的基本特征是活泼、好动、敏感、反应迅速、喜欢与人交往、注意力容易转移、兴趣容易变换等。它是高级神经活动的"强而平衡的灵活的活泼型"在人的行为和情绪等方面的表现。

属于这种类型的人,在情绪反应上,他们的情绪发生得很迅速,但不那么强烈,他们精力充沛、精神愉快。在行为表现上,他们的动作发生得也很迅速,富有朝气,活泼好动,灵活多变。在性格倾向上,他们适应性强,善于交际,待人亲切,面部表情生动,从其脸上很容易猜出他的心境如何,对人对物的态度怎样。他们容易适应变化的工作生活条件,可塑性强,具有活、直、快等特点。

如果谈判对手属于这种气质类型,谈判人员应该以主动、热情、积极的态度抓住他们某一阶段的兴趣,趁热打铁,不要拖拖拉拉。

(3)黏液质。

这一类型的基本特征是安静、稳重、反应缓慢、沉默寡言、情绪不易外露、注意力稳定但又难于转移、善于忍耐等。它是高级神经活动的"强而平衡的不灵活的安静型"在人的行为和情绪等方面的表现。

属于这种类型的人,在情绪反应上,他们的情绪发生得微弱,心境平稳,不易激动,很少发脾气。在行为表现上,他们的动作迟缓,态度安详,善于抑制自己的情绪,无论做什么事,总是不慌不忙。在性格倾向上,他们的自制力强,循规蹈矩,富有耐心,面部表情单一,常常沉默寡言。他们适于从事要求器官灵敏、比较细致的原则性工作,具有稳、迟、实、内向等特点。

如果谈判对手属于这种气质类型,要十分谨慎,不要过分表现自己及产品。因为在谈判以前他们对你的产品及条件已经有较多的了解,他们参加谈判是为了更进一步、更全面地证实自己的调查,一旦符合他们的要求,他们就会作出决定,反之,则放弃谈判,另觅谈判对象。

(4)抑郁质。

这一类型的基本特征是孤僻多疑、行动迟缓、体验深刻、善于观察别人不易觉察到的细微事物等。它是高级神经活动的"弱的抵制型"在人的行为和情绪等方面的表现。

属于这种类型的人,在情绪反应上,他们的情感发生得缓慢而持久,常常由于一点小事而感到委屈,表现出情绪不佳、意志消沉。在行为表现上,他们的动作迟缓、呆滞、无力,说话慢吞吞,做事没精神。在性格倾向上,他们缺乏自信心,常会疑神疑鬼,易于惊慌失措,情感不大外露,对事无动于衷,常会局促不安。在困难局面下优柔寡断,但富有同情心,重视他人委托的工作。

如果谈判对手属于这种气质类型,谈判人员应当以礼相待,让其处于平和、愉悦的气氛中,用言语加以引导,帮助其作出决定。

3.不同的气质类型与谈判角色的选择

谈判人员的不同气质类型使得他们即便面临同样的谈判情境,反应也大相径庭。

胆汁质的人能够在短时间内积聚力量,投入全部的精力,在针锋相对的谈判情境中反应迅速。多血质的人的灵活性和较强的适应性则有助于他们在谈判中随机应变。具有黏液质或抑郁质的谈判人员思维谨慎,在完成收集整理资料及其他需要敏感性、持久性的细致工作,甚至在单一的枯燥性的工作中具有优势。胆汁质的人对挫折、失败的承受力大,而抑郁质的人对挫折、失败的承受力则相对较小。

案例链接

看戏迟到

不同气质类型的人,对待同一件事情,其态度和处理方法迥然不同。国外有人研究具有上述基本气质类型的人是怎样对待看戏迟到这件事情的。

胆汁质的人与剧场门卫争执起来,企图到自己的座位上去(按照规定,迟到者应在幕间入场,以免影响别人)。他争辩说,戏院的时钟走快了,他不会影响别人,打算推开门径直跑进去。

多血质的人立刻明白,门卫是不会放他到座位上去的,但他可以找个办法溜进去。

黏液质的人看到不让入场,就想反正第一场不会太精彩,先去小卖部转转,等到幕间再进去。

抑郁质的人说:"我老是不走运,偶尔来看一次戏,竟如此倒霉。"于是,返回家去了。

3.2 性格

1.性格的定义

性格是对行为具有重要影响的心理品质之一。性格是指人经常的稳定的对现实的态度,以及与之相适应的习惯化了的行为方式。也可以说,性格是人对现实的态度和相应行为方式中较稳定的心理特征的综合。性格在个性特征中占有核心地位,它是个性中最重要、最显著的心理特征。一个人的兴趣爱好、行为习惯、知识技能都以性格为核心而转化,所以,性格可以从本质上反映一个人的个性特征。从某种角度讲,能力决定人的活动水平和效果;而当一个人面临选择时,性格则决定人的行为和选择的方向。从这个意义上讲,说性格决定命运是有一定道理的。

2.影响性格的因素

(1)遗传。

遗传并不直接影响人的性格,而是以间接的方式潜在地影响性格的形成。遗传奠定了性格赖以生存的物质基础,影响人的体格、体质、力量、耐力、速度、灵活性等气质性品质,正是这些品质影响了一个人对外界刺激的反应模式,而这些内容恰恰是构成性格的心理基础。性格中的很多特质都是可以遗传的,一些对双胞胎的研究结果表明,50%~55%的个性特质是可以遗传的。这就解释了为什么家庭成员之间的性格有相似之处。

(2)环境。

环境是影响性格形成的重要因素。有许多环境因素对性格起着塑造作用,这些环境因素包括家庭教养方式、习惯、文化、教育背景、生活环境、社会经济基础、人际关系与群体规范及个人体验等。

(3)情境。

除了遗传和环境这两个在性格形成过程中起着重要作用的因素之外,情境也是一个不可忽视的因素。具体的态度和行为模式的表现往往是由具体情境所引发的,在处理具体问题中得以体现。性格一旦形成,就具有稳固的特性。性格是相对稳定的,具有相对的恒定性,但这不是说它以刻板不变的方式保持唯一的形态。性格的稳定性,并不是狭义上的时间和空间(情境)上的一致性,而是指它在性质上不变。例如,我们说雷锋同志对待同志像春天般的温暖,对待敌人像秋风扫落叶般的无情。在不同情境中,随着条件的改变,采取不同的态度与行为反应方式,这种性质的不变性通过对不同情境作出不同的反应而实现并维系着性格的本质特征。然而,这种"事随境迁"的做法,并不是说一个人的性格在时刻变化着,一个人工作时很严肃、谨慎,而闲暇娱乐时,可能表现得非常活泼、随意。这仅仅是随着情境的变化而作出不同的反应而已。

3. 谈判人员的性格构成

谈判往往不仅仅在两个人之间进行。进行商务谈判的两个公司会各自组成一个较为合理而完整的谈判代表团或谈判小组。在一个理想的谈判人员组合中,谈判人员的性格应该是互补和协调的。尤其是对于大型的谈判活动,这个谈判集体应该由多种性格的人员组成,通过"性格的补偿作用",每个人的才能可以得到充分发挥,同时不足能够得到弥补。

(1)独立型。具有独立型性格特点的人乐于承担独立性强和充分发挥个性的工作,处事果断,有较强的责任心与上进心。他们的特点是性格外露,善于交际,善于洞察对方心理。

(2)顺应型。具有顺应型性格特点的人独立性较差,但由于他们性格柔和,为人随和,具有较强的亲和力。如果安排他们从事按部就班的工作,他们往往可以完成得很好,但独当一面对他们来讲则有一定的难度。

(3)活跃型。交际性的工作对于具有活跃型性格的人来讲是件轻而易举的事情。由于他们思维敏捷、情感丰富、性格外露,非常适合在谈判中活跃气氛,当谈判陷入僵局的时候可以打破僵局,使得谈判得以继续。

(4)沉稳型。与活跃型性格的人相反,沉稳型性格的人不善交际,但由于他们非常有耐心,做事沉着稳健,在谈判中善于观察和独立分析,在具有持久性的谈判中具有一定的优势。

(5)急躁型。这种人性情急躁,情绪波动性大,容易激动,但待人热情,适于从事简单的、易于快速完成的工作。

(6)精细型。这类人做事有条不紊,沉着冷静,在谈判中能够捕捉到细微变化并能进行细致分析。

独立型、活跃型、急躁型都属于外向型,而顺应型、精细型、沉稳型则属于内向型。不同性格特征的人可以在商务谈判中发挥各自不同的作用,应安排适宜其性格积极方面发挥的工作,使其各展所长。例如,针对外向型的谈判人员侃侃而谈的性格特点,可以安排他们为主谈或给他们分派一些收集信息等交际性强的工作;针对内向型的谈判人员沉着稳重的性格特点,可以安排他们从事内务性工作,如对资料、信息进行处理和加工。

4. 与不同性格类型对手谈判的禁忌

在谈判过程中,必须了解不同性格谈判者的心理特征,根据不同的心理,采取不同的对策,极力避免触及他们心灵中的禁忌,伤害他们的感情,造成不必要的心理隔阂,阻碍谈判的进行。

(1)与迟疑的人进行谈判的禁忌。

这种人的心理特点如下:第一,不信任对方。这种人不信任对方,没有特殊的理由,只是怕上当受骗,怀疑是他们保护自己的一种手段。如果想让他们相信所说情况,就要拿出确切的证据。第二,不让对方看透自己。这种人希望自己有一块"领地"不被人知晓,对方稍有靠近,他们就会敏锐地感觉到。第三,极端讨厌被说服。想迅速说服这种人是不可能的,即便所说情况属实,他们依旧持怀疑态度。第四,不立即作出决定。这种人从来不仓促行事,做事要经过全面考虑才采取行动。

与这类人员谈判的禁忌:第一,在心理上和空间上过分接近他们;第二,强迫他们接受你的观点;第三,喋喋不休地说服;第四,催促他们作出决定,不给予其充分的考虑时间。

(2)与唠叨的人进行谈判的禁忌。

这类人的心理特点如下:第一,具有强烈的自我意识,喋喋不休地说,谈到最后也说不出个所以然,内心深处却有不堪一击的弱点,尽力想用说话来弥补。第二,爱刨根问底。凡事想通过自己来弄个明白,坚持自己的看法,好与人争辩,让人厌恶,浪费别人的时间。第三,好驳倒对方。他们常常利用种种手段驳倒对方,看到对方被驳倒时有一种满足感。第四,心情较为开朗。唠叨是某些人的习惯,不唠叨就难受,把想说的都毫不客气地吐出来后,心情就会开朗。

与这类人员谈判的禁忌:第一,有问必答,这样会没尽头;第二,和他们辩论,即使在道理上能占上风,但买卖依然不能成交;第三,表现出不耐烦,不妨听之任之;第四,胆怯,想一走了之。

(3)与沉默的人进行谈判的禁忌。

这类人的心理特点如下:第一,不自信。由于不善言辞,生怕被别人误解或小看,常常感到闷闷不乐,具有自卑感。第二,想逃避。对于说话一事感到很麻烦,从来不会因没有说话而感到不自在,自然而然地以听者自居。表现欲差,不愿在人多的场合出头露面,对事物的认识依赖直觉,对好恶反应极为强烈。第三,行为表情不一致。当其面带微笑时,可能内心正处于一种焦虑和不耐烦之中。第四,给人不热情的感觉。这些人看似态度傲慢,其实,内心深处也有一种愿做些事情的想法。因为答应不爽快,常被误认为是爱理不理。

与这类人员谈判的禁忌:第一,不善察言观色;第二,感到畏惧;第三,以寡言对沉默;第四,强行与之接触。

(4)与顽固的人进行谈判的禁忌。

这类人的心理特点如下:第一,非常固执。你越想说服他们,他们却更加固执地抵抗。这种人很难后退一步,与之很难合作。第二,自信自满。自以为无所不能,认识事物带有片面性,只按照自己的标准行事,往往听不进别人的意见。第三,控制别人。对某事拘泥于形式,深信自己的所作所为是绝对正确的,怕自己深信的一切被别人修正;相反,想让别人也按照他们的意志行事。第四,不愿有所拘束。个性外向者居多,精力充沛,多半在外与众人接触,做起事来很有魄力。

与这类人员谈判的禁忌:第一,缺乏耐心,急于达成交易;第二,强制他们,企图压服他们;第三,对产品不加详细说明;第四,太软弱。

(5)与情绪型的人进行谈判的禁忌。

这类人的心理特点如下:第一,容易激动。看到新事物,有好奇心,如果合意,马上就会表露出来。一般说来,这种人很难掩饰内心的变化。第二,情绪变化快,兴趣和注意力容易转移。高兴时有股莫名的冲动,沉不住气,对谁都笑容可掬;而心情不好时,敏感的情绪会迅速变化,有时甚至失去控制,以致恶语伤人。第三,任性,见异思迁。什么事情都希望由着他们的性子来,情绪不稳定,一般没有知心的朋友,较为孤僻。

与这类人员谈判的禁忌:第一,不善察言观色,抓不住时机;第二,找不到他们的兴趣所在;第三,打持久战。

第5章 | 商务谈判准备

本章要点

1. 了解商务谈判准备概述
2. 了解谈判背景调查分析
3. 掌握谈判方案与计划制定
4. 了解谈判人员的组织与管理
5. 了解谈判前的谈判
6. 了解商务谈判的其他准备

第1节 商务谈判准备概述

　　一个运动员在世界大赛中夺取金牌时所做的拼搏或许只有几十秒钟,甚至更短的一瞬间,然而为了使这短暂时光耀眼与永恒,这位运动员不知要付出多少辛勤的汗水,要进行一系列精心的准备。同样,一个商务谈判者如果希望通过谈判达到包括质量、成本、工期等在内的预期目标,那么首先就得做好周密的准备工作,对自身状况与对手状况都要有详尽的了解,并对这些情况作出充分的分析,由此确定合理的谈判方案,制定适当的谈判策略,从而在谈判中处于主动地位,使各种矛盾与冲突大多化解在有准备之中,进而获得较为圆满的结局。

1.1 商务谈判准备的目的

　　谈判前的准备工作简言之就是要做到知己知彼,心中有数。谈判准备的目的有以下几点:

1. 知己知彼

　　孙子曰:知己知彼,方能百战不殆。这在商务谈判中也是极为重要的警语。

　　(1)自身分析。在进行商务洽谈前,首先面临一个正确决策的问题。换句话说就是在谈判准备阶段进行自身分析,主要是进行项目的可行性分析。做可行性研究就像在海洋上勘探油田,第一步搞物探,第二步搞试探。在确定开发的经济价值后,才能正式进行规模开采。经济的发展有其自身的规律,主观地、片面地办事情是要受到惩罚的,所以应该认认真真地做可行性研究,投入必要的资金与时间,集思广益,排除盲目性和主观性。例如,国内一家大型企业为能在澳大利亚投资铝锭项目,投入了数百万的资金和较长时间来做可行性分析,就是基于这种考虑。在商务洽谈中,要防止决策的片面性、盲目性、倾向性,最好的办法就是让通过调研得到的数据、事实来说话。这样,可行性研究才能还原事物的本来面目,在谈判中才能做到事先对自身有真正的了解。

　　(2)对手分析。谈判准备过程中在对自身情况作全面分析的同时,谈判者还要设法全面了解谈判对手的情况。当年肯尼迪在与赫鲁晓夫进行有关古巴导弹危机的维也纳会谈前,就查阅和研究了赫氏的全部演说与公开声明,还搜集了能够找到的有关赫氏的资料加以研究,这些资料甚至包括赫氏的早餐嗜好和音乐欣赏趣味,为这场至关重要的谈判奠定了必要的基础。这在商务洽谈中也不无借鉴作用。

2.有备而战

谈判前的准备是否充分是决定商务洽谈成败得失的关键。准备工作充分,谈判就能处于主动,谈判就能顺利,效果亦好。否则,仓促上阵,往往使自己陷于被动地位,难以取得好的谈判效果。

3.增强实力

在谈判中,谈判双方都想建立自己的谈判实力,巩固和加强自己在谈判中的地位,而要建立己方的谈判实力,则必须具有谈判的资本。要掌握这一谈判的资本,必须要有充分的准备。

4.建立期望

商务谈判准备的重要目的之一就是要设法建立或改变对方的期望,通过"信号"和谈判前的接触,建立对方某种先入为主的印象,使之产生某种心理适应,从而降低谈判的难度,为实现谈判目标奠定良好的基础。

5.创造条件

只有在谈判前经过充分的准备,才可能客观地分析自己的优势和劣势,进而寻找办法弥补己方的不足,为谈判的顺利进行创造时间、人员、环境等方面的有利条件,推动谈判的成功。

1.2 商务谈判准备的主要任务

1.谈判信息的搜集分析

商务谈判信息是指那些与谈判活动有密切联系的条件情况及其属性的一种客观描述,是一种特殊的人工信息。在商务谈判中,谈判者对各种信息的拥有量,特别是谈判者对谈判信息的搜集、分析和利用能力,对谈判活动有着极大的影响。

2.选择谈判对象与时机

(1)选择谈判对象。对所有可能的谈判对象,要在资格、信誉、注册资金和法定地位等方面进行审核,避免盲目从事。在不了解客商情况、不熟知国际市场及商情变化,以及众多问题尚未清楚的情况下,不举行任何正式谈判。同时,要注意寻找己方目标与对方条件的最佳结合点,即通过比较,择定一个或两个最有利于实现己方目标的可能谈判者作为正式洽谈的伙伴。

(2)选择谈判时机。在不恰当时间展开谈判,可能对谈判产生不利的影响,甚至是灾难性影响;反之,在恰当的时间展开谈判,则有利于谈判取得成效。因此,谈判时间的选择要恰当,这有赖于谈判前分析有关信息资料,把握对己方有利的时机,展开谈判。

3.制定谈判方案与计划

谈判方案与计划是谈判人员在谈判前预先对谈判目标具体内容和步骤所做的安排,是谈判者的行动指南。实践表明,一个周详、可靠而又不失灵活的谈判方案可以使谈判人员胸有成竹,在关键时刻处变不惊,一如既往地去争取谈判目标的实现。

4.谈判人员的选择与组织

商务洽谈是一种有组织的经济活动。为了使谈判能够顺利进行,需要有一定的组织形式作保证。也就是要做好商务洽谈人员的筛选、谈判班子的配备、谈判人员的管理等方面的工作。

5. 谈判前的谈判

谈判前的谈判是指谈判者在正式谈判前开展的一种非正式谈判,它常常是一种无形谈判,是谈判准备阶段的重要策略。其目的在于设法影响或建立对方的心理期望,或者增强己方的谈判实力,为正式谈判取得良好效果而创造条件、奠定基础。

第 2 节　商务谈判背景调查分析

2.1　环境调查与信息搜集

谈判中的环境调查主要涉及经济环境、政治环境、法律环境、技术环境、社会文化环境等方面的内容,以弄清环境的制约因素,把握有利和不利的因素,搜集有价值的信息情报。这些信息包括了市场信息、科技信息、法律法规、金融信息、谈判对手的情况资料等方面的内容。信息搜集是谈判准备最重要的工作之一。

2.2　谈判对象调查分析

1. 需要的分析

它包括下述内容:对方和己方合作的意图是什么? 对方对这种合作的迫切程度如何? 对方对合作伙伴有多大的选择余地? 总之,要尽可能广泛地了解对方的需要。

2. 谈判者的分析

它包括对手的谈判团队是由哪些人员组成的? 各自的身份、地位、性格、爱好、谈判经历、经验如何? 谁是首席代表? 其能力、权限、以往成败的经历、特长和弱点,以及对谈判的态度、倾向意见如何?

3. 资信的分析

它是指对方谈判的主体资格是否具备? 谈判的主体资格就是能够进行谈判,享有谈判的权利和履行谈判义务的能力。为了避免因谈判主体不合格而导致谈判失败,在谈判前要审查对方的主体资格。一是要求对方提供必要的证件和材料(如法人资格证件、自然人方面的证件、代理权方面的证件、资信方面的证件等);二是通过一些专门的部门进行考查了解(如中国国际信托投资公司、中国银行信托处、我国驻外使领馆或由以上机构委托当地的律师等)。

2.3　谈判实力的评价

1. 谈判实力评价的重要性

谈判实力是决定谈判效果的关键性因素。谈判实力评价就是对谈判双方的实力进行确认,知己知彼,有的放矢。谈判实力评价是制定谈判策略与方案的首要前提,只有正确地评估双方的谈判实力,才能制定切实有效的谈判方略,克己之短,扬己之长,增强己方的谈判实力,最大限度地取得有利的谈判效果。

2. 谈判实力评价的程序

(1)确定影响双方谈判实力对比的因素。影响谈判实力的因素有交易的重要程度、竞争状况、信息、时间、企业经济实力、企业信誉、谈判人员等方面,要尽可能找出影响双方谈判实力对比的每一个因素。

(2)确定每个因素对谈判实力的重要程度。影响谈判实力的各种因素对谈判实力的作用程度是不同的,要对各个因素依其重要性评分,如交易的重要程度评10分,竞争状况评6分,时间评5分等,依此类推。

(3)确定每个因素对双方实力对比的影响程度。影响谈判实力的各种因素对双方的影响程度是不同的,在这个因素上可能对方占优,在另外一个因素上可能己方占优。根据双方在各个因素上的优劣程度评分,优势越强,得分越高;相反,劣势越弱,得分越低,甚至为0分。如时间因素,对己方较不利,于对方较有利,那么己方得分为3分,对方得分为5分。

(4)对双方的谈判实力综合评分。将每个因素的重要程度得分与影响程度得分相乘得到该因素的综合分,将诸因素的综合分相加得到谈判实力的总分,再将双方的总分进行比较,可以基本判定双方的谈判实力对比情况。

以上谈判实力的评价是一种定量的简单分析法,对制定谈判策略和方案具有较好的参考意义,尤其为改善或增强己方的谈判实力提供了可靠的依据。但由于谈判实力不是静态的,而是随着谈判的进展而不断变化的,因此不能将其固化,而应根据谈判的变化对其进行不断的评价,以调整和优化谈判策略。

2.4　谈判时机的选择

1.谈判时机选择的重要性

谈判时机的选择常常是一个被谈判者忽视的问题,实际上时间是制约谈判结果最关键的因素之一,时间可以改变双方的实力对比。选择好谈判时机,有助于增强谈判实力,掌握谈判的主动权,扭转谈判的局面。

2.谈判时机选择的依据

(1)谈判前的准备程度。争取在己方已准备充分时开始谈判。一般来说,准备越充分,谈判实力越强,谈判时机就越有利,但有时要处理好谈判时机和准备状态之间的矛盾。

(2)对己方的有利程度。谈判的态势对己方越有利,谈判的时机就越佳。如果你是买方,则应主动避开卖方市场;如果你是卖方,则应主动避开买方市场。因为这两种情况难以进行平等互利的谈判。不要在亟需某种商品或亟待出卖产品时进行谈判,要有一个适当的提前量,做到"凡事预则立"。

(3)双方实力对比情况。谈判时间最好选择在己方的谈判实力强于对手之时,而尽量避免选择己方的谈判实力明显弱于对手的时候。如果己方的谈判实力不足以与对方谈判,那么就应设法增强己方的谈判实力后再与对方谈判。

第 3 节　谈判方案与计划制定

3.1　谈判目标的设定

任何谈判方案的制定,首先必须确定谈判目标,因为整个谈判活动都要围绕谈判目标进行。

1.谈判目标设定的原则

(1)明确具体的原则。它便于谈判人员明确谈判任务,照章执行,减少误解。

(2)高要求的原则。谈判目标有较高的要求,谈判人员要努力实现这一目标,才有可能带来对己方有利的谈判结果。

(3)接触对方期望的原则。在制定谈判目标时也要考虑对方的合理利益,否则,双方的"坚持点"没有接触,就不存在谈判交涉成功的可能性。

(4)弹性的原则。如果在谈判中缺乏回旋余地,那么稍遇分歧就会使谈判破裂。因此,谈判目标要有弹性。

2.谈判目标的层次

(1)理想目标。理想目标是指对谈判者最有利的一种期望目标,它在满足某方实际需求利益的同时,还有一个"额外的增加值"。然而在实际的谈判活动中,某方的理想目标一般是单方面的可望而不可及的理想点,很少有实现的可能性。因为没有哪一个谈判者会心甘情愿地拱手把全部利益让给他人。这种理想目标又被谈判行家称为"乐于达成的目标",谈判者在必要的时候可以放弃这一目标。

(2)可接受目标。可接受目标是根据各种主客观因素,考察种种具体情况,经过科学的论证、预测和核算之后所确定的谈判目标。可接受目标是以能够满足谈判一方的部分需求,实现部分利益为目的,它是谈判者调动各种积极性、采取各种谈判策略、使用多种谈判手段以达到的目标。

(3)最低目标。最低目标是人们从事谈判活动必须达到的,毫无讨价还价的余地,宁愿谈判破裂也不肯放弃的目标。在谈判开始时,往往提出己方的最优目标,这实际上是一种谈判策略,目的是为了保护最低目标或可接受目标,这样做的实际效果往往超出谈判者的最低限度的需求,然后通过谈判双方的讨价还价,最终可能在最低目标与最优目标之间选择一个中间值,即可接受目标。

3.2　谈判方案的拟定

1.谈判方案的基本要求和类型

谈判方案是就该次谈判而拟定的谈判方法和要点。谈判方案应该是书面的,其形式是多样的,文字可长可短,一般应满足以下基本要求,即有的放矢、简明扼要、突出重点、灵活机动。

由于谈判过程千变万化,因此仅制定一个谈判方案是不够的,特别是一些重大的谈判往往需要制定多个方案,如首选方案、备选方案、应急方案等。

2.谈判方案的基本内容

(1)谈判议题,即谈判所要解决的主要问题。

(2)谈判目标,即明确主要或基本交易条件、可接受范围及争取实现的目标。

(3)谈判策略,即实现谈判目标的基本方法和措施。

(4)谈判期限,即谈判需要的时间和最后期限。

(5)谈判人员,即参加谈判的具体人员组成。

3.谈判方案与谈判计划的异同

商务谈判方案是企业最高决策层或上级领导就某项谈判的内容所拟定的谈判主体目标、

准则、具体要求和规定;商务谈判计划是谈判小组为实施谈判方案所规定的内容而制定的具体执行措施。两者的区别如下:

(1)决策者不同。谈判方案的决策者是领导;谈判计划是由谈判小组制定,由谈判小组成员决定如何实现谈判方案中的谈判目标。

(2)层次不同。先有谈判方案,后有谈判计划,顺序不能颠倒。

(3)内容不同。谈判方案反映的是上级领导或高层的意图;谈判计划则是由谈判小组为实现这一意图而准备采取的具体措施。

3.3 谈判计划的制定

1.谈判计划的基本内容

(1)具体目标。谈判方案制定了谈判的总体目标,要将这一总体目标加以实现,必须要将其细化为具体的、各个阶段的目标,通过具体目标和阶段目标的实现来向总体目标迈进。谈判计划必须明确各个阶段的具体目标和任务,才能使谈判方案得以落实。

(2)谈判议程。谈判议程也就是谈判议题的程序,包括所谈事项的内容和次序,如谈什么问题,何时谈,先谈什么,后谈什么等。谈判议程的安排,可根据情况而定。

(3)谈判进度。谈判进度是对谈判各阶段、各议题所需时间的估计。这个时间的长短主要根据谈判双方时间的充裕程度和具体谈判内容来决定。

(4)谈判对策。谈判对策是指针对谈判中存在的问题而制定的解决办法。要想在极其复杂多变的谈判交锋中,保证既定谈判目标的实现,就要审时度势并采取针对性的谈判措施和办法,这在谈判方案中是难以具体明确的,必须通过制定和调整谈判计划来解决。

2.谈判议程运用的基本原则

谈判议程是决定谈判效率高低、争取谈判主动权的重要一环。谈判议程安排的基本原则包括以下方面:

①掌握谈判议程安排的主动权。

②将己方关心的问题列入议程。

③不容讨论和让步的问题不列入议程。

④作为筹码,某些问题让对方先提出。

⑤尽量回避于己方不利的问题。

⑥将对方故意回避的问题列入议程。

⑦先讨论容易解决的问题。

⑧留有一定的时间余地。

第4节 谈判人员的组织与管理

4.1 谈判人员的选择

1.谈判人员选择的重要性

谈判人员选择的是否恰当直接关系到谈判的成功与否。谈判小组的每一个成员,包括翻译人员的选择都应该是十分慎重的,他们不仅要符合一定的素质要求,而且还要形成各方面互补的结构。

2.谈判人员选择的依据

谈判人员的选择没有统一的标准,主要依据有以下几点:

(1)交易的重要性。如果谈判涉及的交易比较重要,相关问题比较复杂,就需要多派谈判人员,同时对这些谈判者的素质要求也比较高。

(2)谈判内容。每一项谈判都有特定的内容,因此选择谈判成员时,要考虑谈判内容涉及的业务知识面,使得谈判小组的知识结构满足谈判内容的需要。

(3)谈判者的个人情况。要选择能深刻理解己方的谈判目标,熟悉谈判标的的技术特征,具有谈判内容涉及某方面业务的知识,并经过必要谈判知识培训的专门人员。

(4)谈判团队的配合情况。要想赢得谈判,在组成高质量的谈判小组的基础上,最重要的工作就是小组内部通力合作,关系融洽,形成合力。因此,选择谈判小组成员应当避免曾经或正在闹矛盾或冲突的人员。

(5)谈判对手的情况。谈判是谈判主体间一系列的行为互动过程,因此在选择谈判人员时也要考虑对手的人员数量,如何配备,从而确定己方谈判小组的构成。

(6)谈判的进展情况。谈判小组的全体成员并不一定每场谈判都要参加,应根据每场谈判的不同进展情况及涉及的不同谈判内容选取恰当的人员参加。例如,谈判小组的主谈人员有两名,一名是商业主谈人,一名是技术主谈人。在有关技术附件的一些谈判中,商业主谈人就不一定要出席。

4.2　谈判团队的组织

对于一次正规的商务谈判任务,要使得谈判达到预定的目标,一般需要组织一个规模适宜、结构合理、高质量的谈判小组。

1.谈判圈的组成

谈判圈的组成包括三部分:

(1)谈判决策者,即负责该项谈判业务的企业、公司或部门的主管领导。

(2)谈判执行者,即主持谈判及参与谈判的各方人员,他们是实现谈判目标的具体执行者。

(3)谈判关联者,即在谈判桌外向谈判者提供建议和服务的有关人员。

2.谈判人员的规模

(1)确定谈判人员规模的因素。

①谈判所需专业知识的范围。

②谈判策略的需要。

③主谈人的能力素质。

④谈判效率的需要。

(2)商务谈判人员的一般规模。大量的谈判实践表明,谈判小组的规模以四人左右为宜,原因如下:

①四人左右谈判小组的工作效率最高。一个集体高效工作的前提是内部必须进行适当严密的分工和协作,意见交流畅通。人数过多,合理的分工合作及意见的及时交流势必困难重

重;人数过少,谈判任务难以实现。

②四人左右是最佳的管理幅度。由管理学原理可知,一个领导者能有效管理下属的人数是有限的。谈判是一种紧张、复杂、多变,既需要发挥个人的独创性和独立应变的能力,又需要内部统一协调的对外活动,其管理幅度以四人左右为最佳。

③四人左右能满足一般谈判所需的知识范围。多数商务谈判涉及的业务知识领域大致为下列四个方面,即商务方面、技术方面、法律方面、金融方面。如果每一个人是其中一方面的专家,那么是四人左右最为合适。

3.谈判团队的结构

(1)职能结构。

①主谈人。主谈人是谈判桌上的主要发言人,也是谈判的组织者,他(她)的作用,是将事先研究的谈判目标和策略在谈判桌上予以实现。主谈人应思维敏捷、深思熟虑,掌握谈判主动权,善于逻辑推理,具有较高的专业知识水平。倘若能具备这些条件,主谈人将会是优秀的谈判主导者。此外,最精明的主谈人像杰出的演员一样,善于扮好自己的角色,绝不会轻率越过界线干扰别人。

②辅谈人。辅谈人是谈判桌上除主谈人外的其他谈判人员,其应在各自专长的基础上,善于从思想上、行动上紧密结合,确保内部协调一致。

(2)专业结构。根据一般谈判所需的知识范围,谈判成员的专业结构应包括谈判专家、业务专家、技术专家、法律专家。

(3)策略结构。谈判过程中,谈判小组可运用某些谈判手段相互补充,相互提醒,软硬兼施,说服对方。常用的策略是谈判小组成员分成两派:一方为"白脸"(鸽派),态度温和,表面看来能为对方考虑,从而博得对方的好感和信任;另一派为"红脸"(鹰派),态度强硬,立场坚定,想从气势上压倒对方。运用这种策略要想收到预期的效果,就要求谈判者能把握时机和分寸,时软时硬,配合默契。

4.3 谈判人员的管理

谈判班子组成后,必须明确各自的职责,对其加强管理。在谈判中会遇到不顺利的情况,有时也需通过谈判人员打开局面。谈判人员在谈判中不能我行我素、各行其是,必须团结一致,形成一个整体。对谈判成员的管理主要从以下两方面着手:

1.谈判人员的职责

谈判小组成立后,在内部要进行合理的分工,以各司其职,各负其责。

(1)主谈人的职责。

①监督谈判程序。

②掌握谈判进程。

③听取专业人员的说明、建议。

④协调谈判班子的意见。

⑤决定谈判过程中的重要事项。

⑥代表单位签约。

⑦汇报谈判工作。

(2)辅谈人的职责。

①谈判前,参与信息搜集、谈判调研,做好各自的准备工作。

②谈判中,为主谈人出谋划策,当好左右手。

③各司其职,各负其责,随时向主谈人提供有关商务、技术、法律、金融等方面的知识信息。

④参与合同协议的起草和签署。

⑤参与谈判工作的总结事宜。

2. 谈判人员的基本行为要求

(1)集思广益、积极进取。

(2)服从纪律、统一行动。

(3)各司其职、密切配合。

(4)紧密团结、士气高昂。

(5)做好保密、口径一致。

3. 谈判人员的一般职业习惯

(1)注重社交礼节与道德规范。

(2)尊重商务交往惯例。

(3)尊重对方的人格与习俗。

(4)守时、讲信用。

(5)不要随便推翻已作出的决定。

(6)不在公共场所谈论谈判业务。

(7)不要随便乱放谈判资料和文件。

(8)一般不借用对方的函电工具。

(9)理智对待不友好事件。

(10)善于与对方个人交朋友。

第 5 节　　谈判前的谈判

5.1　谈判前的谈判概述

1. 谈判前的谈判的含义

谈判前的谈判是指谈判者在正式谈判前开展的一种非正式谈判,它常常是一种无形谈判。对实施的一方来说,因其已经开始了谈判的行动,因此可以说是一种谈判;而对另一方来说,因其不知晓对方已经开始了谈判行动,因此又可以说不是一种谈判。谈判前的谈判常常是谈判一方在谈判准备阶段的重要策略。

谈判前的谈判的主要目的是为了建立或影响对方的谈判期望,降低对方的期望值和谈判实力,增强己方的谈判实力;同时通过谈判前的接触,也是为了摸清对方的底细,调整与对方的关系,为正式谈判取得有利的结果打下良好的基础。

谈判前的谈判对改变双方的实力对比、掌握谈判的主动权具有显著的作用,但常常被谈判者所忽视。作为谈判的重要策略之一,本书将其内容列入,希望能引起读者的重视,并掌握其基础知识。

2. 谈判前的谈判的特点

(1)提前性。谈判前的谈判是在正式谈判开始之前进行的,其意在蓄力和诱导,先入为主,先声夺人,一旦谈判正式开始,就失去其意义了。

(2)无形性。谈判前的谈判常常是在对方不知道的情况下实施的,正因为对方不知道,所以才具有可信度、渗透力,一旦对方知晓,产生了防范或戒备,就失去其作用了。

(3)策略性。谈判前的谈判具有鲜明的意图性和目的性,它本身就是一种谈判策略,其实施一定要围绕谈判者的策略目的方能奏效。

5.2 建立对方的期望

如前所述,谈判前的谈判的主要目的就是要设法建立对方的期望。为什么要在谈判前建立对方的期望?这是因为对方对谈判结果的要求往往是由其期望所决定的,而且期望建立得越早、越无形,就越奏效,谈判开始以后,尤其是到了谈判的后期阶段要想改变对方的期望是非常困难的。因此,要建立对方的期望,最好在谈判之前进行。

1. 建立对方期望的目标

(1)传递谈判的重要概念。要将谈判中可能产生分歧的一些重要概念、原则、观点等事先传递给对方,让对方产生心理适应或理解认同,届时对方就不会坚持自己的异议了。如某单位要解雇一批员工(这总是一件头疼的事),比较好的方法是事先将这一消息通过非正式渠道传递出来,让那些可能被解雇的员工先有心理准备,届时再正式与员工洽谈解雇事宜时,难度就会降低。

(2)降低对方的期望值。谈判前要设法降低对方的心理期望,要将己方的谈判目标和要求以可信的方式传递给对方,使其逐步认识、认同,同时让对方感觉到自己原有的期望是不正确的、过高的,正如温克勒所说:"让对方习惯你的大目标。"

(3)削弱对方的谈判实力。谈判前通过寻找和利用对方的漏洞与错误,使对方感觉到内疚、惭愧,就可以大大降低对方的期望值,削弱对方的谈判实力。

2. 建立对方期望的方式

建立对方期望的主要方式是使用"信号",既要将信息发布出去,又要使"信号"可信、有效,其最佳的方式是看似无意的"放风"(非正式渠道),或有意的犯错让对方获悉(如故意将保密资料放在对方可以发现或得到的地方),或利用第三者来传递。直接、明示、正式地发出"信号"往往会使"信号"失去效力或让对方产生防备。

5.3 积聚谈判的力量

如果在谈判前己方的谈判实力不足以与对方抗衡,那么就需设法增强己方的谈判实力,找到一种加强力量的方式,待己方的谈判实力积聚到一定程度后再与对方开展谈判。积聚谈判的力量,是谈判准备阶段的重要任务。

1. 比对手先行一步

要为比对手先行一步而进行准备,例如,比对手调查研究得更彻底,信息掌握得更全面,准备工作做得更充分,也就越有力量。

2. 在谈判前就让对方信任你

如果在谈判前就能获得对方的信任,那么将可以大大加强己方力量。要获得对方的信任,就必须让对方信赖谈判者的人品,必须以事实和行动来向对方表明自己是一个重承诺、守信用的人。

3. 调整距离

如果己方的地位较弱,那么就应把双方关系的非正式味道搞得浓一点,应该与对方尽可能面对面地会谈,使自己与对方的私人关系处得近一些;如果己方的地位较有利,就应该适当地与对方保持距离,减少会面,让对方递交书面文件等。

4. 拖延

无论谈判地位如何,拖延几乎总是可以加强谈判力量,随着时间的推移,力量的对比就会发生变化。当然,一个重要的环节是事先估算一下,拖延对对方更有利还是对己方更有利。同时,善于建立交易的"最佳时机",使对方觉得此时是交易的最好时机。

5. 抱怨

为加强力量,还要善于懂得发一些抱怨,可以变得有点吹毛求疵,找到对方的错误,数落对方的不是,以此来削弱对方的地位。当然,应当懂得分寸,如果再能加点幽默,那么效果就更好。

6. 谨慎地施加压力

要加强谈判实力,向对方施加适当的压力是一种有效的手段,如可以含蓄地告诉对方若不做这笔生意将有何种损失,或向对方施加某种时间压力等。但是使用压力须谨慎,最好不要让对方感觉到,通常应隐藏在说话的方式之中,用暗示来发出信号,而不是流露在字面上。

5.4　谈判前的接触

1. 谈判前接触的意义

谈判前的接触是指进入正式谈判前的通讯、联系、会面、介绍、宴请等社交活动。它是谈判双方相互了解、获取信息的"前哨战",它和谈判的开局具有同等重要的作用,也可以说是"开局的开局",它为谈判的开局创造一个良好的前提与基础。

谈判前接触的主要任务有以下方面:一是进行试探摸底,了解和落实对方的必要情况、可靠程度与诚意;二是建立与对方的人际关系,增进双方的相互信赖,为谈判添加"润滑剂";三是为谈判的进行创造直接相关的条件。

2. 谈判前接触的方式

谈判前接触的方式主要有两类:一类是信函、电话、传真、互联网等非面晤方式,它具有速度快、成本低、留有回旋余地等优点,因而被广泛使用;另一类是面晤形式,即通过非正式互访、小型会晤、安排一些联谊活动等。面晤虽属于非正式会谈,但接待礼仪不可轻视。面晤虽较耗时并需一些花费,但它有直接性的好处,可以较好地了解谈判对手的个性、风格、情况,也便于摸清对方的真实意图和目的,因此是谈判中尤其是首次谈判或较重要谈判的必不可少的一种形式。

3. 谈判前接触的礼仪与公关

谈判前接触与正式谈判一样,必须注重礼仪,善于公关,才能达到接触的目的。影响整个谈判进程与结果的,不仅在于谈判过程和谈判内容本身,而且在一定程度上还在于谈判前的接触以及诸多与谈判内容无关的其他因素。谈判者的言行举止、所作所为都会给对方留下某种印象,对以后的正式谈判将产生微妙的影响。

(1)谈判前接触的基本态度。无论谈判者本身是什么风格或有意给对方留下什么印象,都必须以尊重人为基本前提,要把握好谈判的姿态和分寸。

①礼貌而不卑膝。无论谈判实力如何,谈判者均应给予对方应有的礼节、礼貌,以示尊重、平等与友好,态度从容大方,举止合体得当。但礼貌也有一个"度"的问题,切忌过分热情,更不可阿谀奉承、卑躬屈膝,失掉应有的自尊乃至人格。

②庄重而不拘谨。在待人接物时应衣着整洁得体、举止稳重、仪态端庄、落落大方,这样才能使对方产生信任感、可靠感,形成个人的社交风格与魅力;同时也应注意亲切随和,不可过于拘谨严肃,如临大敌,造成尴尬、冷场。

③自信而不自大。谈判者只有自信,才能赢得他信。自信是内心的一种心理状态,是一种战胜困难、取得成功的坚定的信心和决心,而不是目空一切,狂妄自大,把谁都不放在眼里,或者滔滔不绝,气势汹汹,随意许诺,认为一切都没问题。

(2)谈判前接触的公关。公关即公共关系活动。公关的目的在于通过信息交流与对方或有关方面沟通感情、建立关系、促进合作,为谈判扫除障碍、铺平道路。公关的手段,除了通过面晤和非面晤的方式进行联系、沟通与交流外,还可以通过宴请、游览、赠送小礼品等方式来加深双方的信任与感情。总之,手段是多种多样的,关键是要因时、因地、因人制宜。

第6节　商务谈判的其他准备

6.1　谈判后勤准备

当双方经过多次协商,共同确定了谈判的议题、时间、场地、人数、规模并落实了经费之后,就要进行谈判的后勤准备工作,它主要包括以下四部分:

1.谈判资料准备

将谈判所需的有关文字资料撰写、打印或复印好,需装订的要装订成册,在谈判开始前,送交己方的谈判者手中。若需送交对方的材料,也要如此准备。若谈判中需要出示某些实物,如样品等,则应精心挑选准备好。

2.谈判用品准备

谈判用品准备包括接送谈判人员的车辆,谈判所需的摄像、摄影、通讯,谈判会议的有关票证等。

3.谈判室的准备

谈判至少需要两个房间,在集体谈判时更是如此。其中一间是主要谈判室;另一间是私下密谈室,以利于当需要时可进行个人之间的直接交往。若有可能,最好再配一间休息室。

主谈室应当舒适、光线充足,具备良好的灯光、冷暖调节、通风、隔音等条件,并配有一定的装饰、摆设、色调、烟茶用具等。最好还能安装类似黑板的视觉中心。除非经双方同意,一般不要配备录音摄像设备,因使用这些设备后,人们本能地难以畅所欲言。

密谈室是双方均可使用的单独房间,是协调、缓冲的场所。它既可供某一方谈判小组私下协商之用,亦可供双方人员进行私下讨论之用。密谈室应贴近主谈室,其物质条件应与主谈室类似,但必须配备黑板、笔记本、笔、小型桌子、茶几、比较舒适的座椅、沙发以及现代通讯设备。密谈室最重要的条件是隔音。

谈判室布置要给人平等的感觉。一般来讲,在双边的正式会谈中,长桌较为适宜;在多边的正式会晤中,圆桌比较常见。谈判室和室内用具的布置、选择以及排位方法的决定,均应服从有利于谈判目标的实现,并应根据双方的具体情况安排。

4.谈判人员的行程与食宿安排

谈判人员的行程与食宿安排,也是谈判准备工作中不可缺少的一个方面。在食宿方面为对方提供满意的服务,能表示己方的诚意、热情和文明礼貌,要注意对方人员的生活习惯、文化传统等。当然,在行程方面也要为对方创造尽可能方便的条件。

6.2　谈判准备工作的检验

检查谈判准备工作的落实情况,可发现遗漏并及时补救。若未如期完成必要的准备,则应限期加速完成,以免影响正式谈判的开始。

1.谈判准备工作检验的作用

谈判准备工作检验的作用具体体现在以下两个方面:

(1)检验谈判方案与计划的可行性、有效性。谈判方案与计划是对未来将要发生的正式谈判的预计,这本身就受思维方式、考虑问题的立场、角度等因素的局限,谈判方案与计划难免有不足之处和漏洞。事实上,谈判方案与计划是否完善,只有在正式谈判中方能得到真正的检验,但这毕竟是一种事后检验,往往发现问题为时已晚。通过对谈判准备工作进行认真、细致的检验,能及时发现谈判方案与计划的不足之处和漏洞,就可尽早修改和完善。

(2)提高谈判人员的谈判技巧和应变能力。正如舞蹈演员演出前在脑海里练习舞步,教师在上课前备课一样,检验谈判准备工作能起到重要的积极作用。据心理学原理,正确的想象练习能提高检验者的能力。

2.谈判准备工作检验的方式

谈判准备工作检验的方式有以下三种:

(1)谈判人员互相提问。把谈判者聚集在一起,充分讨论,自由发表意见,共同想象谈判的全过程。这种方式的优点是利用人们的竞争心理,使谈判者充分发表意见,相互启发,共同提高谈判水平。

(2)专业人员评价推敲。其形式与谈判人员互相提问的方式相类似,不同的是它有专业人员在场对谈判者的表现给予一定的评价,关键是要寻找出他们的缺点和不足,提出完善的建议。

(3)模拟谈判。模拟谈判即模仿性谈判,就是从己方人员中选出或指定某些人在尽力"吃透"对方的基础上,扮演谈判对手的角色。从对方的谈判立场、观点、条件、风格、个性、心理出发,与己方谈判人员对执开谈,预演可能的谈判过程,检查实施己方谈判方案,预判可能产生的效果。

第6章 | 商务谈判开局与摸底

本章要点

1. 了解商务谈判开局概述
2. 掌握开局气氛的营造
3. 掌握谈判意图的表达
4. 掌握商务谈判的摸底

第 1 节 商务谈判开局概述

良好的开端是成功的一半。在商务谈判中,由于谈判开局是双方刚开始接触的阶段,是谈判的开端,因而,谈判开局的成功与否对谈判能否顺利进行关系极大,它不仅决定着双方在谈判中的力量对比,而且决定着双方在谈判中采取的态度和方式,同时也决定着双方对谈判局面的控制,进而影响着谈判的结果。

1.1 开局阶段的主要任务

开局阶段是指谈判双方正式见面后,进入具体谈判内容之前,双方相互介绍、寒暄以及就具体内容以外的话题进行交谈的阶段。开局阶段所占用的时间较短,讨论的内容除去阐明议题与有关程序外,大多与谈判的主题关系不大或根本无关。但是,这个阶段却很重要。中国有句俗话:"良好的开端是成功的一半。"开局阶段是为整个谈判奠定基调的阶段。经验表明,这个阶段所创造的气氛会对谈判的全过程产生影响。因此,谈判者在这个阶段的主要任务就是为谈判创造一个合适的气氛,谋求有利的开局地位,为后续的谈判打下良好的基础。

1.2 开局阶段的行为方式

1.开局的行为方式

(1)导入。导入是指步入会场到寒暄结束的一段过程,包括入场、握手、介绍、问候等行为,是谈判开始的前奏。

(2)交换意见。谈判人员寒暄过后,话题自然转到有关谈判的问题上来,有关谈判的目标、计划、进度、人员等方面的问题,必须先于谈判内容进行探讨,使双方取得一致意见,以便正式谈判顺利进行。西方将其概括为4P:

①目标(purpose),即说明双方为什么坐在一起谈判,通过谈判达到什么目的。

②计划(play),即会谈的议程安排,如讨论议题、双方约定共同遵守的规程等。

③进度(pace),会谈的进行速度,即日程安排。

④个人(personalities),指谈判双方对每个成员的正式介绍,包括姓名、职务及在谈判中的

作用、地位等。

(3)概说。在以上四个问题基本达成共识后,各方要概括简要地阐述各自的谈判目的与意愿,此举的目的是让对方了解自己对有关问题的看法和基本原则,并以此换取对对方更多的了解。在此过程中,双方既有所表,又有所藏,心照不宣。

2.开局的行为禁忌

(1)忌直奔主题。开局是谈判的一个必要阶段,有其重要的意义,如果不经开局而是直奔谈判主题,一方面会暴露出谈判者过于急切的心态,另一方面也失去了开局应有的作用,不利于谈判的顺利进行。

(2)忌毫无保留。开局是双方的一个试探、适应过程,在此阶段的主要任务是建立适宜的谈判气氛,以利于正式谈判的进行。如果过早、过多地暴露己方的信息和意图,就会失去谈判的主动权,因此开局应言简意赅,点到为止,留有充分的余地。

(3)忌缺乏自信。开局是建立第一印象的重要时机,谈判者的一举一动、一言一行都会影响到后面的谈判,因此展示良好的心态和形象至关重要。如果将谈判开局视作如临大敌,过于紧张,举止慌乱,缺乏信心,精神不振,就暴露了自己底气和力量的不足,从而为对方所利用。

(4)忌漫无边际。开局虽然是双方的寒暄和非正式交流,但不等于夸夸其谈,这样做不仅使自己显得不够稳重,而且因为开局毕竟是一个短暂的过程,其目的在于为谈判提供契机和氛围,一旦时机成熟,就应及时切入正题。

1.3　谈判议程的协商

任何谈判都是围绕着谈判双方共同关心并希望解决的问题展开的,这就是谈判议题。谈判开始时,双方需要先就谈判的议题及议题的顺序编排进行讨论,这个过程就是确定谈判议程的过程。谈判的议题概括起来可以分为框架和细节两大类。框架是指谈判中解决所有问题的基本准则,框架本身就是一个议题。细节是指谈判中所涉及的一个个具体问题,即小议题。

1. "框架—细节"式安排

在谈判中,是先谈大的框架,还是先谈具体的细节,对此没有统一的规定,但一般情况下大多是采取先框架后细节的做法。双方先讨论解决问题的框架和准则,在达成共识的基础上再来讨论细节性的问题。只要谈判的基本框架确定了,即使双方在细节问题上存在分歧,也会受框架的制约,而努力去达成协议。对于谈判者来讲,当己方在谈判中提出框架建议时,一定要留有余地,并具有一定的弹性,以供双方在会谈中共同讨论,要让对方有共同参与框架建立的感觉。否则,即使己方所提出的框架很切合实际,对方也可能会产生抵制。

这种"框架—细节"式安排在谈判中应用广泛,成功的例子也很多。如1973年中东战争之后,基辛格在中东穿梭调停以埃冲突时用的就是这种方法。基辛格认为,既然以色列占领阿拉伯的领土为的是要建立一个安全的缓冲区,以确保自己的安全,而埃及攻打以色列为的是夺回被以色列所占的领土,那么为什么双方不来个交换?即以色列归还它所占领的阿拉伯领土用以交换阿拉伯人某种程度上的安全保证,只要双方能就这个大的框架达成协议,至于具体怎么归还、归还哪一块土地、安全怎么保障,都属于细节议题,可以坐下来慢慢地谈。正是在这个框架的指导下,以埃双方经过艰苦努力,终于达成了著名的"戴维营和平协议"。

"框架—细节"式的安排方式具有许多优点,它可以使谈判更加有效,也可更贴近己方的谈判目标,谈判者应力争达成这种安排方式。

也有人认为议题安排应先小后大,将细节置于框架之前。原因是框架之类的大问题牵扯面广、耗时长、难度大,谈判易受挫折,会使谈判者的动力受到影响;而细节议题好谈且容易付诸实施,有利于激发谈判者的兴趣、热情和自信心。但问题在于如果先在具体问题上讨价还价,没有一个可供统一遵循的原则,让步时不是通盘考虑,这里让一点,那里让一点,很有可能会出现偏离谈判目标的结果,尤其是对一些复杂的、多议题的谈判更容易出现偏差。

2. 细节议题的顺序安排

细节议题包括的内容较多,但这些议题并非不重要,况且,对己方不重要的未必对对方也不重要。因此,谈判者在安排这些细节议题之前,要对议题的轻重、大小、难易程度进行辨析,分析出哪些议题对方比较容易接受,哪些要求对方不易接受,在此基础上,要按照一定的原则进行顺序编排。

(1)逻辑原则。一项谈判会涉及许多细节议题,但这些议题之间必然存在一定的关系,如果各议题之间存在逻辑关系,则可按照逻辑顺序,把需要为谈判创造条件的议题安排在前,把需要后解决的议题安排在后。

(2)先易后难原则。为了使双方尽快进入状态,加速相互之间的信任,增强谈判信心,在安排细节议题时,可以把谈判中容易解决的议题放在前面,把比较难以达成一致的议题放在后面。当先说服一个人接受了一个小的、较容易接受的要求之后,随后再说服他接受一个大而难的要求就会容易一些。

有人曾做过这样的实验:首先由实验者挨家挨户进行走访,要求各家主妇支持一项"安全驾驶委员会"发起的运动,并在一份请求政府以立法形式来鼓励安全驾驶的请愿书上签字。由于这是一个一般人都可以接受的较小的要求,所以几乎所有被走访的主妇都同意签名。几个星期以后,实验者又来走访这些主妇们,要求她们支持在各自的院子前面树立一块不大美观、上面写着"谨慎驾驶"字样的警告牌,这可是人们普遍不易接受的一个条件。尽管如此,由于这些主妇先前曾经接受过第一个与此有关的要求,还是有 55% 的家庭主妇接受了这个进一步的要求。而与此形成鲜明对照的是,当实验者将第二个要求拿到以前没有被要求在请愿书上签字的主妇手上要求得到支持的时候,却只有 17% 的人勉强接受了这一要求。

(3)相关联原则。细节议题之间有时存在相互交叉和关联关系,需要几个议题放在一起来讨论,只有先解决了这几个议题,方可进行其他议题的讨论,那就不妨将这几个议题捆绑在一起讨论,以便每个议题在让步时可以"相互交换"。待这些议题解决之后再按逻辑顺序讨论其他议题。

以上原则只是对一般的交易谈判而言,但在有些情况下,反其道而行之可能更有利于实现谈判的目的。例如,己方希望能够适当拖延谈判时间,为其他的关联交易争取机会。这时,将一些棘手的议题安排到前面来谈或许会更好一些。因此,在编排谈判的议题时,还应当根据谈判当时的具体情况来决定议题的编排方法。

3. 议题的时间安排

在一定的谈判时间内,合理分配好各议题所占用的时间,这一问题非常重要,也可以说是谈判议程安排的关键所在。因为时间会给谈判者造成一种无形的压力,当一个人没有充分的时间去对问题进行仔细的思考,甚至于没有足够的时间去了解问题的全貌时,匆忙之间做出的决定是很难保证它的正确性的。在对谈判所要讨论的议题以及议题的讨论顺序做出安排以后,还要仔细审阅各个议题的时间是如何进行分配的,这种时间安排能否保证己方在谈判中有足够的时间来进行讨价还价。如果发现在时间安排上存在偏差,那么一定要大胆提出修改,不要碍于情面而轻易接受对方提出来的议程,否则将会负担由于忽视议程而招致的后果。

案例链接

时间陷阱

谈判大师赫伯早期就曾落入日本人所设计的时间陷阱。有一次,公司派他去日本东京谈一笔生意,公司给他的期限是两周时间。当他一走出羽田机场时,早已等候他的两位日方代表马上热情地迎了过来,行上 90 度的鞠躬大礼,热烈欢迎他的到来,又急急忙忙帮他领取行李,顺利通过海关后,将他带入了一辆高级豪华轿车。在车上,这两位日本代表向他表示:"您是我们的贵宾,难得到日本一趟,我们一定会竭尽全力使您的日本之旅舒适愉快,您有什么琐事,就尽管直接交给我们办理。"然后,就向他征询起他在日本的行程安排,打算在什么时间返回,他们好事先安排回程的机票和接送车辆。他们的热情让赫伯十分感动,于是,便毫不犹豫地从口袋里拿出机票给他们看。赫伯丝毫也没有意识到,就是自己的这一举动,竟使日本人轻而易举地探测到了他在日本的停留期限,并开始筹划如何利用这一信息。在赫伯下榻之后,日方没有立即安排他开始谈判,而是用了一个多星期的时间陪他参观游览日本的名胜古迹,甚至还安排了一项用英语讲授的课程来说明日本人的信仰。每天晚上还安排长达四小时的日本传统宴会招待他。每当赫伯要求开始谈判时,日本人总说:"不急,不急,我们有的是时间!"到第十二天,谈判总算开始了,但日本人又在这一天安排好了 18 洞的高尔夫球,谈判必须提早结束。在第十三天的谈判里,日本人又为赫伯安排了欢送宴会,谈判还得提前结束。直到第十四天的早上,双方才终于谈到了核心问题,而正值此关键时刻,那辆接他去机场的豪华轿车又到了,于是,日本人建议在车上继续谈。在日本人的精心策划下,赫伯自然已经没有了与对方周旋的时间,可又不能空手而归,只好在到达机场之前匆匆与日方签订了使日本人如愿以偿的协议。

日本人在这场谈判中通过对谈判议程的控制,有意识地将谈判的主要内容压缩到最后一天,随着截止日期的迫近,一心想要完成任务的赫伯最终完全丧失了主动权,只好听凭日方的摆布,在协议书上草草签字了事。

第 2 节　开局气氛的营造

2.1　开局气氛对谈判的影响

谈判者通过一定的情绪和行为方式形成一定的气氛,而一定的气氛反过来又会影响人们的情绪和行为方式。在谈判的开局阶段,最重要的是要形成一种适应己方谈判需要的气氛。随着谈判过程的深入,开局的气氛会随形势的变化而不断变化,但它是整个谈判的基础,为后续的谈判定下了一个基调。开局气氛对谈判的影响表现如下:

1.影响谈判的主动权

在开局阶段,谁能营造一个于己有利的谈判气氛,谁就能取得有利的谈判地位,从一开始就掌握谈判的主动;相反,如果谁在开局阶段落于下风、陷入被动,那么就为对方所牵制,失掉谈判的主动权。

2.影响谈判者的期望

期望决定结果,己方的期望值越高,谈判的结果就越好;对方的期望值越高,谈判的难度就越大。这是一个浅显的道理。不同的谈判气氛,谈判者的期望值是不一样的,高调的谈判气氛,谈判者的期望值就高;相反,低调的谈判气氛,谈判者的期望值就低。

3.影响谈判的方式

谈判气氛为谈判决定了一个基本格调,这个格调是坦诚还是诡诈,是信任还是怀疑,是融洽还是对立,是热烈还是冷淡,是积极还是消极等,无疑会对谈判的进行和演绎方式产生巨大的影响。

2.2 营造良好的开局气氛

谈判的气氛大体有四种:一是冷淡、对立、紧张;二是松松垮垮、旷日持久;三是热烈、积极、友好;四是平静、严肃、严谨。有的谈判学者也将谈判气氛分为三种:高调气氛、低调气氛和自然气氛。除非策略需要,一般情况下,谈判者应努力营造一种谋求一致、和谐融洽的良好谈判气氛。

1.注意环境的烘托作用

谈判环境的布置是营造良好气氛的重要环节,对方会从环境的布置中看出己方对谈判的重视程度和诚意,因而留下较深的印象。特别是一些重要和较大型的谈判,任何马虎或疏忽都会给对方造成对谈判不够重视、缺乏诚意的印象,从而影响谈判的气氛。

谈判场所的布置一般应以宽敞、整洁、优雅、舒适为基本格调,能显示己方的精神面貌,符合礼节要求,同时还可根据对方的文化、传统及爱好增添相应的设置,这样能促使人们以轻松、愉快的心情参与谈判。

案例链接

阿登纳与戴高乐的会晤

1958 年联邦德国总理阿登纳访问法国与戴高乐举行会晤。戴高乐选择了他在科隆贝的私人别墅接待阿登纳。这个别墅的环境十分优雅,房屋的布置虽说不上华丽,但能给人非常舒适的感觉。会谈在戴高乐的书房里举行。阿登纳进入书房后,举目四望,周围都是书橱,收藏有各种史学、哲学、法学著作。阿登纳认为,从一个人的书房陈设就可以多方面了解这个人。后来他多次向他的左右谈到过戴高乐的书房给他留下的良好印象。由于首次会谈给双方留下的良好而深刻的印象,奠定了日后签订法国—联邦德国友好条约的基础。

戴高乐选择自己的别墅作为他们首次会谈的地点,就是为了充分发挥环境的影响力,达到使会晤愉快、顺利的目的。

2.把握开局之初的瞬间

开局是左右谈判气氛的关键时机,之所以如此,是因为开局阶段人们的精力最为充沛,注意力也最集中,所有的谈判人员都在专心倾听别人的发言,注意观察对方的一举一动。谈判者应注意把握住这一关键时机,力争创造良好的谈判气氛。

(1)要以友好坦诚的态度出现在对方面前。双方见面伊始,首先应轻松地与对方握手致意,热情寒暄,在第一次目光接触时要表现得真诚和自信,面带微笑,以示友好。

(2)开场之初最好站着交谈。因为站着的时候比较容易改变同对方接触的角度,发挥体态语言的优势,从而有助于创造融洽的气氛,以感染对方,而坐定后就很难做到这一点。

(3)选择中性话语破题。素不相识的谈判双方走到一起谈判,在最初极易出现停顿和冷场,这一阶段人们称为破题或破冰。双方坐下后,一般不要急于切入正题,应留出一定的时间谈些非业务性的轻松话题来活跃气氛。但到底用多长时间为好,目前尚无统一的标准,虽然也有专家认为应把谈判时间的 5% 作为破题阶段,但也不必拘泥,谈判者完全可以根据具体情况来把握。当然,这种切入正题前的闲聊也不是漫无边际的瞎侃,所选择的话题应有一定的目的性,一般应是对方感兴趣的话题,如体育比赛、文艺演出、对方的业余爱好、社会兼职,以及双方过去经历中的某些关系,如校友、同行、同乡等。谈判时以此为切入话题,可以调动对方的兴趣,使对方乐于和己方接触,甚至能使对方感到彼此志趣相投,这样有利于创造出一种融洽的气氛。在谈判中,不可忽视这一策略,如果运用得当,则能发挥重要的作用,有时甚至是成功的关键因素。

2.3　营造开局气氛的策略

如前所述,建立良好的谈判气氛是大多数谈判的选择,但并不是所有的谈判气氛都是良好、融洽的,出于策略的需要,谈判者往往有意营造某种于己有利的谈判气氛,究竟采取什么样的谈判气氛,受到一些特定因素的制约。

1.决定谈判气氛的因素

(1)谈判双方的关系状态。谈判双方如果曾有过交往,且关系良好,那么开局的基调就应该突出热烈、友好;如果关系一般,开局则应轻松、随和、有节制;如果以往曾有印象不佳的交往,开局时则应采取严肃、凝重的气氛,语言在讲礼貌的同时宜突出严谨甚至冷峻,姿态上注意与对方保持距离;如果双方过去没有任何往来,是第一次接触,那么在开局时就应力争创造友好、真诚的气氛,淡化和消除双方的陌生感以及防备心理,在礼貌友好的同时又不失身份,不卑不亢,自信不傲。

(2)谈判双方的实力对比。谈判双方如果实力相当,为了防止强化对方的戒备心理,或激起对方的敌对情绪,开局的基调应力求友好、轻松、和谐,可以采取自然或高调的谈判气氛;如果己方实力明显强于对方,为了使对方能清醒地认识到这一点,并且在谈判中不抱过高的期望,则可以采取低调或自然的谈判气氛,但是为了不吓跑对方,要注意不要过于显示己方的实力与气势;如果己方实力弱于对方,为了不使对方在气势上占上风,开局阶段就应充满自信,举止沉稳,使对方不至于轻视这场谈判,可以采取高调或自然的谈判气氛。

(3)谈判策略的需要。为了先入为主给对方施加某种影响,获得某种开局效果,谈判者有意营造某种谈判气氛,以赢得谈判的主动权。

2.高调气氛的营造

高调气氛是指谈判情势比较热烈,谈判双方情绪积极、态度主动,愉快成为主导谈判的气氛。高调气氛有利于双方的融洽相处,坦诚相待,促进协议的尽快达成;其缺点是容易显出急切的心态,削弱谈判地位。

营造高调气氛通常有以下一些方法:

(1)感情法,是指通过某一特殊事件来引发对方心中的情感,以达成气氛热烈、融洽的目的。如让对方分享一个值得庆贺的事件,告诉对方某个令人愉快的消息等。

(2)称赞法,是指通过恰当地称赞、肯定对方来削弱对方的心理防线,从而引发出对方的谈判兴趣与热情,调动对方的积极情绪。

(3)幽默法,是指利用幽默的语言和方式来消除对方的戒备心理,创造愉快、轻松的谈判气氛,使对方积极参与到谈判中来。

(4)诱导法,是指投其所好,利用对方感兴趣或值得骄傲的一些话题,来调动对方的谈话情绪与欲望,从而创造良好的谈判气氛。

3.低调气氛的营造

低调气氛是指谈判情势严肃、低落,谈判的一方情绪消极、态度冷淡,不快或对立构成谈判主导因素的谈判气氛。其目的在于给对方制造某种压力,降低对方的谈判期望,促使对方作出让步。但低调气氛是有风险的,一旦把握不好,就会令对方退却,或为对方所识破,使己方陷于难堪境地。

营造低调气氛通常有以下一些方法:

(1)指责法,是指对对方的某项错误或失礼加以指责,令其感到内疚、不安,从而营造于己有利的谈判气氛。

(2)沉默法,是指利用沉默的方式来给对方施加某种压力或令对方心中无底,从而达到使谈判降温的目的。

(3)冷淡法,是指有意以冷淡、不积极、无所谓的方式与对方相处,从而达到降低对方期望值的目的,为谈判赢得主动。

(4)拖延法,是指尽量拖延或不主动切入谈判正题,或对对方的所问所求不予表态或不予正面回答,从而达到增强谈判地位和主动权的一种做法。

4.自然气氛的营造

自然气氛是指一种不冷不热、双方情绪平和自然的谈判气氛。这种气氛无须刻意去营造,许多谈判都是在这种气氛中开始的。自然气氛有利于向对手进行摸底,因为在这种气氛中传达的信息往往要比在高调或低调气氛中传达的信息准确、真实。制造自然气氛要注意以下几点:

①注意自己的行为礼仪与礼节。

②要多听、多记,尽量不与对手争执。

③讲话要注意原则性,并有所保留。

④态度要冷静、平和,不急不躁。

⑤对对方的提问,不能正面回答的要采取恰当的方式回避。

第3节 谈判意图的表达

3.1 谈判意图的表达方式

谈判意图的表达,是指为了达到己方的谈判目标,在谈判开始阶段向对方表达己方谈判的基本目的、要求、原则和希望等,以引起对方的重视和响应。谈判中,谈判者不仅要了解对方的谈判意图(摸底),也需要将己方的谈判意图有目的、有针对、有策略地传达给对方。

1.概说

概说,即概括地、简明扼要地说明。概说的目的是留有充分的余地,并试探对方的反应,因此切忌啰嗦,说得过多、过死,同时时间上不宜过长,一般几分钟即可。概说的方式可以采用"软式"或"期望式"表达法,如"我们很愿与贵方就这项合作达成协议,希望今天有关技术方面问题的讨论,能获得一个我们双方都满意的结果"。

2.明示

要清楚、完整、有效地表达自己的谈判意图,不仅需要概说,也需要明示。一般来说,概说过后,对方往往会作出某种反应,此时为了把己方的所欲、所求、问题、重点等清楚地表明,往往需要明示;尤其是对于自己合理的或必须实现的要求,必须加以明示。明示的方式主要有以下方面:

(1)强调,即对重点和要点予以重复、加强性地说明。

(2)澄清,即对对方有歧义、有疑问的地方予以澄清。

(3)归纳,即总结归纳己方的发言要点。

3.暗示

谈判中表达己方的意图不仅需要明示,也需要暗示。对于一些不便于直接提出的要求,或明示提出后易造成对方的异议,往往可以通过暗示来试探对方的反应,此时暗示比明示具有更大的回旋余地。有时通过暗示还可以让对方把问题先提出来,使己方获得更多的主动。

3.2 谈判意图的表达策略

1.谈判意图的表达时机策略

谈判意图的表达时机,既可以开门见山,先声夺人,先入为主;亦可以等待时机,寻找于己方有利或成熟的表达时机;还可以有意拖延,降低对方的谈判期望或打乱对方的谈判部署,从而获得主动。选择什么样的时机,关键取决于谈判者对谈判气氛的把握及谈判者的谈判策略,其目的无一例外是为了获得有利的谈判地位。

2.谈判意图的表达顺序策略

谈判者既可首先发言,抢先表达自己的谈判意图,亦可等对方先表达意图后,再表达自己的意图。先发言,强调的是先声夺人,先入为主,给对方施加实质性的心理影响,但容易造成漏洞,失去主动;后发言,强调的是后发制人,伺机而动,有的放矢,但失掉了先机。无论是先发言,还是后发言,均需要有清晰的策略目的,这样才不会陷入被动,并获得发言的效果。

3.谈判意图的语言表达策略

谈判意图有多种多样的表达方法,无论采取什么样的方法,其目的都是为了谋求在谈判开局中的有利地位和实现对谈判开局的控制。以下介绍几种典型的方法:

(1)协商式表达。协商式表达是指谈判者以友好、商讨和征求对方意见的口吻来表达自己的谈判意图,以创造或建立起一种"谋求一致"的谈判气氛。这种表达法常在高调或自然气氛中使用,因其是一种平等尊重和留有余地的表达方式,因此在谈判中常常被采用。

(2)坦诚式表达。坦诚式表达是指以开诚布公、坦率直言的方式向对方表达己方的观点或想法,从而引起对方的信任与共鸣,打开谈判的局面。这种表达法因其坦诚直率常常能获得对方的好感,但易暴露自己的意图与心态,从而为对手所利用,因此要综合考虑自己的身份、与对方的关系、当时的谈判情势等因素后谨慎地使用。

(3)含蓄式表达。与坦诚式表达相反,这种表达法是一种含蓄模糊、委婉间接、有所保留的表达法,对问题不作彻底、确切的回答,给对方造成某种神秘感而难以把握,从而加强己方的主动性。它常常在低调或自然气氛中使用。

(4)攻击式表达。攻击式表达是指通过指责或抨击对方的错误或不良用心来达到削弱对方的谈判气势,加强己方谈判地位的一种表达法。攻击式如果能站得住脚,那么常常能取得较高的成效,但其使用的风险较高,弄不好会导致谈判双方的对立乃至不欢而散。

第4节 商务谈判摸底

谈判开局以后,随即进入双方相互了解和接触摸底阶段。在这一阶段,双方的重要任务就是探测对方的真实意图,设法弄清对方的底牌。在这方面双方都会竭尽所能,谁能够在谈判中更多地获取对方的"底牌",掌握对方的真实动向,谁就能在谈判中掌握更多的主动权。

4.1 商务谈判摸底概述

1.摸底阶段的主要任务

谈判摸底阶段是指谈判开局结束以后至报价之前的这段时间,其主要任务是摸清对方的真实意图和心理期望,进行必要的审查,评估报价的形势和成交的大致轮廓,为报价、实施与调整谈判策略奠定可靠的基础。

2.摸底的注意事项

摸底是一个复杂的、动态的过程,谈判者不仅要学会听话听音,还要学会察言观色,同时还要善于从多个角度、多个方面去理解和证实对方的真实含义和意图,不妄自揣测,过早定论。以下是摸底的忌讳事项:

(1)忌轻信。谈判者不可不信对方的话语,也不可全信对方的言论,对对方的讲话要多留一个心眼,多存几个疑问,学会独立地看问题,而不可轻信盲从。

(2)忌过早锁定对方的意图。谈判中谈判者意图的显现是一个从无到有、从少到多、从虚到实的过程,是一个互相比拼、亮相的过程。因此,在谈判前期切不可过早锁定对方的意图,即使是对对方的意图有了一定的了解,也不可将其固化,而应以灵活的、开放的心态对待。

(3)忌不关注对方。在摸底过程中,另一个应该避免的现象就是不关注对方。一些谈判者在谈判中只关心自己的问题和利益,而不想关心对方的问题和利益,在对方谈话时,不是仔细倾听,而是心不在焉;不是主动去询问和探寻对方的需求,而是漠不关心。其结果要么是对对方的意图一知半解,要么是会错了意,因此也很难有好的谈判效果。

(4)忌"一条道"到底。在谈判摸底阶段,切忌过于固执己见、刚愎自用,只允许一种声音、一种方案,听不得不同的意见,其结果必然堵塞谈判的通道。

4.2 摸底的主要方式

任何一个谈判者都清楚,要想取得谈判的胜利,仅靠谈判前所搜集的谈判信息是远远不够的,在谈判中,如果对变化中的谈判信息不能及时捕捉、分析,己方就无法及时做出相应的对策,在继续深入的谈判进程中就会失去主动权。反之,若能在谈判中及时地探测和捕捉新的谈判信息,并做出正确的分析判断,适时调整谈判策略,就可根据情势需要,改变不利境况,将谈判导向成功。

探测信息所采用的方法概括起来主要有两种:

1.直接法

这是一种通过与谈判对手直接接触而获取谈判信息的方法,它包括提问、观察等方式,是谈判摸底的主要手段。

(1)提问。提问一般是提出一些特定的问题,然后通过倾听对方的回答探知对方的信息。通过提问来把握对方的意图,关键是要提高倾听的技能。当然,对于提问的方式也应该特别讲究。在摸底阶段,一般不涉及具体的细节问题,貌似闲聊,实为摸底,所提问题应该是对方乐于接受的,起码也要使对方能够容忍,否则就是不恰当的。常见的提问方式如下:

①笼统性提问:如"贵方目前的发展情况如何?""最近销路怎么样?"

②直接性提问:如"你对我们的产品有什么看法?""谁能解决这个问题?"

③诱导性提问:如"贵公司不打算购买这种产品吗?""这不正是你们所坚持要的服务吗?"

④印证性提问:如"您是不是认为我们维持现状会更好一些?"

⑤假设性提问:如"假如我们坚持这个立场,贵方将怎样对待?"

当然,有一些问题直接向对方提问不一定会得到对方明确肯定的回答,这时就不要强人所难,逼人就犯,以免破坏谈判气氛。

(2)观察。观察即所谓的察言观色,通过观察和认知对方的行为语言来把握对方的真实意图,如对方的表情、动作、姿态、眼神等。行为语言表达的含义往往比语言本身表达的含义更准确,因此察言观色是发觉和掌握对方意图的重要方式。为此,谈判者一方面要结合对方的语言本身、环境、关系等因素来理解行为语言,另一方面要揣测各种肢体语言所蕴藏的特定含义。

2.间接法

这是与直接法相对应的一种方法,是一种试探性的方法,即通过语言或行动试探、旁敲侧击的方法套出对方的真相来。

案例链接

U-2飞机击落事件

1960年4月30日,一架美国U-2飞机进入苏联领空进行侦察活动,被苏联的导弹击中坠毁,驾驶员鲍尔斯也被活捉。美国发现U-2飞机逾期未归,驾驶员也下落不明,便想利用间接方法试探苏联的反应。于是,由中央情报局起草了一份声明,声称有一架U-2气象侦察机的驾驶员在土耳其上空用无线电报告说机上氧气出了麻烦,此后就失踪了。这份经总统艾森豪威尔批准的声明,由国家航空与航天局发布。苏联对此马上作出了反应。赫鲁晓夫在苏联最高苏维埃会议上宣布U-2飞机已被击落,并强烈谴责美国的侵略行径。

显然,在飞机事件的交锋中,美国处于不利境地。可又无法直接向苏联方面了解情况,无奈之下只好采用间接的方法探测信息。

通过以上分析可知,所探测的谈判信息如果与谈判的主题很密切,且不怕摆到桌面上来,那就采用直接提问的方法;倘若不宜直接询问或担心暴露自己的意图,则最好采用间接的方法。

4.3　谨防对方窥测

螳螂捕蝉,黄雀在后。谈判者在探测、搜集对方谈判信息的同时,对方往往也在想方设法地搜寻着己方的信息。因此,切不可忽略己方随时都有被刺探的可能性。防范对方的窥测,需要注意以下几个环节:

1.做好自我保密

在谈判中,除由于谈判需要而必须向对方传递的信息以外,其他涉及己方的重要信息,如己方的最后期限、己方所面临的困境、己方的最低出价等信息,在谈判中都必须严格保密,切不可和盘托出,不能让对方掌握己方的信息命脉,否则会给谈判造成无法挽回的影响。

当然,对于谈判人员来说,明白什么样的信息需要保密这一点非常重要。在谈判前,要能正确估计出对方对己方谈判信息的掌握情况,并由此判定在谈判中对哪些信息应该保密,保密到什么程度,以及需要注意哪些保密环节。在谈判中,对于随身携带的谈判资料一定要妥善保管,不能随意丢放,特别是谈判方案和关键性的数据资料,即使谈判时摊放在自己的桌面上,也要防止被对方看到。

应尽量避免在谈判现场协调内部行动,以防对方从自己的表情、眼神、口形上判断出己方的信息内容。谈判中己方人员若必须对需要马上做出答复的问题在现场交换意见,可以用交换纸条的方法,或请求退场协调。即使是在谈判间歇或休息期间,己方在交谈时也应防止被对方窃听,在公共场所更不应讨论与谈判业务有关的事宜,以防无意中泄露了谈判机密。

2.如何应对对方的直接探问

在谈判中,谈判者可能时常会遇到对方直接提出的一些己方不愿意回答的、关系到己方谈判机密的问题。对此,除了正面向对方明确表示这是过分的或不公正的要求而予以正面拒绝以外,还可采取诸如转移话题、偷换概念、假装不知、避实就虚,或超量披露信息,造成鱼目混珠、混淆视听等手法进行应对。

例6-1

《三国演义》中有一段关于曹刘二人青梅煮酒论英雄的情节,说的是刘备巧妙地以闻雷心惊来掩饰匙箸落地的窘态,非常机敏地利用了当时的天气变化,把曹操提出的"天下谁是英雄"的敏感话题转到"是否畏雷"的话题上,避开了自己难以正面表述的问题。

例6-2

在《孟子·梁惠王》上篇中记载有孟子说服齐宣王的一则故事:一次,齐宣王提出要孟子谈谈关于齐桓公与魏文公争执的事,这对于一贯主张仁义道德的孟子来说,无疑是个难以启齿的话题。对此,孟子先以"仲尼之徒无道桓文之事"为理由,避开了对方所提的问题,转而提出了自己"保民而王"的主张,并以生动有力的言词吸引对方的注意力,达到了最终说服对方的目的。

在以上这两个例子中,刘备和孟子都采用了转移话题的方法,回避了对方的直接提问,所不同的是刘备使用的是间接转移的方法,而孟子使用的是直接转移的方法。总之,学会从容、机敏地规避对方的直接探测,不仅能让自己避开尴尬与窘困,还可使谈判避免陷入被动之中。

3.防止落入场外陷阱

在谈判中采用直接的方法探测谈判信息,势必会引起对方的警觉与防范,特别是在一些涉及重要内容的谈判中,双方的警惕性都很高,为避免打草惊蛇,谈判的组织者便将注意力转移到谈判场外。精心设计、安排一系列热情的场外活动,如欢迎欢送宴会、参观、游览、娱乐、礼节性拜访等,希望通过这些热情的场外活动使对方放松警惕,在酒酣耳热之际不经意地泄露出"天机"。而在一些跨国的重大谈判中,有的甚至不惜采用"美人计""苦肉计"等手段,以猎取重要的谈判信息。因此,谈判者必须随时保持高度的警惕性,尤其是在客场谈判时,更要处处留心,谨防陷入对方的场外陷阱。否则,一旦被对方摸到了"底牌",就会给谈判造成难以想象的损失。

例 6-3

日本一家企业想购买英国某公司的技术专利,但谈来谈去,英方就是不卖。日本人只好宣布作罢。可是没过多久,在英国这家公司的附近出现了一家新开的小餐馆,物美价廉,服务良好,该公司的许多员工都纷纷前往就餐。过了不久,英国人不肯出让技术的那种产品就在日本问世了,这家餐馆也随之歇业。此时,英国人才意识到这两者之间的联系。原来,英国这家公司的员工在就餐时,同事之间谈论涉及业务的话题都被餐馆的"服务人员"一点一滴地搜集,最终成为一份完整的技术资料。英国人在谈判桌上费了好大劲想守住的东西,却在不知不觉中被场外的日本人弄到了手。

4.4　审查

谈判双方经过前期的互相摸底后,往往需要对获得的信息、双方的分歧与差异等进行必要的分析、总结和审核,为下面的提案和后续的谈判提供准备。审查就是对对方的谈判诚意、谈判意图、谈判方式、双方的差距等进行真实性、可靠性的审核与查验。

审查的结果有三种可能:

一是继续谈判,如果认为双方有进一步谈判的可能性和必要,或继续谈判比较适合,则继续谈判。

二是中断谈判,如果认为双方的分歧比较大,或需要暂时中断谈判来调整谈判的思路与方案,那么就可休会或中断谈判,中断的时间以双方的约定为准。

三是终止谈判,如果认为双方的分歧太大,无调和的可能,或一方缺乏谈判的诚意,另一方认为没有必要谈判,则可能出现谈判的终止。

审查是为了谈判更好地进行和获得更好的谈判结果,并非要双方非常或绝对一致才可继续谈判。同时,审查亦是一个连续的过程,不是审查了一次就不需要再审查了。毕竟谈判的重头戏还没开始,双方尚未经过真正的较量,谈判真正的或主要的分歧亦还未出现,因此,过早地断定什么亦是不合适的。

4.5　提议

提议是指谈判双方经过一定的相互摸底、审查后,为了推动谈判的进展,由谈判的一方提出后续谈判的方向、议题、方案等的建议。提议虽然是一个短暂的过程,但对引导谈判的顺利进行、维护己方的利益以及谈判的成功具有重要的影响。好的提议,往往能引起对方的共鸣和热情,促进谈判的顺利进行;而差的提议,要么偏袒一方,激化双方的矛盾,要么使谈判无序进行,增加谈判的难度。

1.提议的基本原则

(1)提议应简明易行。

(2)提议应有商讨的空间。

(3)提议应维护己方的基本利益。

(4)允许有多种提议。

(5)让己方的提议看起来符合对方的需要。

2.提议的基本方式

(1)先提议与后提议。谈判者既可以先提议,也可以后提议。一般来说,先提议可以更好占据先机,因为谈判者都想谈自己最关心的问题,先提议就可以先提自己想谈的问题,只要合理可行,一般对方很难拒绝。而后提议则可以在了解对方提议的基础上再行提议,如果对方的提议符合己方的要求,则依对方的提议进行;如果认为对方的提议不合理,则可以再提出己方的提议。

(2)先易后难与先难后易。提议可以先易后难,也可以先难后易。先易后难,从容易谈的问题谈起,再逐步深入难的问题,可以促进双方的共同一致,有利于建立良好的谈判气氛与形势;先难后易,则是首先从难的问题谈判,难的问题谈好了,谈判就成功在望了,这种方式效率比较高,但不利于最大限度地促进谈判的成功。

(3)先谈价格与后谈价格。作为提议的一种重要方式,谈判者可以选择先谈价格还是后谈价格。作为双方最关心的问题,价格往往是谈判中最难谈的问题,一切谈判的条件均围绕价格转。先谈价格是一种先难后易的方式,双方可以进行一定的价格试探和交涉,如果在价格上不能一致(事实上价格往往到谈判的最后关头才会敲定),又会回到其他问题上去谈,边谈其他条件,边谈价格;后谈价格是一种先易后难的方式,谈判双方先将其他的交易条件谈到一定程度,待时机成熟,才来攻克价格这个最后的"堡垒"。

第7章 商务谈判报价与磋商

本章要点

1. 掌握报价的技巧
2. 掌握讨价的技巧
3. 掌握还价的技巧
4. 掌握提出要求的技巧
5. 掌握提出异议的技巧
6. 掌握打破僵局的技巧
7. 掌握让步的技巧

第1节 报 价

商务谈判中利益与需要的分割过程表现为谈判主体之间互相交流各种信息及物质条件等的过程。其中,关于价格的沟通,即买方或卖方的报价,以及随之而来的价格磋商是这一过程的核心。商务谈判的报价与磋商阶段是继谈判开局阶段任务完成以后,议题不断深入的中心阶段,即指谈判开始之后到谈判终局之前,谈判各方就实质性事项进行报价与磋商的全过程。它不仅是谈判主体间的实力、智力和技术的具体较量阶段,而且也是谈判主体间求同存异、合作谅解和让步的阶段。由于此阶段是全部谈判活动中最为重要的阶段,故其投入精力最多、占有时间最长、涉及问题最多。

1.1 询价与报价

1.询价的含义

询价是指交易的一方以口头或书面的形式向另一方发出交易信息,联络、询问、征求交易意向和条件的表示。询价一般没有特定的询价对象,大多是通过报刊、广播、电视、展销、传单等进行公开发布,面对公众。在对外商务活动中,由于交易双方相距甚远,信息广告、传递费用高,询价一般又都有特定的对象,所以由一国向另一国发出询价。

询价的特点是公开、笼统地表示某一商务活动的意图,不具有任何法律效力,对发出方没有任何约束力。其意义是询价发出方在陈述自己需求意向和期望后,借此了解市场行情和供求态势,有助于摸清对方情况,窥测对方意图,捕捉对方利益目标、条件要求,同时占据主动地位,以期寻求商务谈判的贸易伙伴。

2.询价的基本要求

询价无论是以口头还是以书面形式发布信息,都有以下基本要求:

①笼统、公开地介绍己方的需求、意图。

②语言文字表达要精练、简短,叙述要明白、准确。

③依据主客观条件和己方供求情况,合理选择询价形式的媒体。

④寻找贸易伙伴,要采取公开广泛发布信息和选择预定对象相结合的方法。

⑤适当重复询价,补充说明条件内容。

⑥根据己方供求情况取舍询价内容的详略。

⑦贸易双方都可以主动提出。

3. 报价的含义

报价并不是指双方在谈判中提出的价格条件,而是指谈判一方主动或根据买方询价向对方提出自己的所有要求。当然,在所有这些要求中,价格是其核心。

4. 报价对谈判的影响

报价标志着商务谈判进入实质性阶段,也标志着双方的物质性要求在谈判桌上"亮相"。报价是商务谈判过程中非常关键的一步,许多贸易谈判成功与否,都与报价是否恰当密切相关。同时,它与谈判双方在价格谈判合理范围内的盈余分割息息相关,对实现己方既定的经济利益具有举足轻重的意义。因此,要提高报价的成功率,就必须了解影响报价的基本因素,掌握报价的技巧。

1.2 报价的依据

报价决策不是由报价一方随心所欲制定的。报价的有效性首先取决于双方价格谈判的合理范围,同时,还受市场供求状况、竞争等多方面因素的制约。因此,报价决策是根据所搜集、掌握的来自各种渠道的商业情报和市场信息,对其进行分析、判断,在预测的基础上加以制定的。掌握市场行情是报价的基础。市场行情的内涵包括许多方面,但就制定报价策略、掌握报价幅度这一目的而言,成本、需求、品质、竞争、政策等因素应是着重研究的内容。

1. 成本因素

成本是影响报价的最基本因素,商品的报价是在成本的基础上加上合理的利润。当商品的报价一定时,成本的高低直接影响着经营成果,成本越低,盈利越多,成本越高,盈利越少,低于成本的报价会导致经营的亏损。当商品的成本一定时,降低报价是增强商品的竞争能力,占领市场,战胜竞争对手的行之有效的方法。因此,在决定商品的报价时,不仅要考虑现在的成本、将来的成本,以及降低成本的可能性,而且要考虑竞争对手的成本。要依据有关成本资料,恰当地报出商品的价格。

2. 需求因素

市场需求对价格最为敏感。在一般情况下,商品价格提高,会使需求量减少;反之,商品价格下降,会使需求量增加。市场需求与价格之间的这种关系可用需求价格弹性来反映。

需求价格弹性是指某种商品的需求量对价格变动的反应灵敏程度。如果某商品的价格稍加变动,而引起对该商品的需求量有较大变动,则为需求弹性大;反之,某商品价格有较大的变动,但引起需求量的变动并不大,则为需求弹性小。需求弹性的大小可用需求价格弹性系数来计算。需求价格弹性系数是指需求量变化与价格变化的比率,即:

需求价格弹性系数＝需求变化的百分比÷价格变化的百分比

当需求价格弹性系数大于 1 时,该商品需求弹性大;当需求价格弹性系数小于 1 时,该商品需求弹性小。一般来说,属于有弹性的商品,其弹性系数大,报价提高,总收入减少,报价降低,总收入增加。而属于相对无弹性的商品,其弹性系数小,报价提高,总收入增加,报价降低,总收入减少,降价并不能刺激需求。因此,企业在确定商品报价时,必须先确定该商品的需求弹性系数,然后再考虑对某种商品的报价提高或降低,以求得总收入的增加或者减少。

3.品质因素

商品的品质是指商品的内在质量和外观形式。它是由商品自然属性决定的,包括品种、质量、规格、花色、等级、式样等特性,商品的不同特性具有不同的使用价值或用途,可以满足消费者不同的需要。商品的品质是消费者最关心的问题,也是交谈双方必须洽商的问题。因此,商品的报价必须考虑商品的品质,要按质报价。

4.竞争因素

商品竞争激烈程度不同,对报价的影响也不同。竞争越剧烈,对报价影响也就越大。由于竞争影响报价,因此要做好报价,除了考虑商品成本、市场需求及品质外,还必须注重竞争对手的价格,特别是竞争对手的报价策略以及新的竞争对手的加入。

5.政策因素

每个国家都有自己的经济政策,对市场价格的高低和变动都有相应的限制和法律规定。同时,国家还利用生产、市场、货币金融、海关等经济手段间接调节价格,因而商品的报价必须遵守国家政策要求。例如,国家对某种商品的最高限价和最低限价的规定就直接制约着报价的高低。在国际贸易中,各国政府对价格的限制就更多了,卖方更应了解所在国对进口商品的限制,并以此作为自己报价的依据。在国际市场中,垄断组织也常常采用各种手段对价格进行调节。他们利用竞争,通过限制或扩大商品生产和销售,巧妙地利用库存和其他方式,造成为己所需的供求关系,以此来调节价格。

另外,在报价时,对方的内行程度、对方可能的还价、谈判双方相互信任的程度及合作的前景、交易的次数等都应是报价时考虑的因素。

1.3　报价的基本要求

1.报价起点的基本要求

(1)期望要高。报价方期望水平的高低往往对最终成交水平具有实质性的影响。期望高,报价水平就高,最终成交价的水平也就比较高;期望低,报价水平低,最终成交价的水平也相应比较低。

(2)留出余地。报价水平较高,能够为以后的讨价还价留下充分的回旋余地,使报价方在谈判中更富有弹性,便于掌握成交时机。

(3)显示诚意。在商务谈判中,谈判双方即买方与卖方处于对立统一体之中,它们既互相制约又互相统一。因此,报价起点的高低不是由报价一方随心所欲就可以决定的,报价只有在显示诚意,对方能够接受的情况下才能产生预期的结果。因此,谈判一方在报价时,不仅要考虑报价所能获得的利益,还要考虑报价是否有诚意,能否被对方接受。

(4)要有根据。报价必须合乎情理,有根有据。对于卖方报价来说,期望高,也即报价水平较高,但绝不是漫天要价,毫无根据,恰恰相反,高报价的同时必须合乎情理,必须能够讲得通才行。可以想象,如果报价过高又讲不出道理,那么对方必然会认为卖方缺少谈判的诚意,或者被逼无奈而中止谈判,扬长而去;或者以其人之道还治其人之身,来个"漫天还价";抑或提出质疑,而卖方又无法解释,其结果只好是被迫无条件地让步。在这种情况下,有时即使已将交易条件降低到较公平合理的水平上,对方仍会认为尚有"水分"可挤,因而还会穷追不舍。可见,报价脱离现实,便会自找麻烦。对于买方来说,也不能"漫天杀价",这会使对方感到买方没有常识,而对买方失去信心,或将买方一一攻倒,使买方陷于难堪之境。所以无论是买方还是卖方在报价时都要有根有据,合乎情理。

2.报价表达的基本要求

(1)先粗后细。报价时,先报总体价格,在必要时,再报具体的价格构成。

(2)诚恳自信。报价的态度要诚恳、自信,这样才能得到对方的信任。

(3)坚决果断。报价要坚定、果断,不保留任何余地,并且毫不犹豫。这样做能够给对方留下己方是认真而诚实的好印象。要记住,任何欲言又止、吞吞吐吐的行为,必然会导致对方的不良感受,甚至会产生不信任感。

(4)明确清楚。报价要明确、清晰而完整,以便对方能够准确地了解己方的期望。实践表明,报价时含糊不清最容易使对方产生误解,从而扰乱己方所定步骤,对己不利。

(5)不加解释。报价时不要对己方所报价格作过多的解释、说明和辩解,因为对方不管己方报价的水分多少都会提出质疑。若是在对方还没有提出问题之前便主动加以说明,会提醒对方意识到己方最关心的问题,而这种问题有可能是对方尚未考虑过的问题。因此,有时过多的说明和解释,会使对方从中找出破绽或突破口,向己方猛烈地反击,有时甚至会使己方十分难堪,无法收场。

3.报价解释的基本要求

通常情况下,一方报价完毕之后,另一方会要求报价方进行价格解释。那么在做价格解释时,必须遵循一定的原则,符合以下一些基本要求:

(1)不问不答,是指买方不主动问及的问题不要回答。其实,买方未问到的一切问题,都不要进行解释或答复,以免造成言多有失的后果。

(2)有问必答,是指对对方提出的所有有关问题,都要做出回答,并且要很流畅、很痛快地予以回答。经验告诉人们,既然要回答问题,就不能吞吞吐吐,欲言又止,这样极易引起对方的怀疑,甚至会提醒对方注意,从而穷追不舍。

(3)避虚就实,是指对己方报价中比较实质的部分应多讲一些,对于比较虚的部分,或者说水分含量较大的部分,应该少讲一些,甚至不讲。

(4)能言不书,是指能用口头表达和解释的,就不要用文字来书写,因为当自己表达中有误时,口述和笔写的东西对自己的影响是截然不同的。有些国家的商人只承认笔上的信息,而不重视口头信息,因此要格外慎重。

1.4 报价的时机

1.对方对产品的使用价值有所了解

不管一方的报价多么合理,但价格本身并不能使对方产生成交欲望,对方注重的首先是所谈对象自身的使用价值。所以,在报价时,应先谈项目的使用价值,等对方对项目的使用价值有所了解以后,再谈项目价格问题。

2. 对方对价格兴趣高涨

谈判中提出报价的最佳时机应是对方对价格兴趣高涨的时候,因为这时候提出己方的报价是水到渠成的事情,可以减少谈判的阻力。

3. 价格已成为最主要的谈判障碍

此时,对方坚持要马上答复价格问题,再拖延就是己方缺乏诚意了。谈判者应当建设性地回答价格问题,把价格与使用寿命等联系起来回答,或者把价格与达成协议可得到的好处联系起来回答。

1.5　报价的基本策略

1. 先报价和后报价

根据报价的先后,有先报价和后报价。

(1)先报价的利弊。无论是卖方还是买方先报价,其有利之处在于对谈判影响较大,而且为谈判划定了一个框架,即使是报出来的价很高或很低,只要对方能坐下来谈判,结果往往对先报价者有利。

案例链接

先报价之利

北京服装检测中心的人员曾经公开说过,北京市场上的服装,往往高出进价的 3~10 倍。如果一套衣服进价 300 元,标价 900 元,请问,购买者还价时,会还到多少呢? 一般还到 800 元、700 元,就不得了了;还到 600 元的,算是很有勇气了;买主绝不敢还到 500 元、400 元,他们怕被卖主骂,怕被人瞧不起,所以,宁可不还价而转身一走了事,免得招惹是非。而卖主往往在 500 元、400 元的价位上就愿意成交了,何况买主愿意出 600 元、700 元,甚至 800 元呢? 所以说,卖主只要一天中有一个人愿意在 900 元的价格上与他讨价还价,他就大大地成功了。

然而,先报价也有不利之处,因为一旦先报价,首先显示了己方的报价与对方事先掌握的价格之间的距离。如果己方的报价比对方掌握的价格低,那么就使己方失去了本来可以获得的更大利益;如果己方的报价比对方掌握的价格高,对方会集中力量对己方的价格发起攻击,逼己方降价,而己方并不知道对方掌握的价格。

(2)后报价的利弊。后报价的利弊似乎正好和先报价相反。其有利之处在于对方在明处,自己在暗处,可以根据对方的报价及时地修改己方的谈判方案,以争取最大的利益。

案例链接

后报价之利

美国加州一家机械厂的老板哈罗德准备出售他的 3 台更新下来的数控机床,有一家公司闻讯前来洽购,哈罗德先生十分高兴,准备开价 360 万美元,即每台 120 万美元。当谈判进入实质性阶段时,哈罗德先生正欲报价,却突然停住,暗想:"可否先听听对方的想法?"结果,对方在对这几台机床的磨损与故障做了一系列分析和评价后说:"我公司最多只能以每台140万美元买下这3台机床,多一分钱也不行。"哈罗德先生大为惊喜,竭力掩饰住内心的喜悦,还装着不满意的样子,讨价还价了一番,最后自然是顺利成交。

然而,后报价的弊病也很明显,即被对方占据了主动,而且必须在对方划定的框架内谈判,正如本节开头所举的服装例子一样,如果不得不在标价900元的框架里谈判(进价才300元),能有多大的本事讨价还价才不吃亏呢?

(3)注意事项。关于先、后报价孰优孰劣,要视具体情况而言。一般地说,应注意以下几点:

①在高度竞争或高度冲突的场合,先报价有利。

②在友好合作的谈判背景下,先、后报价无实质性区别。

③如果对方不是"行家",以后报价为好。

④如果对方是"行家",以先报价为好。

⑤双方都是"行家",则先、后报价也无实质性区别。

另外,商业性谈判的惯例是:

①发起谈判者,一般应由发起者先报价。

②投标者与招标者之间,一般应由投标者先报价。

③卖方与买方之间,一般应由卖方先报价。

2.书面报价和口头报价

根据报价的方式,有书面报价和口头报价。

(1)书面报价。

①书面报价,不作口头补充。这种方式是指提出书面交易条件必须事先为报价提供较详尽的文字材料、数据图表等,将己方愿意承担的义务表达清楚。这种方式基本上否定了谈判双方磋商的可能。最好用印刷的报价单,这会使对方产生一种严肃且合法的感觉。这种方式在商务谈判中是一种不常用的报价形式。

②书面报价,口头补充。以这一方式提出交易条件,较前一种方式要灵活一些。它的优点是提供书面材料,能使谈判安排得更为紧凑,能使对方仔细考虑己方提出的要点,并利于对比较复杂条款的准确表达。

以上两种报价方式的缺点是书面材料将成为己方言行的永久性记录,由此加大了条文的约束性,限制了己方在谈判后期的让步和变化,同时书面材料使对方掌握了更多的己方准备作出的让步,增加了对方在谈判中的主动性,另外,文字性的东西缺少"热情",限制了谈判者发挥其能动性的作用。

(2)口头报价。口头报价是不提交任何书面形式的文件,而只是以口语方式提出交易条件。这一方式与前一种方式相比具有更大的灵活性,从而使谈判富有变化。它的优点是可以察言观色,见机行事,建立某种个人关系来缓和谈判气氛,此为这种方式的最大长处。这种方式可根据谈判进程调整变更谈判策略来实现谈判目标,具有很大的灵活性;同时,先磋商后承担义务,没有义务感约束,还可充分利用个人沟通技巧,利用感情因素促进交易的达成。

口头报价的缺点有以下方面:对方可以从己方的言行中推测己方所选定的最终目标以及追求最终目标的坚定性;一些复杂的要点及统计数字、计划图表难以阐述清楚,容易因没有被真正理解而产生误会;容易偏离主题而转向枝节问题;可能影响谈判进度。由于对方事先对情况一无所知,对方有可能一开始很有礼貌地听取己方的条件,然后就退出谈判,直到准备好了才回来谈判。

在报价阶段,应根据具体情况选择提出交易条件的方式。但不论选择哪种方式,都应对下列问题加以注意:一是在己方所提出的报价中,哪些部分可能被对方所接受;二是哪些部分对方不大可能接受;三是尽可能预测出一种谈判双方都可以接受的最佳交易条款。对以上问题心中有数,就能为下一阶段的商贸谈判奠定坚实的基础。

3.西欧式报价术和日本式报价术

根据报价的战术,有西欧式报价术与日本式报价术。

(1)西欧式报价术。西欧式报价术与前述的有关报价原则是一致的。其一般的模式是:首先提出留有较大余地的价格,然后根据买卖双方的实力对比和该笔交易的外部竞争状况,通过给予各种优惠,如数量折扣、价格折扣、佣金和支付条件上的优惠(如延长支付期限、提供优惠信贷等)来逐步软化和接近买方的市场和条件,最终达成成交的目的。实践表明,这种报价方法只要能够稳住买方,往往会有一个不错的结果。

(2)日本式报价术。日本式报价术一般的做法是:将最低价格列在价格表上,以求首先引起买主的兴趣。由于这种低价格一般是以对卖方最有利的结算条件为前提条件的,并且在这种低价格交易条件下,各个方面都很难全部满足买方的需求,如果买主要求改变有关条件,则卖主就会相应提高价格。因此,买卖双方最后成交的价格,往往高于价格表中的价格。

日本式报价术在面临众多外部对手时,是一种比较艺术的报价方式。因为一方面可以排斥竞争对手而将买方吸引过来,取得与其他卖主竞争中的优势和胜利;另一方面,当其他卖主败下阵来纷纷走掉时,买主原有的买方市场优势就不复存在了,原来是一个买主对多个卖主,谈判中显然优势在买主手中,而当其他卖主不存在的情况下,变成了一个买主对一个卖主,双方谁也不占优势,从而可以坐下来细细地谈,而买主这时要想达到一定的需求,只好任卖主一点一点地把价格抬高才能实现。

聪明的谈判者是不愿陷入日本式报价术的圈套的。避免陷入日本式报价术的最好做法就是把对方的报价内容与其他客商的报价内容进行一一对比,看看它们所包含的内容是否一样,从而判断其报价与其他客商的报价是否具有可比性。不可只看表现形式,不顾内容实质而误入圈套。如果在对比中发现内容不一致,即从中判断其内容与价格的关系,不可盲目从事。需要指出,如果报价内容不具备直接的可比性,那就要进行相应的调整,使之具有可比性,然后再作比较和决策。切忌只注意最后的价格,在对其报价所包含的内容没有进行认真的分析、比较的情况下,匆忙决策,造成不应有的被动和损失。另外,即使某个客商的报价的确比其他厂商优惠,富有竞争力,也不要完全放弃与其他客商的接触与联系,要知道这样做实际上就是要给对方一个持续的竞争压力,迫使其继续作出让步。

综上两种报价战术,虽说日本式报价术较西欧式报价术更具有竞争力,但它不适合买方的心理,因为一般人总是习惯于价格由高到低,逐步降低,而不是不断提高。因此,对于那些谈判高手,会一眼识破采用日本式报价术的谈判者的计谋,而不至于陷入其制造成形的圈套。

4.整体报价和分割报价

根据报价的计量,有整体报价和分割报价。

(1)整体报价。整体报价是指按整体商品的总价进行报价。

(2)分割报价。这种报价策略利用了对方的求廉心理,卖方报价时,采用这种策略,能造成买方心理上的价格便宜感。分割报价策略包括两种形式:

①用较小单位的价格报价,即按商品的最小计量单位报价。

②把整体商品拆分成各构成单元分别报价。

这种报价使本来数额很大的价格变得较小,因而容易为对方所接受。

5.统一报价和针对报价

根据报价的对象,有统一报价和针对报价。

(1)统一报价。当同类、同质产品的流向、客户需求急缓程度、购买数量、购买时间、付款方式相同时,采用统一报价的策略。

(2)针对报价。当同类、同质产品因它的流向、客户需求急缓程度、购买数量、购买时间、付款方式不同时,采用针对报价的策略。一般地说,对于老客户或大批量需求的客户,价格可适当打折扣,以建立稳定的需求。对于新谈判对手,有时为了扩大市场面或挖掘潜在需求,亦可给予适当优惠,在不违反国家有关物价政策的前提下,对于价格弹性低的项目可实行适当高价策略,但要视谈判对手的反应相机而定。例如,谈判对手对价格的弹性反应通常有以下几种情况,此时可采用高价策略。

①对方"等米下锅"时,就不大会计较价格,这时最关心的是到货时间。

②当对方认为购买某产品是一项投资时,就不大计较价格,这时所关心的是产品的质量、效用。

③对于名牌产品或高科技产品,对方宁愿出高价达成协议。切忌乘人之危哄抬价格,高价是指合理范围内的定价,而非漫天要价。

④有些中间商对产品价格的高低不大感兴趣,对产品的获利大小十分关心。

⑤当对方遇到技术难题或某个经济运行环节出现问题时,就会降低价格的敏感性,这时最关心的是达成协议的时间。

1.6 如何对待对方的报价

在对方报价过程中,要认真倾听并尽力完整、准确、清楚地把握住对方的报价内容。在对方报价结束之后,对某些不清楚的地方可以要求对方予以解答。同时,应尽可能地将己方对对方报价的理解进行归纳和总结,并力求加以复述,以便对方确认自己的理解是正确无误的之后,方可进行下一步。

在对方报价完毕之后,比较策略的做法是不急于还价,而是要求对方对其价格的构成、报价依据、计算的基础以及方式方法等作出详细的解释,即所谓的价格解释。通过对方的价格解释,可以了解对方报价的实质、态势、意图及其诚意,以便从中寻找破绽,从而动摇对方报价的基础,为己方争取重要的便利。

价格解释之后,针对对方的报价,有两种行动选择:一是要求对方降低其要价。这是一种比较有利的选择,因为这实质上是对对方报价的一种反击,如果反击成功,即可争取到对方的让步,而己方既没有暴露自己的报价内容,也没有作出任何相应的让步。二是提出自己的报价。这种做法不十分讲究,除非特殊情况,否则采用此法对己方不利。

第 2 节　讨价

在谈判一方报价之后,商务谈判就进入了磋商阶段。不论是面对面使用语言对话,还是身处两地,运用信件、电话、传真的联络,双方为了交易成功,其磋商过程一般需要经历讨价、还价、要求、异议、让步,甚至僵局等阶段。

2.1　讨价的含义与作用

讨价,是在一方报价之后,另一方认为其报价离己方的期望目标太远,而要求报价一方重新报价或改善报价的行为。讨价可以是实质性的,也可以是策略性的。为了继续谈判,本着尊重、说理,动之以情、晓之以理,说服对方,表明己方的合理要求,改变对方的期望值,要求对方重新报价或改善报价,为己方还价做好准备。

2.2　讨价的程序与方法

1.讨价的程序

(1)全面讨价。全面讨价是讨价者根据交易条件全面入手,要求报价者从整体上改变价格,重新报价。这种讨价不仅使用一次,还可以根据情况使用 2~3 次或更多次。

(2)针对性讨价。针对性讨价是讨价者有针对性地从交易条款中选择某些条款,要求报价者重新报价,这些被选择到的条款可以是一项,也可以是若干项,可以同时是几项,也可以是逐条逐项。

(3)总体讨价。总体讨价是讨价者从总体出发综合分析交易条件,运用策略,改变报价者的理想目标,降低期望值,考虑重新报价。

讨价的这三个阶段是可以不断重复、连续进行的过程。讨价次数的多少,应根据心中保留价格与对方价格改善的情况而定。每一次讨价,都要争取对方的一些让步。

2.讨价的态度

谈判双方在报价时,往往是卖方喊价高、买方递价低,这是谈判心理或策略要求留有讨价还价的余地。对于对方的重新报价或改善报价,应保持平和信赖的态度,不要被"盲目杀价""漫天要价"吓晕,应仔细倾听,诱导发言,试探虚实,发现纰漏,认真分析,正确理解报价。这些都取决于讨价者的素质与经验。

(1)仔细倾听。认真仔细地倾听对方的报价,是尊重对方的一种表现。它能鼓励对方多发言,能从健谈的报价者那里得到有用的资料,捕捉还价的理由;也能从内向的报价者那里引出其心中的秘密,掌握对方期望值。要倾听谈判对方的副手或经验不足的新手发言,倾听会使这些人自我感觉其"地位上升",自我感觉良好,增强其兴奋度,甚至还会满足其虚荣心,导致这部分人员畅所欲言,而从中获取更重要的信息。

(2)试探虚实。试探虚实是指在不打断对方说话时,顺着对方话题发问,提出种种假设条件,要求对方回答,并捕捉对方回答中对己方有利的信息,以便抓住机会,搜集还价的资料。试探虚实,既能表达合作的诚意,进一步鼓励、诱导对方打开话匣,保持平和信赖的气氛,又有利于掌握对方意图,更好地伺机还价。其假设条件围绕着交易价格而展开,常见用语有假如、如果等。"假如我购买的数量较多呢?""如果订货数量加倍或减半呢?""是否批量作价?"这些提问,都是买方投出去的"石头",试探对方心中的价格秘密。对方这时就会不知不觉地为买方的还价指点迷津。"假如降低价格,你会多买多少?""如果我们送货上门,你会出什么价?"这又是卖方在试探买方,是卖方在捕捉对方信息,试探虚实。弄清买者的诚意和需求,就是卖方为还价而准备的工作。

3.讨价的基本方法

讨价是针对对方的不适宜或不合理报价而提出来的,其基本方法如下:

(1)举证法。举证法亦称引经据典法。为了增加讨价的力度,使对方难以抗拒,谈判者以事实为依据,要求对方改善报价。这种事实可以是市场的行情、竞争者的价格、对方的成本、过去的交易惯例、产品的质量与性能、研究成果、公认的结论等,总之是有说服力的证据。证据要求客观实在,起码是对方难以反驳或难以查证的(如竞争者的状况、己方过去的交往记录等),而不是凭空杜撰的证据或对方一揭就穿的证据。

(2)求疵法。讨价是朝着对方报价条款的缺漏、差错、失误而来的。有经验的谈判者,都会以严格的标准要求对方,以敏锐挑剔的目光寻找对方的疵点,并引经据典,列举旁证来降低对方的期望值,要求对方重新报价或改善报价。买方讨价,是要求卖方降低价格。这时,买方不能轻易赞美对方标的的质量及报价条款内容,而把赞美或略带恭维的话语送给谈判者个人。在赞美其"能干""会经营""懂得做人"声中,融进了生意场中朋友的感情,又指出其谈判标的条款的问题,使对方不得不承认其条款的不足,再按谈判者的权限、成交的决心和己方对商品需求的数量、缓急尽力向前推进,及早改变对方的期望值。卖方讨价,是要求买方提高价格。这时卖方对买方的报价要指出其报价缺乏的依据,或依据的资料不准确,引证同类标的市场的行情和最低价格,以及同数量报价更高的竞争者的报价、交易成功的买者和具体的报价。

(3)假设法。假设法是指以假设更优惠条件的口吻来向对方讨价,如以更大数量的购买、更优惠的付款条件、更长期的合作等优惠条件来向对方再次讨价,这种方法往往可以摸清对方可以承受的大致底价。假设不一定会真正履行,但因其是假设,所以留有余地。

(4)多次法。讨价是冲着对方策略性虚拟价格的水分、虚头来的,它是卖方向买方要求加价,买方要求卖方降价的一种表示。不论是加价还是降价都不是一步到位的,都需要分步实施。只要每一次的讨价都会得到改善,即使对方的理由并不都合乎逻辑,只要对己方有利都应表示欢迎。讨价刚开始,无论哪一方都会固守自己的价格,不会轻易改变,并会提出许多理由加以解释。所以,讨价需要反复多次方可有较大的收效。谈判中应抓住主要矛盾,一般是对重要关键的条款予以讨价,要求改善;也可以同时针对若干项,形成多方位强大攻势的讨价。这些方法和条款内容的选择,要综合考虑报价的不合理现状及依据,对价格的解释、分析、改善以及谈判素质、谈判风格、特点等因素,依据谈判者的总体谈判策略而定。

另外,卖方通常会通过软性"封门"、暗示通牒、佯装亏损等来打动买方,以期改善报价。例如"若出这个价肯卖,早就给人搬光了""都出你报的价,我们要关门喝西北风了""老板,财大气粗,给点小利算作什么"等。对于卖方的报价,买方要保持耐心,指出其不实,并摘引有关数字资料加以解释;对于某些难题和焦点,要快刀斩乱麻,直截了当地提出看法,不能犹豫;对于不便回答的问题或次要问题,要"绕道"回避;对无理的报价,要说明反驳。

第 3 节　还价

3.1　还价概述

1.还价的含义

还价,实际上就是针对谈判对手的首次报价,己方所做出的反应报价。还价以讨价作为基础,在一方首先报价以后,另一方一般不会全盘接受,而是根据对方的报价,在经过一次或几次讨价之后,估计其保留价格和策略性虚报部分,推测对方可妥协的范围,然后根据己方的既定策略,提出自己可接受的价格反馈给对方。

2.还价对谈判的影响

如果说报价划定了讨价还价范围的一个边界的话,那么还价将划定与其对立的另一条边界,双方将在这两条边界所规定的界区内展开激烈的讨价还价。还价的目的不仅仅是为了提供与对方报价的差异,而应着眼于如何使对方承认这些差异,并愿意向双方互利性的协议靠拢。还价表现为还价者对谈判的诚意程度,它关系到谈判的前景,影响谈判的结局,所以要慎重考虑。

3.2　还价的依据

在还价的过程中,最关键的问题首先就是明确还价的依据,以此确定还价的起点和幅度。还价起点和幅度的高低直接关系到己方的利益,也反映出谈判者的谈判水平。因此,还价的总体要求是既要力求使自己的还价给对方造成压力,影响或改变对方的判断,又要接近对方的目标,使对方有接受的可能性。还价的依据有下述三个:

1.对方的报价

在还价之前必须充分了解对方报价的全部内容,准确了解对方提出条件的真实意图,要做到这一点,还价之前设法摸清对方报价中的条件哪些是关键的、主要的,哪些是附加的、次要的,哪些是虚设的或诱惑性的,甚至有的条件的提出,仅仅是交换性的筹码,只有把这一切搞清楚,才能科学而有策略地还价。为了摸清对方报价的真实意图,要逐项核对对方报价中所提的各项交易条件,探询其报价根据或弹性幅度,注意倾听对方的解释和说明。但勿加评论,更不可主观地猜测对方的动机和意图,以免给对方反击提供机会。

2.己方的目标

对方报价与己方的目标价格的差距是确定如何还价的第二项依据。目标价格是己方根据自身利益需要、他人利益需要和各种客观因素的可能制定的,并力图经过讨价还价达到的成交价格。因此,对方的每一个报价,己方都会拿它与自己的目标价格相比较,然后,根据差距决定自己的行动。对方报价离自己的价格目标越远,其还价起点越低;对方报价离自己的价格目标越近,其还价起点越高。但无论还价起点高低,都要低于自己准备成交的价格,为以后的讨价还价留下余地。

3.己方准备还价的次数

己方准备还价的次数是确定如何还价的第三项依据。在每次还价的幅度已定的情况下,当自己准备还价的次数较多时,还价的起点就要较低,当准备还价的次数较少时,还价的起点就应较高。

依照上述三个因素确定一个好的还价起点与幅度,就敲好了对谈判双方起决定作用的第一锤。

3.3 还价的步骤

还价是谈判双方对峙争议的表现。一般情况下,报价后不会立即还价,需要有研究、分析的准备过程。在这段时间里必须制定出还价的步骤。还价步骤,就是在还价前,为保证还价能达到谈判目的所拟定的设想计划。还价步骤的内容有计算、判向、列表等。

1. 计算

计算是指根据对方报价的内容和己方掌握的比价资料,推算估计对方策略性报价中的水分。要将其虚头最大、依据最不充分,而己方反驳证据最充分的条款定为还价的主要突破口,或以对方报价内容计算的结果为基础,选择还价策略,调整己方的期望值和心中的保留价格。

2. 判向

判向是指根据倾听和掌握的资料及计算来判断对方动向。这是通过耳听、目察、口问,仔细了解对方的态度是否坚决、果断、明确,对价格解释是否合理、有根有据。要及时捕获信息,掌握实情,判断动向,寻找还价的根据和选准还价的突破口。

3. 列表

列表是指为了更好地还价,将面临的问题分门别类,区分问题的轻重缓急,编制成表格。这将保证谈判人员在还价过程中的总设想和意图得到贯彻,不至于临场慌乱。通常列表是设计两张表格,即提问表和实施要点表。提问表是将还价中要提出的问题,按提出问题的先后顺序进行排列而成的表,其顺序一般是在对方对各项条款进行价格解释后,双方面对面地从实力出发,检查竞争条件,针对薄弱环节和纰漏进行提问,最后对准价格条款。实施要点表是将还价过程中需要注意区分的要点按报价者或还价者是否可以让步的内容设置排列的表格,其要点内容有交易双方对各项条款中估计可以让步的内容和估计不能让步的内容。

3.4 还价的方法

谈判者要确保己方的利益要求,就必须采用不同的还价方法。根据步骤的先后顺序还价时,采用下述两种方法。

1. 比价法

比价法是指以搜集相同或基本相同的贸易业务价格为依据,参照比较,给予还价。这种方式既便于操作,又容易被接受。

2. 成本法

成本法是指运用成本构成的资料,进行计算分析,并考虑一定的利润,最后构成商品的价格,以此价格作为还价的依据。这样,可以明晰地估计对方的利润额,判断其策略性虚拟价格的水分,还价有力、准确。

第 4 节　要　求

要求驱动着谈判。谈判者一方面要表达自己的要求,另一方面要面对对方的要求,或同意或拒绝,围绕着要求与反要求,构成了谈判的实质运动。作为谈判者,必须善于提出要求和应对要求。谈判者通过提出一个个要求并予以实现,来达成谈判目标;反之,谈判者不准备要求,不善提要求,不坚持要求,就无法实现谈判目的。

4.1　谈判要求的作用

1.引导谈判

由于谈判要求自身反映了一方关于交易条件的立场,因此,每一要求都会使谈判更加接近成交。为了成交,双方都会有很多要求,这些要求会影响着谈判的成功与破裂。同时,在谈判中,谈判者还可以利用它来控制谈判的进程和方向。例如,谈判者放松要求,谈判进程就会加快;谈判者坚持要求,就会阻碍谈判进程。又如,谈判者在某些方面提出要求,双方就会在这一方面展开激战。

2.平衡利益

谈判要求可以平衡谈判双方的利益。谈判要求本质上反映了一种义务和利益,向对方提的要求越多,就意味着对方的义务加大,己方的利益增加;反之,意味着己方的义务加大,利益减少。要求犹如交易天平两边的砝码,当一边砝码过重时,另一边也要加上砝码作以平衡。谈判者正是利用其平衡利益的功用来提出要求和权衡利益的。

4.2　谈判要求的种类

谈判者在谈判过程中提出的要求并不是无序的,因为谈判中的要求均有其各自的特性,这种特性取决于它属于不同的要求类别。从特性来看,要求可以分为以下种类:

1.有理要求和无理要求

这是从要求的公正性和合理性的角色来分类。这类要求反映了其动因,有理要求即有原因可讲的要求,是公正的;而无理要求是站不住脚的,是没有根据的。例如,要求质量为一流水平,但出价只为三流水平,就是无理要求。而优质优价则是合理要求。以行业规范或市场行情作为参照条件,要求的合理程度可分为合理、不太合理和很不合理。谈判者要善于提出合理要求,而尽量避免提出无理要求。

2.可行要求和不可行要求

这是从要求的可实现程度来分类。要求既可能因为无理而不可行,也可能虽然合理,但因涉及多种因素而根本不可能或暂时不可能实现。例如,谈判者的权限有限,纵然要求是合理的,在其获得授权之前,就是不可行的,或至少是暂时不可行的。从这个意义上讲,谈判者应尽量提出可行要求,而避免提出不可行要求。

3.对等要求与不对等要求

这是从谈判双方相互作用的角度来分类。对等要求是指一方提出要求后,另一方提出作用力度相等或利益对等的要求,体现了一种平等互利的态度,因此常常是合理的、可行的;而不对等要求,就是一方提出要求后,另一方提出了条件更高、利益更多的要求,它常常构成谈判者的一种反击策略。例如,当买方要求提高商品的质量时,卖方就要求相应地提高价格,这是对等要求;如果卖方要求大幅提高价格,超越了质量的相应水平,那么就是不对等要求。要求的"等"与"不等",一方面取决于客观的评价标准,另一方面取决于谈判者的心理认识和期望。

4. 适时要求与不适时要求

这是从要求提出的时机来分类。谈判提出的要求根据其内容是否合时宜,或是否掌握适当的火候,存在适时要求与不适时要求之别。适时,可以从两个方面来理解:一是谈判者应该考虑提要求的时候,例如,当双方还在讨论技术问题的时候,提出价格要求就显得过早;二是谈判者应该运用要求的时候,如为了减轻谈判压力或转移对方的注意力,故意提出某个要求,形成新的讨论焦点。

5. 求果要求与不求果要求

这是从要求的实施力度来分类。谈判者可能在某个要求提出后必须得到满足,也可能在提出要求后并不刻意要求对方满足。前者为求果的要求,后者为不求果的要求。应该看到,谈判者即使提出不求果要求也应尽力追求结果,否则会被对手认为"虚晃一枪"而置之不理,影响求果要求的实现。因此,不求果要求也不能表现出不求果态度,而应将其理解为可以商榷的要求。谈判中要善于运用不求果要求,作为与对方讨价还价的筹码。

4.3 如何提要求

提要求是运用谈判要求的核心,也是谈判者的基本功。一个不会提要求的谈判者绝不是一个合格的谈判者。因此,必须学会和善于提要求。

1. 依谈判目的提要求

根据谈判的目的提要求表现在以下方面:一是为准备谈判而提要求;二是为向谈判目标推进而提要求;三是为平衡双方的利益而提要求;四是为制造谈判僵局而提要求;五是为中止谈判而提要求。

(1)为谈判准备而提要求,是指谈判者为了谈判的准备和开始工作而提出的要求,如要求对方介绍有关情况、提供相关资料,以及对谈判地点、时间和议题的要求等。

(2)为向谈判目标推进而提要求,是指谈判者为引导谈判的进展而提出的要求,可能涉及交易相关内容明确细化的要求,如对谈判的议题,交易的质量、数量、技术、价格、付款、验收、服务等某个具体问题提出的要求。

(3)为平衡双方的利益而提要求,是指谈判为了维护己方的合理利益而提出的对等或不对等的要求,如价格与质量、数量、付款方式、服务等的关系,让步与互让的关系等。

(4)为制造谈判僵局而提要求,是指一种策略性的要求,谈判者提出坚持不让的高要求或对方不能接受的要求,一旦对方不能满足,就会出现僵局。制造僵局的目的是为了给对方施加压力,迫使对方作出适当的让步或满足己方其他方面的要求。

(5)为中止谈判而提要求,是指为了尽快中断或结束谈判而提出的要求,它往往是一种通牒式的、求果的要求,例如,最后的价格、最后的让步等,如果对手不能满足它,则谈判就会中止或破裂。

2. 依谈判态度提要求

根据谈判者的态度,要求可以分为强硬的要求、可协商的要求和可放弃的要求三种。

（1）强硬的要求，是指态度坚决、不可更改的要求，诸如"贵方必须……""贵方只有……"等语气，甚至提出一些不讲理的要求，诸如只提要求，不讲理由，拒不听对方的解释，态度强硬，势在必得。

（2）可协商的要求，是指具有灵活性且可以妥协的要求，它往往属于试探性、根据对方情况可以调整的要求，应该说，谈判中大多数都是可协商的要求。

（3）可放弃的要求，是指不求果的要求，可能涉及可有可无、影响不大的要求，如交货时间、付款方式、支付比例、验收方式等迟点早点、多点少点的要求，也可能是一种策略性的要求，将其作为谈判的筹码。

3. 依谈判地位提要求

根据谈判双方在谈判中的地位优劣来看，谈判者有三种可能的态势，即谈判地位主动、谈判地位被动、谈判地位均等。处在不同的谈判地位上，提要求的情况不同，提要求的方式也不同。

（1）谈判地位主动时提要求。

①针对性要求，即针对己方的某个有利情况而提出的要求，例如，针对某个论点确立而提出的要求，针对对方的失误而提出的要求，针对对方的让步而提出进一步的要求等。

②追击性要求，即对真理在手、对方难以抗拒的情况而提出的要求，如"我方刚才已说得贵方哑口无言，请贵方对我方的要求作出回答""我认为，该问题不解决，不能继续谈判"等。

③重复性要求，即反复对对方未答复的要求再提要求，这类要求大多反映在有理、有利也有节的要求未予以解决时，坚持再提同一要求，如"贵方在避重就轻地答复我方要求""贵方的答复只解决了我方所提要求中的一小部分，还有很大差距有待解决"等。

（2）谈判地位被动时提要求。

①反击式要求，即被动中的一种进攻性的、以攻为守的要求。例如，在对方针对性和追击性要求下，一方面可以表示考虑对手的要求，另一方面也可提出己方的进攻性要求，促使对手降低其要求的力度、尺度。

②平行式要求，即在对方要求的同时在别的问题上提出要求，在准备表示考虑接受对方合理要求的同时，让对方也考虑并接受己方的合理要求。

（3）谈判地位平等时提要求。

①主动要求，即按照谈判议题的安排，己方主动提出要求。

②被动要求，即对方按谈判议题提出要求后，己方针对该要求反提要求。

4. 依谈判阶段提要求

谈判初期，都从准备角度提要求；谈判中期，都为促进谈判进程、制造僵局或平衡双方的利益提要求；谈判后期，都为平衡利益或中止谈判提要求。

4.4 如何坚持要求

谈判者除要善于提要求外，还要善于坚持要求。优秀的谈判者一般"不提则已，言出必有果"，否则，会影响自己的形象，长对方的气焰。因此，学会坚持要求十分重要。

1. 坚持要求的方法

（1）依理，即依据理由坚持要求。要求的提出总会伴随着一些理由，当理由充足时，坚持就有力；当理由不是很充分时，谈判者一方面要坚持有理部分，另一方面要做好"理喻"工作，使对手尽可能地信服己方更多的要求。

（2）依势，即依据在谈判中所处的态势来坚持要求。当处在优势地位时，要求必定要坚持，并给对方施加压力，使其尽快接受要求，不过在以势压人的过程中，要注意尊重对方；当处在劣势地位时，要求仍应坚持，不过要有信心、有理和灵活，因为有势不等于有理，只要充满信心、理由充分、讲究策略，要求是可以实现的。

（3）依时，即依据时机来坚持要求，利用时效来实施压力，坚持要求的力度。它反映在时间与机会上：时间上，如拖延谈判进度，不解决要求就不往下谈，使用最后期限让对方作出答复等；机会上，如双方的上司出场谈判，新的竞争者出现，市场行情的变化等。

2. 坚持要求的层次

坚持要求的目的是实现要求，谈判中实现要求存在不同的层次，亦即要求的实现形式多种多样。

（1）追求结果，即达到要求，这是要求的最终目的。根据实现的程度，追求结果可以分为全部结果、大部分结果和小部分结果。如果大部分结果得以实现，坚持要求才算作成功。

（2）追求响应，即引起对方重视，这个要求的最低目标起码是要得到面子。对方响应的方式有多种，如"我未听清""请给予时间考虑""目前条件还不成熟"，即使对方不应允，也算给了己方面子。如果要求提出后，对方没有任何反应，就要重复提出。因此，对要求的响应是最低的要求，无论响应是积极的还是消极的。

（3）追求记账，即不兑现就必须记下账，以便日后算账用。例如，对方对要求即使响应了，但要研究、请示，并联系其他议题等，使要求延迟兑现。无论哪种情况，谈判者坚持要求就必须"记账"，而且是明示记账，向对方声明，己方的要求是不会放弃的，或者单方约定在何时再提此要求。

4.5 如何放弃要求

坚持要求是为了推动谈判，放弃要求也是为了推动谈判。前者是以得为进，后者是以失为进。其中的得失应有一个客观的规则。

1. 放弃要求的前提

在谈判过程中，谈判者会提出各种各样、大大小小的要求，通过协商，彼此都会满足对方的一些要求，同时也会有一些要求被搁置或需放弃。实现要求是积极的结果，放弃要求应在消极中求积极，这取决于掌握好放弃要求的条件。

（1）策略性的要求。这是一种谈判筹码，由于是筹码，其表现形式可能为夸大的或不切实际的要求，其目的在于压制对手的要求或支持己方的其他要求，当其目的达到时，其存在的必要性也就消失了。

（2）已做交换处理的要求。这是在谈判中以该要求逼迫对手放弃或改变了某个要求，或对手以其他条件交换了该要求，此时，该要求也就可以放弃了。

（3）已被别的要求涵盖的要求。这类要求可能在逻辑关系上被别的要求所涵盖或代替，也可能在数量上被别的要求所代替。例如，对产品质量的要求可能被售后服务的保证所代替。

2. 放弃要求的方式

（1）声明放弃，即在谈判过程中明确表示对该要求的放弃，其目的在于渲染己方的诚意、公正和积极的态度，是为继续施压或让对方放弃要求树立"榜样"。

(2)沉默放弃,即不表态,听其自然地放弃,沉默的方式是不再提出该要求。

4.6　如何对待要求

谈判者除了提出要求、坚持要求和放弃要求外,在谈判中很重要的工作是如何对付对方的要求。对付对方的要求与争取己方的要求是相互联系的。

1.明确要求

明确要求是对付对方要求的重要一步,即通过向对方了解其要求的意义来确定其要求的实质分量,同时,可以进一步试探对方的灵活性和追求目标。它既有收集信息的作用,又有反击的作用,即通过找出对方要求中的不合理或自相矛盾的成分予以回击,让其难以成立。

2.缓冲要求

面对对手的要求,尤其是分量和影响较为敏感的要求,最好的对策是先缓冲其压力、冲力后再解决,以求代价最小。缓冲的方法有借口研究和挑剔对手。

(1)借口研究,是指以研究对方要求为借口,避免即刻答复。该方法是顺着对方的意思而考虑要求,不易激怒对方,并获得时间上的宽容。

(2)挑剔对手,是指从对手要求的理由和动机出发,找出其不足之处、无理之处并以此进行反击。该方法系逆向缓冲,即顺着对方要求而来,反驳对方要求而去,如"贵方的要求有一定的道理,但是……"

3.避重就轻

这是一种故意将对方的要求以大化小,或满足其一部分要求而代替整个要求的做法。以大化小,是指将对方的要求分解成几个等级,取尽量小的等级来搪塞对手要求的做法,如对手要求 100,取较低的等级,如 20 表示同意,以抵挡其 100 的要求。满足其一部分要求,是指从对方要求的构成内容中选择一部分予以满足,以抵消其整个要求。

4.考验记忆

它是利用谈判的内容多、时间长来制造对手记忆上可能遗忘的错误,从而达到挡住对方要求的做法。其具体做法有记下要求和开"远期支票"。

(1)记下要求,是指在谈判中只记下对手要求并不马上作答的做法。记下要求表示尊重对方,表示己方会予以考虑。事后,对方不提,就不答;对方若提,就表示忘了。

(2)开"远期支票",是指对对方要求表示在某个时间或某个议题讨论之后给予答复的做法。该做法给对手以希望,以为答复了要求就是承诺了要求,易使对手丧失警惕。当时间推移后,由于忙或细节太多,某些"期票"就可能被忘却。

5.反提要求

它是面对对手无法摆脱的要求而采取的以攻为守,针对对手要求提出己方新的要求,以达到缓解或抵御对方要求的做法。反提要求的分量要与对手要求相当或更重才能阻止对方要求的目的。此外,反提要求不等于不理睬对方要求,而是将双方的要求同时考虑,统一解决。

第 5 节　僵局

僵局是商务谈判中经常遇到的现象。实际上,僵局是"地雷阵",谈判者可以布置僵局以打击对手,争取有利的形势。反过来,如果对方布置僵局,就有可能损伤己方,有必要将其排除。

在商务谈判中,僵局是谈判的一种不进不退的状态。当双方均不对分歧做妥协时,谈判进程就会出现停顿,谈判也就进入了僵局。

5.1 僵局的含义及影响

1.僵局的含义

谈判在进入实际的磋商阶段之后,谈判各方往往会由于某种原因而相持不下,陷于进退两难的境地。谈判中的僵局是指在谈判过程中,双方因暂时不可调和的矛盾而形成的对峙,当然,并不一定在每次谈判中都会出现僵局,但也可能一次谈判出现几次僵局。谈判之所以陷于僵局,一般不是因为各方之间存在不可解决的矛盾,而多数是由于各方基于感情、立场、原则等主客观因素所致。所以,谈判者在谈判开始之后,在维护己方实际利益的前提下,应尽量避免由于一些非本质性的问题而坚持强硬的立场,以导致谈判的僵局。一旦谈判陷于僵局,谈判各方应探究原因,积极主动地寻找解决的方案,切勿因一时陷于谈判的僵局而终止谈判。

2.僵局对谈判的影响

僵局使谈判双方陷入尴尬难堪的境地,它影响谈判效率,挫伤谈判者的自尊心。出现僵局不等于谈判破裂,但它严重影响谈判的进程,如果不能很好地解决,就会导致谈判破裂。因此,应尽力避免在谈判中出现僵局。

在僵局已经形成的情况下,应采取什么对策来缓和双方的对立情绪,使谈判出现新的转机呢?应抛弃旧的传统观念,正确认识谈判中的僵局。许多谈判者把僵局视为失败的概念,竭力避免它,在这种思想指导下,不是采取积极的措施加以缓和,而是消极躲避。在谈判开始之前,就祈祷能顺利地与对方达成协议,完成交易,别出意外麻烦。特别是当他负有与对方签约的使命时,这种心情就更为迫切。这样一来,为避免出现僵局,就事事处处迁就对方,一旦陷入僵局,就会很快失去信心和耐心,甚至怀疑起自己的判断力,对预先制定的计划也产生了动摇,还有的人后悔当初……这种思想阻碍了谈判者更好地运用谈判策略,而事事处处迁就的结果,就是达成一个对己不利的协议。

应该看到,僵局出现对双方都不利。如果能正确认识,恰当处理,那么会变不利为有利。一方面,可以把僵局视为一种策略,运用它胁迫对手妥协让步;另一方面,在僵局面前,又不能一味地妥协退让,如果这样,不但僵局避免不了,还会使自己十分被动。只要具备勇气和耐心,在保全对方面子的前提下,灵活运用各种策略、技巧,僵局就能攻克。

5.2 谈判僵局产生的原因

谈判僵局的产生来自三个方面:一是自己制造的僵局;二是对方制造的僵局;三是由于双方的原因产生的僵局。除了己方有意制造的僵局外,其他原因形成的僵局对己方均是不利的。这类僵局又分为两种情况:一种是在谈判中可以预见的,即可以通过预先的工作避免其产生;另一种则是无法预见和避免的。对于前一种僵局,其处理办法是尽量避免;对于后一种僵局,则通过有效的方法将其打破。

要避免谈判僵局出现,打破僵局使谈判进一步向前发展,必须了解可能产生谈判僵局的原因,从而对症下药,找出处理僵局的办法。

谈判僵局产生的原因有下述几种:

(1)情绪性僵局。在谈判中,由于一方言行不慎,伤害对方的感情或使对方丢了面子,也会形成僵局,而且较难处理。一些有经验的谈判专家认为,许多谈判者维护个人的面子甚于维护公司的利益。如果在谈判中,一方感到丢了面子,他会奋起反击,挽回面子,甚至不惜退出谈判。这时,这种人的心态处于一种激动不安的状况,态度也特别固执,语言也富于攻击性,明明是一个微不足道的小问题,也毫不妥协退让,双方就很难继续交谈,从而陷入僵局。

(2)客观性僵局。在商务谈判中,由于某些客观因素的影响,谈判双方会形成分歧,从而使谈判陷入僵持状态,这就是由客观障碍而呈现出来的僵局状态。导致谈判进入僵局最主要的客观障碍是谈判者知识的局限性或缺陷性,如不了解产品的性能和用途,不清楚产品的价格构成,缺乏对谈判对手的文化背景、社会传统和风俗习惯的了解,缺乏对相应的法律与政策的理解,缺乏对市场行情的把握等。

(3)策略性僵局。这是利用主观行为刻意制造僵持局面。其一般方法是向对方提出较高的要求,要对方全面接受自己的条件。对方可能只接受己方的部分条件,即作出少量让步后便要求己方作出让步,己方此时如果坚持自己的条件,而对方又不能再作出更大让步时,谈判便陷入僵局。

(4)利益性僵局。谈判的双方势均力敌,同时,双方各自的目的、利益都集中在某几个问题上。例如,一宗商品买卖交易,买卖的双方都非常关注商品价格、付款方式这两个条款。这样双方通融、协调的余地就比较小,很容易在此问题上抬价压价,互不让步,形成僵局。例如,一桩进口机械设备买卖,卖方要价为20万元,而买方报价为10万元,卖方要一次性付款,买方则坚持两次付清。这样一来,要协调双方的要求就比较困难。通常的办法是双方各打五十大板,都作同等让步,以15万元的价格成交。如果有任何一方不妥协,那么僵局就会形成。

(5)偏见性僵局。人们对客观事物的认识是一个主动的反映过程,这一过程强烈地受到个体的需要、期望、经验等众多因素的制约。当个体对客观事物的反映与客观事物本身发生分离时,人的认识就变成了主观偏见。商务谈判中,主观偏见往往导致谈判一方忽视客观事实,而与对方产生不必要的分歧,使谈判陷入僵局。

(6)偶发性僵局。商务谈判是一个过程,要经历一定的时间,在这个时限内或许会有一些偶发因素出现。当这些因素涉及谈判其中一方的利益得失时,谈判就有可能由于这些因素的出现而陷入僵局。偶发因素可产生于谈判内部,也可产生于谈判外部,当谈判一方发生变化,导致他们对谈判的看法、前景预测等问题的认识发生改变,从而与对方产生冲突和分歧时,这种来自于谈判活动之中的偶发因素将可能导致谈判进入僵持状态;当谈判过程的外部环境因素发生改变,使谈判一方若履行原承诺就会蒙受利益损失时,他或许会推翻原有承诺,从而使谈判陷入僵局。例如,在国际商务谈判中,汇率突然地、大幅度地变动,往往会使谈判双方在价格上重新产生分歧,从而使谈判陷入僵持状态。

上述是造成谈判僵局的几种主要因素,当谈判陷入僵持状态以后,要使谈判继续进行下去,必须设法打破僵局。

5.3 谈判僵局的利用

在商务谈判过程中,当僵局出现的时候,所形成的压力或许会使谈判另一方的信心产生动摇,并以己方的某些让步为打破僵局创造条件。可见,作为一个成熟的谈判者,可以利用谈判僵局的出现为己方服务。

1. 利用谈判僵局的原因

谈判者在谈判过程中利用谈判僵局,主要有两种原因:

(1)改变已有的谈判形势,提高自己在谈判中的地位。这是那些处于不利地位的谈判者利用僵局的动机。由于谈判各方实力对比的差异,弱者在整个谈判过程中处于不利地位,他们没有力量与对方抗衡,为了提高自己的谈判地位,便采用制造僵局来拖延谈判时间,以便利用时间来达到自己的目标。

(2)争取有利的谈判条件。这是那些处于平等地位的谈判者利用僵局的动机。有些谈判要求,仅在势均力敌的情况下是无法达到的,为了取得更有利的谈判条件,谈判者便谋求制造僵局的办法来提高自己的地位,使对方在僵局的压力下不断降低其期望值。当己方的地位提高和对方的期望值降低以后,再采用折中方式结束谈判,使己方得到更有利的条件。

谈判僵局出现后,会有两种后果,即打破僵局继续谈判或谈判破裂。对于第二种后果,这是制造僵局的谈判者所不愿意看到的。因此,制造僵局是有风险的,如何使所制造的僵局给自己带来更大的利益,就成为谈判者必须认真研究的问题。

2. 制造僵局的方法

制造僵局是谈判者的主观行为。方法是向对方提出较高的要求,并迫使对方全面接受自己的条件。此时,如果己方坚持原来的条件,而对方又不愿意做出更大的让步时,谈判就陷入僵局。

5.4 谈判僵局打破的一般方法

谈判出现僵局,会影响谈判协议的达成,无疑这是谈判者都不愿看到的。因此,在双方都有诚意的谈判中,应尽量避免出现僵局。但是,不论是和风细雨的谈判,还是激烈争辩的谈判,出现僵局几乎是不可避免的,仅从主观愿望上不愿出现谈判僵局是不够的,也是不现实的。必须正确认识、慎重对待这一问题,掌握打破僵局的一般方法,使己方更好地争取主动,达成谈判协议,取得有利的结果。下面是一些常用的方法:

1. 劝导法

当双方在同一问题上发生尖锐对立,并且各自理由充足,均既无法说服对方,又不能接受对方的条件,从而使谈判陷入僵局时,可采用劝导法。如让双方从各自的目前利益和长远利益的结合上看问题,使双方都认识到:如果都只追求目前利益,可能都会失去长远利益,这对双方都是不利的,只有双方都做出让步,以协调双方的关系,才能保证双方利益都得到实现。劝导法可以使双方采取合作的态度共同打破僵局。

2. 多方案选择法

当对方坚持条件而使谈判陷入僵局时,己方可以由过去是否接受对方的条件改为让对方选择自己的条件来打破僵局,即提出多种谈判条件的组合,让对方从中选择所能接受的条件。当对方认为其中的某一条件可以接受时,已形成的僵局就自行消失。该方法实施的基础是对方对其他项目也有较高要求,因而,当其条件优越时,便会放弃原来的要求。

3. 转移法

转移视线不失为一个有效方法。有时谈判之所以出现僵局,是因为双方僵持在某个问题上。这时,可以把这个问题避开,磋商其他条款。例如,双方在价格条款上互不相让,僵持不下,可以把这一问题暂时抛在一边,洽谈交货日期、付款方式、运输、保险等条款。如果在这些问题处理上双方都比较满意,就可能坚定了解决问题的信心。如果一方特别满意,很可能对价格条款做出适当让步。

4.攻击法

当对方通过制造僵局给己方施加压力时,妥协退让已无法满足对方的欲望,则应采用攻击的方法向对方反击,让对方自动放弃过高的要求。具体做法有两种:

(1)揭露对方制造僵局的用心,让对方自己放弃所要求的条件。由于策略只有当他人不了解时才能奏效,而他人一旦掌握了策略的内容及破解方法,该策略便失去了效用。因此,当公开揭露对方的不友好做法时,有些谈判对手便会自动降低自己的要求,使谈判得以进行下去。

(2)离开谈判桌,以显示自己的强硬立场。如果对方想与己方谈成这笔生意,那么对方会再来找己方的,这时,他们的要求就会降低,谈判的主动权就掌握在己方的手里了。

5.妥协法

当谈判处于各抒己见互不相让而陷入僵局时,可以采用妥协退让的办法打破僵局,即首先在某些条件上做出让步,然后要求对方让步。当然,自己先让步的条件是那些非原则性问题或对己方不太重要的问题。由于妥协是谈判具有诚意的表现,因而在己方做出妥协后,对方也必然要做出让步,否则,可把造成僵局的罪名加在对方头上。这样,谈判就会继续下去。

6.休会法

谈判出现僵局时,双方情绪都比较激动、紧张,会谈一时难以继续进行。这时,提出休会是一个较好的缓和办法,东道主可征得客人的同意,宣布休会。双方可借休会时机冷静下来,仔细考虑争议的问题,也可以召集各自谈判小组成员,集思广益,商量具体的解决办法,同时,各方可进一步对市场形势进行研究,以证实自己原观点的正确性。当双方再按预定的时间、地点坐在一起时,会对原来的观点提出修正的看法。这时,僵局就会较容易地打破。

7.换人法

当谈判僵持的双方已产生对立情绪并不可调和时,可考虑更换谈判者,或者请地位较高的人出面协商谈判问题。

双方谈判人员如果互相产生成见,特别是主要谈判者,那么谈判就很难继续进行下去。即使是改变谈判场所,或采取其他缓和措施,也难以从根本上解决问题。形成这种局面的主要原因是由于在谈判中不能很好地处理人与问题的关系,由对问题的分歧发展为双方个人之间的矛盾。当然,也不能忽视不同文化背景下人们不同的价值观念的影响。

在有些情况下,如协议的大部分条款都已商定,却因一两个关键问题尚未解决而无法签订合同时,己方也可由地位较高的负责人出面谈判,表示对僵持问题的关心和重视。同时,这也是向对方施加一定的心理压力,迫使对方放弃原先较高的要求,做出一些妥协,以利于协议的达成。

8.调停法

当谈判双方话不投机,出现横眉冷对的场面时,僵局已无法在场内打破,此时可以到场外寻找打破僵局的办法。其具体办法是在场外与对方进行非正式谈判,多方面寻找解决问题的途径。如请对方人员参加己方组织的参观游览、运动娱乐、宴会舞会等,也可以到游艺室、俱乐部等处娱乐、休息。这样,在轻松愉快的环境中,大家的心情自然也就放松了。更主要的是,通过游玩、休息、私下接触,双方可以进一步增进了解,清除彼此间的隔阂,增进友谊,也可以不拘形式地就僵持的问题继续交换意见,寓严肃的讨论于轻松活泼、融洽愉快的气氛之中。这时,彼此间心情愉快,人也变得慷慨大方。谈判桌上争论了几个小时无法解决的问题,在这里也许会迎刃而解了。经验表明,双方推心置腹的诚恳交谈对缓和僵局十分有效。如强调双方成功合作的重要性、双方之间的共同利益、以往合作的愉快经历、友好的交往等,以促进对方态度的转化。在必要时,双方会谈的负责人也可以单独磋商。当出现了比较严重的僵持局面时,彼此间的感情可能都受到了伤害。因此,即使一方提出缓和建议,另一方在感情上也难以接受。在这种情况下,最好寻找一个双方都能够接受的中间人作为调节人或仲裁人。仲裁人或调节人可以起到以下作用:

①提出符合实际的解决办法。

②出面邀请对立的双方继续会谈。

③刺激、启发双方提出有创造性的建议。

④不带偏见地倾听和采纳双方的意见。

⑤综合双方观点,提出妥协的方案,促进交易达成。

调节人可以是公司内的人,也可以是公司外的人。最好的仲裁者往往是和谈判双方都没有直接关系的第三者,一般要具有丰富的社会经验、较高的社会地位、渊博的学识和公正的品格。总之,调节人的威望越高,越能获得双方的信任,越能缓和双方矛盾,促进谅解达成。

当然,打破僵局的方法还有很多,例如,可以放弃双方各自的谈判方案,共同来寻求一种可以兼顾各方利益的第三种方案,也可以提请各方专家单独会谈,有助于产生解决问题的新方案等。

第6节 让步

让步是商贸谈判磋商阶段中的重要一环。在谈判进行讨价、还价、要求之后,通常要做出某些让步,以最后达成协议。每个谈判者必须重视让步,学会让步,掌握让步,从让步中获益。

6.1 让步概述

1.让步概述

让步,在谈判中是指谈判双方向对方妥协,退让己方的理想目标,降低己方的利益要求,向双方期望目标靠拢的谈判过程。

2.让步的意义

让步是为了避免谈判出现僵局。若双方争议不下时,便会出现僵局。而让步就是解决出现僵局的好办法。让步是为了谈判成功,达成交易。僵局的避免,可以使谈判者回到谈判中来继续谈判,可以使争论不休的问题得以解决,这样,双方通过让步,逐渐向对方靠近,最后达成双方认可的期望目标,交易就成立了。让步本身就是一种策略,它体现了谈判者用主动满足对方需要的方式来换取自己需要得到满足的精神实质。如何把让步作为谈判中的一种基本技巧和手段加以运用,这是让步策略的基本意义。

在谈判桌上,不应该有无谓的让步,每一次让步都应该有实际的效果。由于每个让步都要让出自己的利益,而给对方带来某种满足,因此,以最小让步换取谈判的成功,以局部利益换取整体利益是己方让步的出发点。如果向对方做出让步承诺,那么就应该争取到对方在另一个问题上也向自己做出让步。理想的让步是互惠、双向的让步。

为了实现让步,谈判者可以试探着做一次假设的以物易物的交换:"看,你想从我们手中得到这个东西,而我们想从你那里得到那个东西,假如我们从自己方面再考虑一下这个问题,你方是否准备同样进行考虑呢?"这样,谈判者就能把双方可能相互做出让步的两个问题联系在一起,并且建议说这里可能有做交易的余地。

6.2　让步的类型

1.按照让步的姿态分类

(1)积极让步,是以某些谈判条款上的妥协来换取主要方式或基本方面的利益的让步。采用积极让步应是谈判的一方具有谈判实力和优势,搜集掌握了较充分的资料,取得了较准确的数据,并经事先安排,制定合理科学的让步计划和幅度。

(2)消极让步,是以单纯的自我牺牲、退让部分利益,以求得打破僵局、达成交易的让步。采用消极让步应是谈判的一方有求于人,急于达成交易,报价的水分、虚头被揭开,价格解释于情于理都说不过去,谈判处于劣势。

2.按照让步的实质分类

(1)实质让步,即利益上的真正让步,目的是以己方的让步换取对方的合作与让步。

(2)虚置让步,即并不是真正的让步,只不过是让步的形式,而没有任何实质内容,即并未让出自己的任何利益。虚置让步是阻抗谈判对手压力的一种较好方式,它可以扰乱谈判对手视线,拖延时间,从而为己方扭转不利局势赢得时间。

虚置让步是一种"让步陷阱",因为在谈判对抗中,运用虚置让步方式会冒一定道德风险,虽然如此,但屡见不鲜。商务谈判的基本精神是合作与坦诚,但由于双方利益关系错综复杂,市场行情变化莫测,所以在谈判中也不乏尔虞我诈。因此,虚置让步方式也常常运用于实际的谈判让步中。

(3)象征让步,即在双方僵持不下时,一方作出让步是必要的,但让步除利益的要求降低以外,还有非利益要求补偿的方式,即以同等价值的替代方案换取对方立场的松动,使对方心理上得到满足,从而达成贸易的成交。

例 7－1

中国古时有一则"朝三暮四"的寓言。讲的是主人给猴子定量进食的故事。主人给猴子早上吃 3 只香蕉,晚上吃 4 只香蕉,猴子不满意。于是,主人重新作出安排。早上给它吃 4 只香蕉,晚上给它吃 3 只,结果猴子很满意。

人非猴子,但在许多由立场性争执引起的谈判僵局中,一些谈判人员明知自己理应改变谈判思路,但常常因考虑"面子"问题,如谈判人员自身或所代表的集团的声誉、尊严等,不是实事求是地修订目标方案,而是固守这种谈判思路。

3.按照让步的时间分类

(1)主要让步。主要让步是在谈判最后期限之前做出,以便让对方有足够的时间来品味。这就犹如一席丰盛的酒宴,主要让步恰似一道大菜,在酒宴上掀起一个高潮。

(2)次要让步。次要让步作为最后的"甜头",是安排在最后时刻做出的让步。这犹如酒宴结束时上桌的最后一碟水果,使人吃后感到十分舒心。有时,当谈判进展到最后,双方只是在最后的一两个问题上尚有不同意见,需要通过最后的让步才能求得一致,签订协议。

6.3 让步的基本形态

如表 7 - 1 所示,为让步的基本形态。

表 7 - 1 让步的基本形态

让步形态	让步金额	第一次	第二次	第三次	第四次
坚定式	100	0	0	0	100
等额式	100	25	25	25	25
慢递增式	100	10	20	30	40
快递增式	100	20	30	50	0
慢递减式	100	40	30	20	10
快递减式	100	50	30	20	0
不定式	100	60	40	—10	10
一步到位式	100	100	0	0	0

1. 坚定式让步

不到关键时候绝不让步,让对方一直以为妥协无望。若是一个软弱的买主可能就会不再努力而放弃与卖主讨价还价了。

2. 等额式让步

这种让步模式的特征就是逐步诱导,让步幅度较小,但让步次数较多,很容易刺激谈判对手继续期待更进一步的让步。当对方争取到一定数额的让步时,对方就可能认为再努力一番,还可以争取到同样的让步。然后对方会继续要求让步,如果己方坚持不再让步,对方可能就会失望,双方由此很可能达不到成交的目标。

3. 递增式让步

这是指每一次让步的数额是逐渐增加的,可以分为慢递增式让步和快递增式让步。这种让步模式往往会造成己方重大的损失。因为它将对方的胃口越吊越高,对方会认为只要坚持下去,令人鼓舞的价格就在前面。对方的期望值会随着时间的推移而越来越大,对己方极为不利。

4. 递减式让步

这是一种由大到小、渐次下降的让步形态,可以分为慢递减式让步和快递减式让步。这种让步形态比较自然、坦率,同时显示出立场越来越坚定,给予对方的期望值越来越小。

5. 不定式让步

这是指在己方所提条件较高的情况下,面对对方的讨价还价,采取灵活多变的方式进行让步。可以先高后低,然后再拔高,也可以高低错落综合运用,其关键是谈判者要了解对方情况,能控制局面,灵活掌握。

6. 一步到位式让步

这种让步模式对于买主会产生极强烈的影响。如一下削价 100 美元,使对方顿时充满了信心和希望,但接下来的便是失望,如果己方不再降价,就有谈判破裂的危险。

从实际谈判的情况来看,采用较多的是第四种让步形态。这种让步形态对卖方来说是步步为营,使买方的期望值逐步降低,较适应一般人的心理,因而比较容易为对方所接受。第六种让步形态的采用要看双方的诚意和合作关系,如果运用得好,可以迅速达成交易;但如若运用得不好,则往往使己方做出更多的让步或造成谈判的僵局。第二种和第三种让步形态其实很少采用,而第一种让步形态则基本不被采用。

总的来说,对于卖主而言,较理想的让步形态是:开始作大一点的让步,然后在长时间内很缓慢地让步;对买主而言,开始让步幅度应该较小,然后在长时间内缓慢让步。

6.4　让步的基本原则

让步不是为满足对方的单方面苛求,而是要以满足双方的利益为标准。是否让步不能草率,让步多少也应三思。在商务谈判中,让步应遵循以下原则:

(1)必争。每次让步都应争回对方相应的让步和优惠。

(2)有序。让步事先应有计划安排,不能临场随便退让,手忙脚乱。

(3)适度。让步幅度要适度,不宜太大,次数不宜过多。幅度太大、次数过多会增加对方的自信心,导致对方产生高期望值。

(4)互让。每一次让步必须换回一定的利益,不要做无谓的牺牲,有失也应该有得。

(5)动心。以小幅度的让步,换取对方最大的心理满足,让对方在心理上觉得自己已经赢了,感到成功的自满,但要使其明白赢得不容易。

(6)忍耐。谈判中要顶得住,不论是受到赞美吹捧,还是恶语相讥、人身攻击,都应忍下来,记住"小不忍则乱大谋"。

(7)撤销。如果已经做出了不妥当的让步,要想收回,不要不好意思开口,应找一个理由撤销、收回。

6.5　防止对方进攻的基本方式

前面已经提到,在商务谈判中让步是必需的,没有适当的让步,谈判就无法进行下去。但事实上,谈判的任何一方都不可能一味地让步,因为这是根本不现实的,也是有害于己方利益的,因此必须设法阻止对方的进攻。

1. 防范式

(1)先苦后甜。这是一种先用苛刻的虚假条件使对方产生疑虑、压抑、无望等心态,以大幅度降低其期望值,然后在实际谈判中逐步给予优惠或让步,使对满意地签订合同,己方从中获取较大利益的策略。这种谈判策略来源于实际生活中的常见现象。

例 7-2

一架民航班机向乘客报告,本机着陆时间将要推迟 1 小时。乘客们一面抱怨,一面不得不做好思想准备,在空中度过这难熬的 1 小时。然而过了不久,空姐又向乘客们宣布,晚点的时间将缩短半小时。听了这个消息,乘客十分高兴,松了一口气。又过了 10 分钟,乘客们听到广播说,由于机场地勤人员的努力,本机即可着陆。这一下,乘客们都喜出望外。

从这个例子的最终结果来看,虽然飞机实际上是晚点了,可是乘客们却有几分庆幸和满意,反而把晚点这一不快的事实放在并不在意的位置上。这实质就是"先苦后甜"的妙用,它在商务谈判中也常常被采用。

（2）既成事实。既成事实在阻挡对方进攻上也很有效。这个原则非常简单，就是采取某些对方意料之外的行动，造成某种既成事实，使己方处于有利的地位。既成事实并不能决定交易的完成，不过它可以影响双方力量的平衡，直至影响最后的结果。如有些时候，己方在谈判中会说："我们已经做了——现在让我们来谈一谈吧！"

2. 阻挡式

（1）权力有限。就一般情况而言，参加商务谈判的所有人员，其所拥有的权力都是有限的。这种权力的大小主要取决于三个方面：一是上司的授权。上司给予其多大权力，他就有多大权力，不能超过权力界限来处理事务。二是国家的法律和公司的政策。任何谈判人员都不能不顾国家法律和公司的政策来与外商谈判。三是一些贸易惯例。任何谈判人员都不可违反贸易惯例来决定某件事。其实，在某种意义上讲，一个在权力上受到限制的谈判人员要比大权独揽、一个人即可拍案签约的谈判者处于更有利的地位。在谈判者权力受到限制的时候，往往可以使他的立场更加坚定，更能够自然地说出一个"不"字。的确，在商务谈判中，受到限制的权力才是真正的权力。因为任何一个谈判者，在他本身受到诸如上司授权、国家法律规定、公司政策、贸易惯例等限制的时候，任何一个谈判对手都不能强迫对方不顾国家法律、公司政策的规定，超越其权力来答应己方的要求。

谈判经验告诉人们，任何一位在谈判桌上声明自己可以做出一切决定的谈判者都是不聪明、不理智的举动，是很危险的。因为这时如果对方有充分的理由要求其让步时，他就只能是接受让步，而无理由找借口来回绝了，这其实等于丢掉了自己的保护伞，这是不可取的做法。但这种利用权力限制因素来阻止对方进攻的技巧也不能频繁使用，用多了对方会怀疑其诚意，甚至会置之不理，因此，必须掌握时机，恰当地运用。

（2）资料不足。在商务谈判过程中，当对方要求就某一个问题进行进一步解释，或要求己方让步时，可以用抱歉的口气告诉对方：实在对不起，有关这个问题的详细资料手头暂时没有，或者没有备齐，或者这属于本公司方面的商业机密，概不透露，因此暂时还不能做出答复。这就是利用资料限制因素阻止对方进攻的常用策略。当对方听了这番话之后，即可暂时将问题放下，这就很简单地阻止了对方咄咄逼人的攻势，因而化解了对方的进攻。

同样，利用资料限制因素来阻止对方进攻的策略也不能经常使用，经验表明，使用的频率与效率是成反比的，会使对方怀疑己方无诚意谈判。

（3）最后价格。谈判中常有"这是最后价格，我们再也不能让步了"这种话，如果对方相信这一点，就不会要求己方继续做价格让步，这笔生意就能成交；如果不相信，结果可能是双方继续讨价还价，也可能是谈判破裂。

要使最后出价产生较好的效果，提出的时间和方式很重要。如果双方处在剑拔弩张、各不相让，甚至是十分气愤的对峙状况下，提出最后报价，无异于向对方发出最后通牒，这很可能会被对方认为是一种威胁。为了自卫反击，对方会干脆拒绝最后报价。比较好的方法是，当双方就价格问题不能达成一致时，如果报价一方看出对方有明显的达成协议的倾向，这时提出比较合适。要让对方产生这样一种感觉，即在这个问题上双方已耗费了较多的时间，己方在原有出价的基础上最后一次报价。在提出最后报价时，尽量让对方感到这是己方所能接受的最合适的价格了，而且报价的口气一定要委婉诚恳，这样，对方才能较容易接受。最后报价可与原报价有一定的出入，以证明己方的诚意。同时，督促对方也尽快采取和解姿态，达成协议。

（4）没有先例。没有先例通常是指握有优势的一方坚持自己提出的交易条件，尤其是价格条件,而不愿让步的一种强硬方式。如果买方所提的要求使卖方不能接受时,则卖方谈判者向买方解释说:如果答应了买主这一次的要求,对卖方来说,就等于开了一个交易先例,这样就会使卖方今后在遇到类似的其他客户发生交易行为时,也至少必须提供同样的优惠,而这是卖方客观上承担不起的。买方除非已有确切情报可予揭穿,否则只能凭主观来判断,要么相信,要么不相信,别无其他办法。

当谈判中出现以下情况时,卖方可以选择运用"没有先例"的策略:

①谈判内容属于保密性交易活动时,如高级生产技术的转让、特殊商品的出口等。

②交易商品属于垄断经营时。

③市场有利于卖方,而买方急于达成交易时。

④当买主提出交易条件难以接受时,这一策略性回答也是退出谈判最有礼貌的托辞。

⑤其他借口。

除了以上方式外,还常用自然环境、人力资源、生产技术要求、时间因素等来作为阻止对方进攻的工具,在运用得当的时候,效果也非常不错。

3.融化式

(1)求得同情。一般情况下,人们总是倾向于同情和怜悯弱者,不愿落井下石,置之于死地,比较容易答应弱者的要求。当对方就某一问题要求己方作出让步时,如果己方无正当理由加以拒绝,但又不愿意在这方面做出让步,就可以装出一副可怜的样子,向对方恳求。如果陈述让对方觉得真实可信,他们很可能会被迷惑而心软让步。

(2)坦白从宽。其基本做法是:当己方在谈判中被对方进逼得难以招架时,干脆把己方对本次交易的真实希望和要求,以及所受的限制条件和盘托出,以期求得对方的理解和宽容,从而阻止对方的进攻。这种策略能否成功,取决于对方谈判者的个性,以及对方对己方所坦白的内容的相信程度,因此具有较大的冒险性。

4.对攻式

(1)针锋相对。谈判中往往可以发现有些难缠的人,类似"铁公鸡——一毛不拔",他们往往报价很高,然后在很长的时间内拒不让步。如果己方按捺不住,做出让步,他们就会设法迫使你接着做出一个又一个的让步。

(2)以一换一。在对方就某个问题要求己方让步时,己方可以把这个问题与另外一个问题联系起来,也要求对方在另一个问题上让步,即以让步易让步。假如对方要求己方降低价格,己方就可以要求对方增加订购数量,延长己方交货期,或者改变支付方式,以非现金结算等。这样做,或是双方都让步,或者是都不让步,从而阻止了对方的进攻。假如对方提出的要求损害了己方的根本利益,或者对方的要求在己方看来根本是无理的,己方也可以提出一个对方根本无法答应或者荒谬的要求回敬他们,让对方明白对于他们的进攻,己方是有所准备的,没有丝毫让步的余地。面对己方同样激烈的反攻,对方很快会偃旗息鼓,进而放弃他们的要求。

6.6　促使对方让步的基本方式

对谈判人员来讲,谈判中的利益可以分为三个部分:一是可以放弃的利益;二是应该维护的利益;三是必须坚持的利益。对于第二、第三部分的利益,特别是第三部分的利益,在谈判中不是轻易可以获得的,往往需要激烈的讨价还价才能迫使对方让步。那么有哪些谈判方式可以帮助谈判者在这个问题上获得成功呢?

1. 软化式

（1）戴高帽。戴高帽是促使对方让步的一种手段，即以切合实际有时甚至是不切合实际的好话颂扬对方，使对方产生一种友善甚至是恩宠的好感，进而放松思想警戒，软化对方的谈判立场，从而使己方目标得以实现的做法。例如，抓住对方主谈人的年龄特征，如年老，则讲"老当益壮""久经沙场"；若年轻，则讲"年轻有为""反应灵活""精明强干""前途无量"。又如，当对方迟迟不肯答应己方要求时，己方不妨恭维对方几句："您一向是爽快人，办事利索、干脆，又够朋友，我知道您是不会为难我们的。"这些话或许有不切题之处，但作为言者，目的是为了感化对方，促使对方让步。

恭维应该适可而止，如果过了头，就成了一种赤裸裸的拍马屁行为，不但起不到正面作用，反而会让对方反感，效果适得其反。

（2）借恻隐。借恻隐即通过装扮可怜相、为难状，唤起对方同情心，从而达到阻止对方进攻的做法。常用的手法有说可怜话，诸如"这样决定下来的话，回去要被批评""我已退到崖边，要掉下去了""求求您，高抬贵手"等。装可怜相，诸如在谈判桌上尽量表现其痛苦。

但是，恻隐术的运用要注意人格，同时在用词与扮相上不宜太过分。特别是当谈判者作为政府或国有企业代表时，除了人格之外，还有国格之分寸，在此种情形下，就绝不能采用这种恻隐术。此外，使用恻隐术还应看谈判对象，要知道，毫无同情心的谈判对手，非但不吃软招，反会讥笑这种行为。

（3）磨时间。磨时间是以时间做论战工具，即在一段时间里表示同一观点，等对方改变，可反复说理，态度和气。即使不讲话也要突出无奈，在"无可奈何"的表情中等待着谈判时间流逝，以此达到促使对方让步的目的。这一招，对异地或异国谈判的人压力很大。

（4）发抱怨。在商务谈判中数落抱怨，是经常发生的现象。抱怨可以分为两大类：一类是真正的不满；另一类则是隐藏性的拒绝。前者是正常意见，后者是买主由于种种原因，包括借口拖延、蓄意反对、杀价、试探等原因而产生的，其目的很明显，即促使对方让步。

2. 强攻式

（1）情绪爆发。在谈判过程中，当双方在某一个问题上相持不下时，或者对方的态度、行为欠妥或者要求不太合理时，可以抓住这一时机，突然之间情绪爆发，大发脾气，严厉斥责对方无理，有意制造僵局。情绪爆发的烈度应该视当时的谈判环境和气氛而定。但不管怎样，烈度应该保持在较高水平上，甚至拂袖而去，这样才能震撼对方，产生足够的威慑作用和影响。在一般情况下，如果对方不是谈判经验丰富的行家，在这突然而来的激烈冲突和巨大压力下，往往会手足无措，动摇自己的信心和立场，甚至怀疑和检讨自己是否做得太过分，而重新调整和确定自己的谈判方针和目标，做出某些让步。

在运用"情绪爆发"这一策略迫使对方让步时，必须把握住时机和烈度。无由而发会使对方一眼看穿；烈度过小，起不到震撼、威慑对方的作用；烈度过大，可能让对方感到小题大做，失去真实感，会使谈判破裂而无法修复。

（2）下通牒。所谓下通牒，就是指给谈判规定最后的期限，如果对方在这个期限内不接受己方的交易条件，那么己方就宣布谈判破裂而退出谈判。这种策略常常在双方争执不下、对方不愿意做出让步的情况下使用，以逼迫对方让步。

下通牒是一种行之有效的策略。在谈判中，人们对时间总是非常敏感的。特别是在最后关头，经过激烈的讨价还价，在许多交易条件上已经达成一致，只是在最后的一两个问题上相持不下。这时,如果一方发出最后通牒,另一方就必须要考虑一下自己是不是准备放弃这次交易,前面已经投入了巨大的谈判成本,这时候再放弃往往不值得。如果对手没有足够的勇气和谈判经验,那么往往选择的就是退却,做出让步以求成交,这样就大功告成。要想成功地运用这一策略来迫使对方让步,必须具备以下条件,否则,如意算盘也会落空。

①最后通牒应令对方无法拒绝。发出最后通牒,必须是在对方走投无路的情况下,对方想抽身已晚,因为此时其已为谈判投入了许多金钱、时间和精力。通牒切忌在谈判刚开始,对方有路可走的时候发出。

②最后通牒应令对方无法反击。如果对方能进行有力的反击,就无所谓最后通牒,必须有理由确信对方会按照己方所预期的那样做。

③发出最后通牒的言辞不能太尖锐。必须尽可能委婉地发出最后通牒。最后通牒本身就具有很强的攻击性,如果谈判者再言辞激烈,极度伤害了对方的感情,则会适得其反。

案例链接

航空公司与电力公司的谈判

美国一家航空公司要在纽约建立一个大的航空站,想要求爱迪生电力公司优惠电价。这场谈判的主动权掌握在电力公司一方,因为航空公司有求于电力公司。因此,电力公司推说如果给航空公司提供优惠电价,公共服务委员会将不会批准,以此理由不肯降低电价。双方相持不下。这时,航空公司突然改变态度,声称若不提供优惠电价,就撤出这一谈判,自己建厂发电。此言一出,电力公司慌了神,立即请求公共服务委员会从中说情,表示愿意给予这类新用户优惠价格。因为若失去航空公司这一大客户,就意味着电力公司将损失一大笔钱,所以电力公司急忙改变原来傲慢的态度,表示愿意以优惠价格供电。

在这一案例中,谈判态势之所以产生如此大相径庭的变化,在于航空公司在要求对方让步的过程中,巧妙地使用了下通牒的策略。

(3)激将法。在谈判过程中,事态的发展往往取决于主谈人。因此,双方常常围绕主谈人或主谈人的重要助手出现激烈的争辩,以实现己方的目的。以话语刺激对方的主谈人或其重要助手,使其感到仍坚持自己的观点和立场,会直接损害自身的形象、自尊心、荣誉,从而动摇或改变其所持的态度和条件。通常把这种做法称之为激将法。

使用激将法时值得注意的是:首先,要善于运用话题,而不是态度。既要让所说的话切中对方心理和个性,又要切合所追求的谈判目标。其次,激语应掌握分寸,不应过分牵涉说话人本身,以防激怒对手并迁怒于己。

(4)竞争法。再没有什么武器比制造和利用竞争来迫使对方做出让步更奏效的了。谈判一方在存在竞争对手的时候,其谈判实力就会大为削弱,处于劣势。对于大多数卖主而言,他们总是存在或多或少的同行。他们出售同类产品,为达成交易进行激烈的竞争,并担心竞争对手将超过自己。此时,如果谈判一方聪明地让对方注意到竞争者的存在,就可以较容易地令对方让步。有的时候,对方实际上并不存在竞争对手,但谈判者仍可巧妙地制造假象来迷惑对方,借此向对方施加压力。

第8章 商务谈判签约与履约

本章要点

1. 了解成交前的评价
2. 了解成交的促成
3. 掌握合同的签订
4. 掌握合同的履行
5. 掌握谈判后的管理方法

第1节 成交前的评价

1.1 成交前的回顾

谈判双方在起草合同前,有必要对整个谈判过程、谈判内容作一次回顾,以便最后确认双方在哪些方面达成一致,对没有达成共识的问题是否有必要作最后的磋商与妥协,这种回顾要以双方会谈的书面记录为依据。回顾的主要内容包括:

①已达成一致的地方。

②尚需讨论的地方。

③谈判目标达成的检讨。

④最后的价格和让步评估。

⑤最后的谈判策略和技巧。

这种回顾的时间和形式取决于谈判的规模,如它可安排在当天谈判结束后的20分钟休息时间里,也可安排在一个正式的会议上。

1.2 谈判目标的检讨

商务谈判目标是一种目标体系。谈判者在制定商务谈判计划时,对商品的品质、数量、包装、价格、运输、保险、支付条件、商品检验、违约索赔、仲裁、不可抗力等各项交易条件,一般按照其可实现程度把商务谈判的目标分为三个层次,即理想目标、可接受目标、最低目标。在谈判进入签约阶段前应就各项交易条件谈判目标的实现情况作一下评估,明确哪些交易条件谈判目标实现程度比较理想,哪些交易条件谈判目标实现程度不足,哪些交易条件谈判目标实现的程度尚需争取。

例如,某谈判项目范围共有四个要点,即价格、支付条件、交货期和担保条件。其中价格是这笔交易的关键条件,担保条件是次要条件,支付条件、交货期居中。通过前一阶段的磋商,各项交易条件的商务谈判目标(最低目标、可接受目标)可实现程度如表8-1所示。

表 8-1　商务谈判目标已达程度分析表　　　　　　　单位:%

内容	最低目标		可接受目标	
	计划实现	已达程度	计划实现	已经达程度
价格	100	100	100	85
支付条件	100	100	100	80
交货期	100	100	100	100
担保条件	100	0	100	0

从表 8-1 可知,在交货期一项上,最低目标、可接受目标的实现程度都是 100%,说明这一项交易条件谈判目标的实现程度是比较理想的。在担保条件这项交易上,连最低谈判目标也没有实现,是谈判的不足之处。因为它是次要条件,这时谈判者就要做出抉择,在全面交易的最后确定中,如果对方继续坚持不让步,己方是放弃谈判,还是在这个次要条件上让步,以求得整个谈判的成功。在支付条件上,最低目标已圆满实现,可接受目标实现了 80%,实现程度较高,可以说已基本上达到了己方所期望的谈判目标。在价格一项上,虽然最低目标已达到,但离可接受目标的实现程度还有差距,而价格是这一谈判的关键条件,因此在全面交易条件的最后确定中,价格仍是尚需争取的地方。

1.3　最后的让步

在谈判进行到最后,双方只在最后一两个问题上尚未达成协议,需要让步才能求得一致,缔结协议。在这种情况下,怎样让步才是合理的呢?为此,需要把握两个方面:

1.最后让步的时机

一般来说,如果让步过早,对方会认为这是前一阶段讨价还价的结果,而不认为这是己方为达成协议而做的终局性的最后让步。这样,对方有可能得寸进尺,继续步步紧逼。如果让步时间过晚,往往会削弱对对方的影响和刺激作用。为了选择最佳的让步时间,使最后的让步达到最佳的效果,最好的办法是将最后的让步方式分成两部分。主要部分在最后期限之前做出,而次要部分则安排在最后时刻做出。

2.最后让步的幅度

一般来说,如果让步的幅度太大,对方反而不相信这是最后的让步;如果让步的幅度太小,对方认为微不足道,难以满足。

那么多大幅度的让步才是合适的呢?这里只能提出一个让步的原则性问题。通常情况下,到谈判的最后关头,对方管理部门的重要高级主管会出面参加或主持谈判。因此,在确定最后让步幅度时,所要考虑的一个重要因素是对方接受让步的人在对方组织中的地位或级别。为此,最后的让步幅度必须满足以下两个要求:

①幅度比较大,大到刚好满足该主管维持他(她)的地位和尊严的需要,即要给其足够的面子。

②幅度又不能过大,如果过大,往往会使主管指责他(她)的部下没有做好,并要求他们继续谈判。换句话说,还要顾全谈判人员的面子。

在己方做了最后的让步后,必须保持坚定,因为对方会想方设法来验证己方的立场,判断己方的让步是否真正是最后的让步。

第2节 成交的促成

2.1 成交时机的把握

1.成交时机把握的重要性

成交时机的把握在很大程度上是一种掌握火候的艺术。在谈判的最后阶段,虽然双方经过讨价还价使得谈判内容涉及的每一个问题都取得了不少进展,交易已经趋向明朗,双方看到了谈判即将结束的希望,这往往是由于一方发出了成交的信号,此时,另一方要善于捕捉这些信号,采取促成缔结协议的策略,有助于完成此次谈判;反之,如果没有抓住这些成交的信号,也许会功亏一篑,前功尽弃。

2.可靠的成交信号

经过反复磋商,克服了一个又一个障碍和分歧,谈判双方都会不同程度地向对方发出有缔结协议意愿的信号。谈判者使用的成交信号通常有以下几种:

①对方表示谈判可以结束了。

②对方的形体已表明该结束了。

③对方的成交意愿已显露出来。

④经过讨价还价,双方的差距已很小。

这几种成交的信号有助于推动对方脱离勉勉强强或惰性十足的状态,设法使对方行动起来而做出一个承诺。这时应该注意的是,如果过分使用高压政策,有时谈判对手就会退后一步;如果过分表示想成交的意愿,对方可能会不让一步地进攻。

2.2 成交意图的表达

谈判双方对彼此的预期已相当接近时,都会产生签订协议、结束谈判的愿望,那么成交的意图如何表达呢? 以下做法可供参考。

1.成交意图表达的基本态度

表达成交意图包含以下态度:

(1)不急不躁。

(2)不卑不亢。

(3)口气坚定。

(4)话语简单。

案例链接

赠 款

西欧某国政府曾允诺给我国某重大工程一笔赠款。然而,该国商务参赞来沪四次,专谈工程项目问题,却始终不谈赠款事宜。于是在一次与对方会面时,上海市的主管官员直截了当地问:"贵国政府说有笔赠款给上海这项工程,它到底是多少? 它是1美元,还是100万美元? 现在我只能算它是1美元。如果你们再不明确告诉我们,那我们今天就是最后一次谈这个项目了。当然我们以后可以作为朋友在工作之余一起喝喝咖啡、聊聊天,但我们再也不可能涉及这个项目的任何话题了。"此举果然奏效,不久就收到有关赠款事宜的正式通知。

2.成交意图表达的主要方式

成交意图表达的主要方式通常有以下几种:

(1)最后决定的语言。谈判者用最少的言辞阐明自己的立场,谈话中表达出一定的承诺意思,但不包含任何讹诈的成分,如:"好,这就是我方最后的主张,现在就看贵方的了。"

(2)行为语言暗示。谈判者阐明自己的立场时,完全是一种最后决定的语调,坐直身体,双臂交叉,文件放在一边,两眼紧盯对方,不卑不亢,没有任何紧张的表示。

(3)给对方两种选择。谈判者所提出的建议是完整的,绝对没有不明确之处,如果他的建议未被接受,除非中断谈判,否则对方没有别的出路。

(4)说明现在成交的好处。向对方保证,现在结束对其最有利,并列举一些有利的理由。

2.3　促成成交的策略

1.场外交易法

在场外交易,彼此可以无拘无束地谈判,既可谈交易的分歧,也可谈与交易无关的问题,诸如公司的规章制度、子女教育、文体新闻等,这些话不仅可以增进感情,了解对方的人品、习惯,而且可以成为消除分歧的润滑剂。

正式谈判的参与者往往身份对等,以示公平和合乎面子,而非正式谈判却没有这一限制。在场外交易中,后台老板或其他不宜露面的人物可以从容商谈,并对一些不宜公开谈判的问题达成默契。在会议桌上,有些事难以启齿,可是在酒足饭饱的时候向对方提出某些要求,或向对方表示自己可以妥协的态度,则既能解决问题又不会失去面子,可谓一举两得。

2.最后让步法

这是指谈判到了最后,要对最后还未达成一致的一两个问题做出最后的让步,以谋求一致。除了要把握好最后让步的时间选择、幅度大小外,还应将让步与要求同时提出,除非己方的让步是全面接受对方的要求,否则必须让对方知道,在己方作出最后让步的过程中都需要对方予以响应,做出相应的让步。例如,在提出己方让步时,示意对方这是谈判者个人的主张,很可能会受到上级的批评,所以要求对方予以同样的回报。

3.最后期限法

期限对大多数人都具有催促作用,因为它可以使人采取适当的行动以符合要求。例如,住旅馆的住客大多数都会在接近中午的时间交出房间,以便符合 12:00 交出房间这个期限的要求。西方人在购买圣诞礼物时都会在 12 月 24 日那天才采取行动,以便符合 12 月 25 日的期限要求。

在谈判场合中,期限也同样发挥着作用,因为绝大多数的谈判都是到期限将至之时才达成协议。基于这个道理,懂得设定期限的人,在谈判时颇能占优势,因为他能借期限约束对方的活动范围。

4.细节征求法

谈判进行到最后,在个别细节问题上征求对方的意见,这一策略可以表示对对方的尊重,使对方感到自己是谈判的主角和中心,从而也为己方考虑,由此促进双方在最后一两个细节问题上尽快达成一致。

5.假设成交法

这是指假设双方已经成交,做出成交以后的举动,如收拾资料准备离场、商定合同的细节、考虑合同如何进行等,如果对方无异议,就等于默认了成交。

2.4 争取最后的收获

1.签约前的小小要求

谈判进入双方可接受的成交范围时,谈判一方可向另一方提出最后一个条件作为结束谈判、签订合同的前提,不过这最后一个条件一定是"小数",不宜过大,以免因小失大,丧失合同。

2.给对方一定的称赞

在谈判终了时,最好能给予谈判对手以正面评价,并可稳健中肯地把谈过的议题予以归纳。例如,"您在这次谈判中表现很出色,给我留下深刻的印象""您处理问题大刀阔斧,钦佩、钦佩"。

一般情况下,在谈判结束时对对方给予的合作表示谢意,对对方的出色表现给予肯定是谈判者应有的礼节,对今后的谈判也是有益的。

第3节 合同的签订

3.1 商务合同的种类与内容

1.商务合同的概念

商务合同又称经济合同,是经济组织之间,或其他社会组织(科研机构、院校、社会团体等)或个人之间,为进行经济合作和贸易往来,通过协商一致即谈判而共同订立的,以明确合作与往来目的,明确相互之间的权利、义务、责任、承诺的协议。涉外商务合同的当事人必须有一方为境外经济组织、社会组织或个人。订立商务合同是一种经济法律行为,它所明确规定的当事人的权利、义务、责任及承诺等,均有法律效力,任何一方违约或毁约,都必须承担法律上的经济责任。因此,它最典型地体现了商品市场经济的契约性质,是此性质的最高表现形式。

2.商务合同的基本内容

商务合同的种类、形式极多,具体内容各异,不少国家的合同法对此均有各自明确的规定。但其基本的共性内容则是稳定的,包括下列条款:

(1)品质条款。品质条款的基本内容包括品名、规格和牌名等。在凭样品买卖时,一般应列出各样品的编号和寄送日期。在凭标准买卖时,应列明引用的标准和标准物版本年份。

(2)数量条款。合同中数量条款的最基本内容是交货的数量和计量单位。应约定每个计量单位的数量或重量,以及溢短装条款。

(3)包装条款。应约定运输包装的方法,运输包装的尺寸与重量、材料,以及唛头的式样,此外还应约定销售包装的方法、包装内的容量或重量、包装的衬填塞物。

(4)价格条款。应约定价格条款的种类、价格的构成条件、计价的币种、计价的单位和价格变动风险的承担责任。

(5)装运条款。合同中的装运条款,主要包括运输方式、装运期限、装卸地点、时间、装卸率、装运通知和装运单据等内容。

（6）支付条款。支付条款的主要内容是约定付款期限、付款方式、付款币种以及约定支付条款的中间银行。

（7）保险条款。进出口货物的保险主要是货物运输的保险。货运保险按运输方式不同，可分为海洋、陆上、航空和邮电运输保险等，其中最主要的是海洋运输保险。

（8）检验条款。凡是进出口货物，都需要进行检验。对外贸易的商品检验，是指对进出口货物的品质、重量、数量、包装等实施检验和公证鉴定，以确定是否与合同中的有关标准规定一致。检验条款的内容主要有检验权、检验机构、检验的项目、检验的时间和地点、检验的方法和标准、检验费用的负担和检验的法律效力。

（9）索赔条款。索赔是指国际货物买卖中遭受损失的当事人，向违约方或对损失负有赔偿责任的当事人提出赔偿损失的要求。

（10）仲裁条款。在履行进出口合同中，买卖双方若发生争议，按国际惯例，买卖双方如愿通过仲裁解决争议，则可在合同中订立仲裁条款。

3.2　商务合同的书写与格式

1.商务合同书写的要求

（1）确定固化内容。书写合同并非任意撰写，必须严格根据双方谈妥、谈成的内容书写，也就是谈过什么写什么。因此书写要依据谈判的原始文件进行，原始文件不全或有遗漏之处，必须经谈判双方人员共同认可才能形成合同文字。书写合同必须是对谈判内容严格、准确的文字表达，此即所谓固化谈判内容，所以应该避虚就实。

（2）明晰深化思想。口头语言与文字语言在表达形式和表达程度上不可避免地存在一定的差异。书写合同时必须将口头讨论过的内容明晰化、具体化，使之可以切实操作、执行。在口头谈判中，可能来不及对谈判的某些内容进行可行性研究，也就是对实现这些内容即合同标的条件来不及做具体详尽深入的分析，对未来有关情况及条件的变化，也未做深入探讨。在口头讨论中，这些状况司空见惯，但将之形成文字，却为以后履约制造极大的麻烦，留下极大的漏洞，因此，在形成具有法律效力的谈判文件时，必须充分考虑到这一点，尽力弥补、堵塞合同漏洞，此即深化谈判内容的思想。其实质就是思考、推敲有关谈判的内容，口头达成标的影响因素、条件、可行性及将来可能产生的有利或不利的情况变化，将之诉诸文字表达，使合同无懈可击，以巩固谈判的成果，并保证合同本身不至于成为违约的依据。

（3）完善具体细节。口头谈判结束后，不少细节问题需要借合同书写过程逐一解决，使谈判结果具体完善。当然这些细节问题绝不是谈判内容中所没有的，而是蕴含在原谈判内容中的，是谈判内容的具体延伸。

（4）具备法律效力。合同是体现谈判成果的法律性文件，因此，它才具有权威性，才能保障合同当事人的权益。所以，合同的书写是一种将谈判内容整理、汇总为一个具有法律权威性的文件。

（5）语言文字。语言文字要严格、准确、清晰，不能含混、模糊不清，陈述必须相容、无矛盾，不能前后相互否定。

（6）双方共同参加。书写合同使双方谈判成果落实于文字，应该双方共同参加，切忌一方独揽。一方独揽的合同常陷入有效问题的争论。谈判双方应共同推举合同撰写者，双方应人数对等，以确保公平互利原则贯彻始终。

（7）符合行业特点。合同的书写应符合行业的特点、习惯与要求。

2. 商务合同的基本格式

商务合同由首部、正文、尾部及附件四部分组成。

(1)首部。合同的首部称约首,应注明序言,名称,编号,缔约日期,缔约地点,签约双方的名称、地址等。要把缔约方的全名和详细地址写明,因为有些国家的法律规定,全名称和详细地址是合同正式成立的必要条件。合同签订地与适用的法规有关,若是涉外合同,则与适用的法律有关。

(2)正文。规定交易的各项条款,写明买卖双方的权利和义务,是合同的主要部分。它包括合同标的与范围、数量与质量及其规范、价格与支付条款及相应条件、违约责任、合同效力等。此部分是合同关键所在,书写应明确、具体。

(3)尾部。尾部为合同的结束部分,内容包括合同的份数、合同的有效期、通讯地址、合同的签署与批准等。

(4)附件。附件是对合同有关的条款做进一步的解释与规范,对有关技术问题做详细阐释与规定,对有关标的的操作性细则做说明与安排的部分。

书写合同的具体格式在世界各国并无统一的规定,因此具体写作中可有一定的灵活性。但有的国家政府为了便于审查批准,对某些涉外合同的格式有具体专门的规定(如中华人民共和国经贸部推荐的"专有技术与设备引进合同"的格式等),书写时必须参照。

3.3 合同的审核与签字

1. 签字前的审核

(1)核对合同文本。在合同有两种文字情况下,要核对合同文本的一致性;在合同有一种文字情况下,要核对谈判协议条件与文本的一致性。

(2)核对批件。核对各种批件,主要是项目批件(许可证、设备分交文件、用汇证明、订货卡等)是否完备,合同内容与批件内容是否相符。对核对中发现的问题要及时相互通告,通过再谈判,达到谅解一致,并要调整签约时间。

2. 签字人的确认

商务合同的签字是出于对合同履行的保证,一般情况下由企业法人代表签字。例如,签字人的选择有如下几种:

①普通货物,成交额在百万美元以下的合同由业务员或部门经理签字。

②普通货物,成交额在百万美元以上的合同由部门经理签字。

③普通货物,成交额在五百万美元以上的合同由公司领导签字。

④成交额数巨大,在千万美元以上的,或合同内容为高新技术的,由公司领导签字,同时,与合同相关的协议由政府代表、企业代表共同签字。

若签字人就是公司、企业的最高领导,可不出具授权书,但也需以某种方式证明其身份;若签字人不是企业、公司的最高领导,则需要出具所属企业或公司最高领导人签发的授权书。

3. 签字仪式的安排

签字仪式的举行没有固定的模式,仪式的繁简取决于双方的态度和合同分量的影响。一般合同的签订,签字仪式可以很简单,与会人可站可坐,一切取决于双方的要求与意愿。重要的合同由政府官员出席,仪式也要隆重些。签字仪式要专门安排,诸如备好专门签字的桌子、场所、席间祝酒、签字后的宴请、宴请安排桌次、座次要严格按来宾身份排列,撰写双方代表的宴会前祝词,并约请电视台和新闻记者采访报道。签字时,双方贵宾和高级领导人站在签字桌后,以示隆重和祝贺。

第 4 节　合同的履行

4.1　合同的执行

1.合同有效的条件

(1)合法。合法即合同标的和合同内容符合、遵从国家法律法规和政府政策的规范与要求。若是涉外合同,其标的与内容必须符合、遵从双方当事人所属国家及政府的法律法规政策的规范与要求。这是合同有效的法律依据,亦是其有效性的法律保证。

(2)双方签署。合同必须经双方当事人及其代表人签署。合同签字者必须具有完全的缔约权力与能力,即合同签字者必须或为企业及组织的法人代表,或为享有拥有企业及组织的充分授权的代表人,或为自然人(若谈判一方为个人的话)。

(3)不损害公众。合同不得侵害社会公众利益,不得违反社会公德,否则合同无效。

(4)当事人自愿订立。合同必须出自当事人的自觉意愿而订立。合同必须在当事人对各种条件、因素知晓、把握的情况下订立。

2.保证与服务

在现在的国际经营活动中,为了满足买方的需求,为了从更长远的角度打开商品的销路,使之成为畅销不衰的物品,企业的经营活动已经延伸到交易的实现之后,交易各方纷纷履行保证和服务的功能。

(1)保证。保证是指销售方对购买方所允诺的在成交后担负的某种义务,如在保修期内提供免费维修等。保证可以减少买方所冒的风险,树立卖方的信誉和良好形象,提高竞争力,有利于日后的竞争和商务谈判。同时,保证又可以使卖方对其产品所负的责任限制在一定的范围内,超出保证包括的部分,卖方即可表示不负责任,从而保护了自己。诸如:保证有一定的有效期,即过期不负任何责任的时间限制;在保证书中说明,必须在规定的条件下发生问题时,销售方才负责任;因使用者过失发生损坏将不适用的程度限制;免费范围限制。

(2)服务。谈判后的服务工作主要有下述内容:

①技术服务。技术服务包括咨询服务、技术培训、提供产品说明书、代客户技术设计、产品维修、实行"三包"。

②追踪管理。为了了解新老客户和潜在客户的需求情况和对产品的各种意见与要求,企业应加强对产品、对用户的追踪管理。追踪管理的方式可采取调查、信访、邮寄问卷、电话询问、登门拜访等方式进行。

③财务服务。财务服务是指企业在财务结算上对购买本企业产品所提供的方便。这是一种商业信用,可为购买者解决缺乏购货资金的困难,又可加快产品的销售速度。其主要形式有延期付款和分期付款两种。

3.合同的鉴证与公证

(1)合同的鉴证。在合同正式签订前,要认真审查复核所要签订的合同的合法性、成交条件的内容、主要条款是否清楚可行、权利与义务是否平等。实行鉴证制度是为了增强合同的有效性,也有利于加强对商务合同的管理、监督和指导。按我国的法律规定,重要的合同必须鉴证,当事人一方要求鉴证的也应进行鉴证。商务合同的鉴证一般由国家设立的公证机关负责或由合同管理机关负责进行。

(2)合同的公证。合同的公证是指国家公证机关根据当事人的申请,依据法定程序证明当事人签订合同的真实、合法的司法证明活动。它是国家对合同的签订和履行实施监督管理,以此维护当事人的合法权益。合同的公证在于对合同的真实性、合法性加以认可,赋予其法律上的证明力,以此预防纠纷的发生。

4.合同的履行

合同的履行是指合同订立后,即具有法律约束力,当事人必须按照合同的条件、时间、地点、方法努力完成自己承担的义务并取得应有的权利。任何一方不得擅自变更或者解除合同。如果一方当事人不履行合同或者不按约定条件履行合同就构成违约,就要承担相应的法律后果。

合同履约有三种条件:

(1)先决条件,是指要求在某一事件或行为必须发生在履行以此为条件的允诺之前,如甲方 8 月份交货必须以乙方 7 月 1 日前将信用证开到甲方为先决条件。

(2)后随条件,是指要求在某一事件或行为必须发生在履行以此为条件的允诺之后,如合同中的品质索赔期限,可以规定为货到目的地后,收货方须在 60 天内向交货方提出,收货方不在规定的期限内提出索赔,便失去了获得索赔的权利。

(3)同时条件,是指合同中要求缔约的当事人双方都要同时行动的条款,如销售合同中的"一手交钱一手交货"。

合同的履行包括备货、审证和改证、装运、制单结汇等几个程序。

4.2 合同的变动

1.合同变动的原因

(1)审批手续不全或不能齐备。需经审批的合同,审批手续不全或不能齐备,分为三种情况:

①审批手续迟迟不能完成,即上级主管部门或上级领导对合同迟迟不予首肯批准,致使合同草签后产生无限期拖延的可能性或造成合同实际上的无限期拖延。

②部分审批手续迟滞,如设备许可证具备了(进口或出口),但培训许可证却没有。

③审批手续不可能完成,这种情况大多起因于事先需报请批准或申报备忘的谈判未按章办理,而事后以既定事实迫使上级认可,而上级予以否决。

(2)经济(背景)条件变化。所谓经济(背景)条件,是指谈判双方达成协议时,亦即双方达成相互承诺时所依据的经济条件。它可以是当时的条件,也可以是以当时的条件为基础做出一定(近期)预期的条件。这些条件是成交的前提和基础,若其发生变化,并且变化的幅度超出可承受的预期幅度,则意味着原来成交前提已经不复存在。在这种情况下会导致合同变动。对于时限较长的合同而言,遇到这种情况的概率并不低,如涉外合同中的成套项目合同,或在合同条款中明确规定最后的审批期限为 60～90 天等。

(3)技术(背景)条件变化。所谓技术(背景)条件,是指谈判双方达成协议时所依据的承诺的技术条件。它可以是当时的条件或是做出一定(近期)预期的条件。这些条件构成成交的前提与基础,若其发生变化,并且变化的波动幅度超出可承受的预期幅度,则意味着原来成交条件已剧变或不复存在,由此导致合同变动。对于期限较长的合同,特别是以科学技术或以科技含量较高的产品为交易内容的合同,完全可能碰上这种情况。例如,计算机交易合同中如规定交易期限较长,完全可能在货物交割时原合同标的机型已陈旧,市场上新机型已推出,并逐渐取而代之。

(4)违约。违约是指合同一方违反合同条款,或是部分违反,或是全部违反,不论违反程度与范围如何,只要履约行为与合同条款所作规定不符,均属违约范畴。违约可以是蓄意、故意的,也可以是失误、无意的。但不论主观因素如何,凡属违约,均必须承担法律与信用后果,均会导致合同变动。

(5)验收失败。有的成套设备交易合同、大宗贸易合同等,在其逐步交付的过程中,即使交付不符也看不出来,因为此阶段不易检验,尽管其确为交付不符,但只有待其使用时,见其达不到合同标的规定,才能知其不符。在交易完成阶段即履约完成阶段检验出其与合同标的不符者,统称为验收失败,它必然会引起合同的变动。

(6)不可抗力。不可抗力因其影响合同生效与执行,必将导致合同的变动。

2.合同的变更与解除

合同的变更与解除的条件主要包括:发生不可抗力事件,致使合同的全部义务及其责任不能履行;由于合同当事人一方违约,使履行合同成为不必要或不可能,受害的一方可依据法律程序变更或解除合同;合同当事人的一方在合同规定的期限内没有履行合同并已被确认,同时又被对方允许推迟履行的期限,但在此期限内,合同仍未得到履行,合同当事者的另一方可以要求变更或宣布解除合同。

依据法定条件及程序变更与解除合同,属合法行为。但其常因违约而起,所以必须追究负有责任一方及违约方的经济责任,且要求并迫使其赔偿另一方的经济损失。

3.合同的转让

合同的转让是指合同当事者的一方将合同中对其所规定的权利、义务、责任全部或部分转让给第三者。转让的一方称让与人(者),接受转让的一方称受让人(者)。

合同的转让包括两种具体情况:

(1)部分转让,即让与者将合同中对其所规定的权利、义务、责任的一部分转让给受让者,这样原合同主体由双方变成三方。

(2)全部转让,即让与者将合同中对其所规定的权利、义务、责任的全部转让给受让者。这时合同的主体仍为两方,但却更换了一方合同的当事者。

4.合同的终止

合同的终止是指基于一定的法律事实,合同所规定的当事者双方的权利、义务及责任在客观上已不复存在。

合同的终止包括三种情况:

①合同因履行结束而终止。

②合同因双方协议而终止。

③合同的强制性终止。

第 5 节　谈判后的管理

5.1　谈判总结

谈判结束后,不管是成功还是破裂,都要对过去的谈判工作进行全面、系统的总结。总结从准备工作开始,直至结束,对整个谈判进程都要回顾、检查、分析和评定,吸取每次谈判的经验和教训,不断提高谈判水平。

1. 谈判成败得失的总结

要从总体上对己方本次谈判的组织准备工作,谈判的方针、策略和战术进行再度评价,即事后检验,检查哪些是成功的,哪些是失败的,哪些有待于今后改进。同时,每个谈判者还应从个人的角度,对自己在该次谈判中的工作进行反思,总结经验和教训。通过这样的总结,可有效地培养和提高己方谈判人员的谈判能力。

2. 对签订合同的再审查

虽然合同已经签字生效,在一般情况下没有更改的可能,但是如果能尽早地发现其中的不足和隐患,就可以主动地设想对策,采取补救措施,早做防范工作,这样可以避免事情突然发生而不知所措。

5.2 关系维护

合同签字并不意味着交易双方关系的了结,相反,它表明双方的关系进入了一个新的阶段。从近期来讲,合同把双方紧紧地联系在一起;从远期来讲,该次交易为今后双方继续合作奠定了基础。因此,为了确保合同得到认真彻底的履行,以及考虑到今后双方的业务关系,应该安排专人负责同对方进行经常性的联系,谈判者个人也应和对方谈判人员保持经常的私人交往,使双方的关系保持良好的状态。

5.3 资料管理

1. 谈判资料的整理

谈判后资料的整理包括以下方面:该回收的谈判文件应及时回收;根据谈判的原始档案或已签订的协议撰写和分发谈判纪要;进行谈判材料和原始档案及协议、合同的立卷归档;如需要,准备好宣传报道工作。

2. 谈判资料的保存与保密

对该次谈判的资料,包括总结材料,应制作成客户档案妥善保存。这样,以后再与对方进行交易时,上述材料就可成为非常有用的参考资料。

在妥善保存谈判资料的同时,还应注意给予一定程度的保密。如果有关该次谈判的资料,特别是其中关于己方的谈判方针、策略和技巧方面的资料为对方所了解,那么不仅使对方在今后的交易中更了解己方,更容易把握己方的行动,而且有可能直接损害目前合同的履行和双方的关系。例如,在谈判中,在某个问题上,本来对方可以不让步,或者可以争取己方的让步,结果因己方采取了某些策略和技巧而使对方做了让步,或没有争取到己方的让步。这一信息如果被对方了解的话,其心中必然懊悔不已,并产生想重新把损失捞回去的念头。这样,其履行合同的热情和诚意就会大大减少,甚至荡然无存,报复的心理转而占了上风。所以,对于客户的档案,非有关人员,未经许可,一律不得调阅,这应成为企业的一项制度。

>> 谈判艺术篇

第9章 商务谈判策略与技巧

本章要点

1.了解商务谈判策略与技巧
2.了解谈判主动权的谋略策略
3.了解几种对手的谈判策略
4.掌握商务谈判语言表达技巧
5.掌握商务谈判压力处理技巧
6.掌握常见商务谈判战术的运用

第1节 谈判策略与技巧概述

1.1 谈判策略与技巧的含义

策略与技巧是既有联系又有区别的两个概念。策略是指人们谋事的基本计策与方略,技巧是指人们进行某种具体活动的技术及其灵巧性。策略与技巧的区别在于策略解决的是大的、影响全局的问题,主要目的是获取优势,而技巧解决的是具体的、一时一事的问题,主要目的是获取效率;策略具有相对的稳定性,而技巧具有很大的灵活性。此外,策略体现于方案,而技巧体现于语言,因此谈判技巧也可称为谈判艺术。策略指导技巧,技巧实施策略。例如,报价需要策略,要考虑报价的时间、先后、方式、高低等方面,但报价的表达则需要技巧。

谈判的策略性主要表现在为谈判的总体及每一部分设定一个谈判的思路,是一个"做什么"的问题。例如,是采取说服对方还是采取压迫对方?是运用手腕对对方施加控制还是借用第三方的力量?是采取合作态度还是引发冲突?是快速进取还是延长施加压力的时间?而谈判的技巧则主要表现在如何去实现策略,是一个"怎么做"的问题。当然,有时两者也很难区分,它们常常交织在一起,也没有必要去钻牛角尖。

但是,策略不等于战略,战略是总体的策略,是策略的策略,指导全局和整体,它实现的是总体的目标;而策略可以具有阶段性和局部性,它实现的是阶段的或局部的目标,例如,开局的策略、报价的策略、让步的策略等。

1.2 影响谈判策略的主要因素

1.谈判的内容及性质

谈判的内容与性质不同,谈判的类型与特点亦不同,如商务谈判的策略与政治谈判的策略就有很大的差别;即使是同一类型的谈判,若谈判的具体内容不同,其策略也是有所差别的,如同样是商务谈判,贸易谈判的策略与索赔谈判的策略就有所不同。

2.谈判者的目的

目的决定战略。谈判者的目的,主要可以分为两类:一类是以追求协议的达成为主;另一类是以追求己方的最大利益为主。显然,两种不同的目的决定了不同的谈判思路与方针。以协议的达成为主要目的,适宜采用软式、积极、防御的谈判策略;相反,以追求谈判的最大利益为主要目的,适宜采用硬式、消极、进攻的谈判策略。当然,这不是绝对的,因为无论什么样的目的,谈判者都会维护自己的最低利益要求,在协议的达成与己方的利益间会取得某种平衡,这就使策略具有一定的灵活性。

3.谈判双方的实力对比

谈判实力是影响谈判策略的主要和直接因素,因为谈判实力综合反映了双方的状况和力量,决定着谈判的主动权和谈判双方的利益分配。一方面,谈判者要根据双方的实力对比情况来制定谈判策略,如果己方实力弱于对手,则更多地会采用建立良好关系、以柔克刚等方面的策略;而当己方实力强于对手时,则更多地会采用向对方实施压力、主动进攻等方面的策略。另一方面,因谈判实力是可变的、潜藏的,因此,如何增强和运用谈判实力本身就构成谈判策略的一个重要组成部分。

4.谈判对手的特点

谈判是通过人去实施的,不同的谈判对手其风格、个性、素质、能力等是不同的,这就决定了其谈判方式方法的不同。只有弄清了谈判对手的特点,才能通过这些特点去影响和调动对手,从而达到说服对手的目的。例如,针对强悍派对手与逃避派对手的策略是不同的。因此,谈判不仅要因时、因地制宜,也要因人制宜。

5.谈判双方的关系

谈判双方的关系是指谈判双方之间的交往程度、熟悉程度、友好程度和信任程度等,它决定着谈判策略的"质"(性质)和"度"(力度)。例如,谈判双方已经比较熟悉和了解,那么谈判就可以更直接、更坦诚、更爽快一些,谈判谋略的运用也会少一些,谈判策略的力度也会低得多;相反,如果谈判双方是首次谈判,因双方不可知、不确定的因素较多,所以谈判谋略的运用要多一些,力度也要大一些。谈判一方面需要更多的策略,另一方面也为策略的运用提供了较大的空间。

6.谈判所处的阶段

谈判过程是一个谈判信息和实力状况不断变化的过程。谈判处在不同的阶段,一方面,谈判者的任务和重点是不一样的,决定了谈判的具体策略是不同的,如开局阶段讲的是开局策略,成交阶段讲的是成交策略;另一方面,因谈判信息和实力的变化,谈判者也需根据谈判的情况变化来调整、修正自己的策略,谈判策略不是一成不变的。

1.3 谈判策略的基本分类

根据谈判策略的性质与特点,总体上可以将谈判策略分为谈判的总体策略与谈判的具体策略两大类。

1.谈判的总体策略

谈判的总体策略是指关于谈判全局的策略,是谈判的基本思想和指导纲领,是谈判的战略,其基本内容如下:

(1)谈判理念,包括谈判的观念、目的、原则等,是谈判的最高指导思想。

(2)谈判目标,是指谈判应达到的利益结果,是谈判目的的直接体现。

(3)谈判方针,是指谈判的基本方向、策略和路线,体现在谈判的基本立场、姿态、方式上。

(4)谈判步骤,是指实现谈判目标的基本步骤和程序。

(5)谈判措施,是指实现谈判目标的重大、重点措施。

2. 谈判的具体策略

谈判的具体策略是指针对某一具体场合和目标的策略,是谈判总体策略的具体化。它一般可以划分为以下几个部分:

(1)不同态势的谈判策略,是指针对不同实力对比情况下的谈判策略,如优势条件下的谈判策略、均势条件下的谈判策略、劣势条件下的谈判策略。

(2)不同阶段的谈判策略,是指在不同的谈判阶段下采取的谈判策略,如开局阶段的谈判策略、摸底阶段的谈判策略、成交阶段的谈判策略等。

(3)不同对手的谈判策略,是指针对不同的谈判对手所采取的谈判策略,如针对强悍派对手的谈判策略、针对苛刻派对手的谈判策略等。

(4)不同活动的谈判策略,是指针对不同的谈判活动所采取的谈判策略,如开局的策略、报价的策略、还价的策略、让步的策略、处理僵局的策略等。

第 2 节　谈判主动权的谋取策略

2.1　谈判人员策略

谈判者的素质、能力、风格、经验、关系等,是影响谈判实力和结果的主要因素。选择合适的谈判人员、进行良好的谈判人员的组织和管理,是获取谈判优势的重要来源。人员策略的表现方式有多种多样,以下是几个主要方面。

1. 专家策略

派出某一方面的专家或权威参与谈判,因专家有较高的威信和影响力,易取信于人,其观点也易被对方接受,因此谈判效果较好。

2. 对等策略

谈判中讲究等级资格和地位的对等,派出等级、职务对等的谈判人员往往可以进行充分的沟通和协商,取得较好的谈判效果。

3. 升格策略

当等级较低的谈判人员之间不能取得较好的谈判效果时,谈判双方或一方派出等级更高的谈判人员是取得谈判突破的一个良好策略。

4. 影子策略

为了摸清对方的虚实和底细,先派出"影子人员"(非真正的谈判人员)与对方接触和周旋,待情况清楚后,再派出真正的谈判人员开始谈判。

5. 幕后策略

谈判的真正决策人物不出场,躲在幕后操纵,其好处是给己方留出足够的回旋空间,一旦谈判出现不可调和的矛盾,幕后人物可出来斡旋或圆场。

6.红白脸策略

"红脸"强硬,"白脸"温和,一唱一和,一张一弛,既给对方施加强大的压力,又使对方留有谈判的希望,在进攻与缓和中争取己方的最大可得利益。

7.车轮战策略

车轮战即派出不同的谈判人员轮番上阵与对手辩论,形成一种人数、气势、论理的优势,同时形成不同态度造成的心理压力,使对手疲于应付,做出退让。

8.预备队策略

在谈判中,充分利用台上、台下人员的分工,在台上人员与对手交锋时,让台下人员充分准备,并不失时机地让台下人员来到台上参与谈判。

9.中间人策略

当谈判双方陷入巨大的矛盾中而不能自拔时,从外界寻求有影响力的第三者来缓解双方的关系、立场,并谋求各方接受的新方案,从而推进谈判。

10.调整关系策略

通过调整双方谈判人员之间的亲疏、远近关系,以谋求有利的谈判地位。一般来说,谈判实力弱于对方,应尽量搞好与对方的个人关系,拉近双方的距离,做好关系"润滑";相反,若谈判实力强于对方,则不宜与对方个人的关系搞得太近,以免受制于人。

案例链接

汽车推销员的谈判术

一位真正老练的汽车推销员的谈判水准总会胜过顾客,因为他平均每周要卖掉两辆汽车,而顾客要几年才买一次车。推销员之所以更厉害,是因为他更有经验。

在卖汽车的交易中,最大的难题是对待那些"随便逛逛"的顾客,他们在寻找最合适的便宜货。有这样一位推销员,当他认识到某位顾客"只不过随便逛逛"的时候,就拒绝告诉对方价格,只是掏出自己的名片,写上顾客的姓名,再加上一个不可对顾客暴露的数字。然后他把这个名片别在办公室的墙上,对顾客说:"这就是你可能找到的最合适的价钱了。"他劝告顾客可以去和别的经销商谈谈,谈完以后再回来看看,他写在名片上的价钱到底是多少。

实际上每个顾客都会回来的,他们对此存有好奇心。当然,写在名片上的数字不一定是最合适的价钱,但是推销员并不吃惊。"先生,人家和您谈的买卖条件如何?"他会问返回来的顾客,而顾客也总是如实告诉他。随后,推销员就明白了自己所占的地位如何,且他已有一位认真考虑买东西的"候补顾客"了,而且相当准确地了解到了竞争者的价格。现在,他就可以选择做还是不做这笔生意了,这要视具体情况而定。这位推销员每年所卖掉的汽车都要比别人多得多。

案例链接

不同人员的谈判效果

美国大富豪霍华德·休斯为了大量采购飞机而亲自与飞机制造商谈判。霍华德·休斯脾气古怪,性情暴躁,谈判中他列出了 34 项要求,对其中 11 项要求是非满足不可的,对此,对方表示了相当不满,谈判陷入了僵局。后来,休斯派他的私人代表继续与对方谈判,他对自己的代表说:"只要争取到那几项非得不可的要求我就满足了。"该代表经过一番谈判后,竟然争取到了 34 项要求中的 30 项,其中包括那 11 项必不可少的要求。当休斯问及私人代表是怎样取得这次谈判的成功时,他的代表回答说:"这很简单,因为每到相持不下时,我都问对方:'你到底是希望与我解决这个问题,还是留待与霍华德·休斯跟你们解决?'结果对方无不接受我的要求。"

2.2　谈判时间策略

任何形式的谈判都有时间限制,随着时间的推移,对谈判各方的心理影响是不同的,双方的实力对比和地位也会发生相应的变化。运用时间已成为谈判策略的重要组成部分,是谋取谈判主动权的重要途径。

1.时机策略

时机策略的主要含义是谈判者要选择适当的时机采取行动,在适当的时机开始谈判,在适当的时机提出谈判方案,在适当的时机报价与讨价还价,在适当的时机做出必要的让步,在适当的时机退出谈判,在适当的时机达成交易等。时机选择应恰到好处,过早容易导致准备不充分或显示己方的急切心态,失掉主动权;过迟则容易失去谈判或进攻的最佳机会,事倍功半。时机策略的精髓在于懂得选择于己有利,尤其是己方的谈判实力强于对手的时候果断出击。

2.拖延策略

一般来说,在谈判中谁越能经得起时间的考验,越有耐心,谁就越能取得有利的结果。拖延是削弱对方实力、由被动转为主动的有效手段,也是谈判中最常用的战术之一。拖延的手段可以是暂时中止谈判、暂不回答对方、有意回避问题、有意延缓时间、耐心等待让对方先表态等。当然,不是什么时候都可以拖延,也不是越拖延越好,当时机变化对己方越来越不利时应果断行动。

3.僵局策略

僵局策略是指谈判有意通过较苛刻的条件或拒不让步来制造僵局,随着时间的推移,对方面临的压力将越来越大,最终不得不做出某种选择。僵局策略是一种假性败局,一定要掌握好"时"和"度",否则就会弄假成真,成了真的败局。

4.休会策略

休会策略是指在谈判过程中,当遇到某种障碍或出现某种突然事件时,谈判一方或双方提出暂时中止谈判,另约时间重新谈判的策略。休会可以缓冲双方的矛盾或紧张关系,转换谈判的气氛,可以让谈判人员得到修整,重新思考谈判的方法与策略,可以在己方不利的时候退出谈判来改变不利的局面,从而谋求有利的谈判地位和利益。

5.截止期策略

截止期策略又称最后期限策略,是指通过向对方提出谈判的最后期限(截止期),给对方施加压力或打乱对方的部署,给自己争取谈判主动权的一种策略。运用该策略的前提是使对方相信这个"最后期限"是真实的,否则就会失效。因"最后期限"具有一定的威胁性,因此使用时应把握好它的"度",考虑好口吻与语气;同时,应给自己留出一定的余地,以免对方一旦不予理会,己方仍有继续谈判的可能。

6.控制议程策略

谈判议程分配了不同谈判议题的顺序和时间,以己方为主控制谈判议程是争取谈判主动权的一项重要措施。设置议程安排,可以使谈判紧凑进行,紧扣谈判主题,也可以使谈判变得冗长乏味,偏离主题而陷入枝节的纠缠。谈判议程不同,对谈判者的精力、心理、意志的影响也不同,争取于己有利的谈判议程就可以取得有利的谈判结果。

案例链接

知州买马

明朝有一种差役,是官府将官马分派给民户饲养,过段时间再由民户向官府交纳验收。由于各州县的官马都不能自己繁殖小马,小马必须靠马贩子从外地贩来,于是奇货可居,马贩子经常趁机抬高马价。开州地势偏远,交通不便,买马比别的州县更困难。为了解决这一长期存在的难题,开州知州陈霁岩在琢磨了这一情况后,心生一计,佯装不急,表示要等马贩子到齐后再出堂看马。在看马前一天,他把负责马役的差官招来,向他们详细地询问了市场的行情,然后又悄悄地对他们说:"虽然我现在非常急于买马,但明天看马之时,要装出一副不在乎的样子,这件事先让你们心中有数。"差官们原本是怕交不了差而被上司惩罚,在听了陈知州的一席话后犹如吃了一颗定心丸,急忙谢恩。

看马的日子到了,管马的差官把马贩子齐聚堂上,他们带来了各种各样的马匹,其中大部分都很健壮,但陈知州却一概不要。他对马贩子说:"马的高矮就怕比较,我宁可要矮一寸的马。我已经发文通知太仆寺(当时朝廷负责马政的官署),说这是自己繁殖的马驹。"众差役于是齐声呼应,再过三日到临濮的市场上去选购,一定能够得到知州所要求的这种马。陈知州答应了,对谁也没责备。

马贩子眼看成交无望,内心非常失望,为了保本,都争相把手中的马贱价脱手。结果,这年开州需要的马匹不到两天就全部买齐了,而且价钱都在 20 金以下一匹。而周围的州县,为了争取早日完成任务好得到官府的保荐,地方官们都争相高价买马,马价有的竟然涨到 40～50 金一匹。

2.3 谈判信息策略

商务谈判是一场心理战,也可以说是一场信息战。信息掌握的多少与真伪,在很大程度上制约着谈判的局面;信息运用的得当与否,则影响着对方的行为反应与谈判的成效状况。因此,信息策略是谋取谈判主动权的重要策略。

1.信息优势策略

信息优势策略是指通过掌握比对方更多、更确切的信息,从而取得信息优势的策略。简单地说,就是要知道对方的多,而让对方知道己方的少;或己方掌握相关信息多,对方掌握相关信息少。己方知道对方的东西越多,或对方知道己方的东西越少,谈判策略运用的空间就越大,谈判的主动权就越强。

制造信息优势的基本策略是在自己的公开中藏匿自己,在对方的藏匿中公开对方。也就是在自己公开的资料和信息中,要将己方真正的利益、需要、意图和计划等隐藏起来,让对方难以捉摸、无从进攻;同时,要尽量搜集对方的真实情报和实力,掌握对方隐藏的真正意图,有的放矢,避实击虚。正如一位谈判学家所说:马商永远不会让卖方知道哪一匹马是他们真正想买的,否则,这匹马的价格必然要上涨;而卖方极力想弄清马商到底想买哪一匹马,以便将这匹马以高价出卖。

2.信息传递策略

同样的信息内容,由于信息传递的方式、时机、场合、渠道等的不同,谈判者对信息的接受程度、信任程度亦不同,信息对对方的影响作用也就大不一样。因此,信息传递策略,就是要选择于对方接受程度和信任程度高的传递方式,以增强信息对对方的影响力,使己方获得有利的谈判地位和结果。例如,从信息传递的媒介来看,越是正式的媒介(如报刊),其传递效果就越好;从信息传递的方法来看,暗示就比明示具有更大的回旋性;从信息传递的渠道来看,统一传递就比分散传递的效果要好,第三者传递就比自己传递的效果要好;从信息传递的时间来看,信息传递越及时,对对方的影响力就越大;从信息传递的场合来看,一些信息适合于公开传递,一些信息则适合于私下传递。

3.信息诱导策略

在谈判过程中,谈判者是根据其所掌握的信息来采取行动的,信息诱导就是要通过有意识地信息发布和传递,来达到调动和诱导对方行为的目的。信息诱导策略强调的是造势夺声,虚实结合。势,就是要通过信息传递营造于己有利的形势;声,就是要通过信息传递制造于己有利的言论或舆论;虚,讲究的是迷惑对方,使对方难以正确判断;实,强调的是以理服人,事实胜于雄辩。例如,在商谈某个条件之前,通过某种方式的"放风",对方就会事先产生某种心理定势,一旦在谈判桌上正式提出条件时,对方就不那么抗拒了,而变得容易接受了。

案例链接

焚画救画

清代,福州有个叫郑堂的画商,他办有一家书画当铺。有一次,一个叫陈松的人,拿来一幅画,说要典当。郑堂打开一看,认出这是五代画家顾闳中的佳作《韩熙载夜宴图》。这个作品是稀世之宝。郑堂问:"贵画打算现卖还是寄售?"陈松回答说:"此画乃我祖遗物,在下不敢当败家子,没打算出售,只是家中有变,为了应燃眉之急拟将此画押当贵店,因为郑先生识货,可求高价。"于是郑堂就花 8000 两银子的高价当入。

可是,过了当期,陈松一直没有来取画,郑堂有点紧张起来,取出放大镜在画上看了半天。出乎意料的是,这是一幅仿造得十分逼真的假画。8000 两银子可不是一个小数目,足以让整个当铺倒闭。一时,郑堂被骗 8000 两银子的消息不胫而走,传遍了全城。

在这种情况下,郑堂临危不乱,不动声色。第三天,他在城里最大的酒家聚春园办了 10 桌酒席,请来全城的社会名流和字画行家。酒饮一半,郑堂取出那幅画,挂在大厅的正中,抱拳作揖地对大家说:"众位亲友同行,郑某由于才疏学浅,一下子被人骗了8000两银子,多年积蓄付诸东流。郑某立志字画行业,决不会因此罢休,倾家荡产也要支撑下去。当铺是不会倒闭的,请诸位放心!今天宴请各位,是想让大家看看,认识认识这些骗子的手段。"说完,大家纷纷起立,观看假画。待大家看完后,只见郑堂取下假画,将它投入火炉。片刻,假画化为灰烬。一夜之间,郑堂火燃假画的消息轰动全城。

到了第二天,陈松突然出现,见到郑堂,又是鞠躬又是作揖:"郑先生,真对不起,在下前几天到乡里应邀做客,误了还期!"郑堂说:"只误三天,无妨,加三成利息。"陈松满不在乎:"好说,好说,利息当然要加,只要画保管好就行了。""这个……这个,贵画是要保管好的,请放心!"郑堂面露慌张之色。"那么,是不是请郑先生把画取出来一起看看好吗?"陈松不无得意地问。"不急,钱交完就给你画!"郑堂打完算盘后说:"连本带利共12000两银子。"陈松得意地取出钱,交给郑堂,说:"郑先生兑画吧!"郑堂不慌不忙地从柜子里取出画交给陈松。陈松展开画,一看确实是自己典当的那幅假画,顿时吓得面如土色。

原来,郑堂请人照着那幅假画仿制了一幅,然后当着众人的面烧毁了它,并广造舆论。按照典当规定,当铺丢失当物要赔双倍的价钱。陈松得知消息,以为郑堂烧去的是自己的那幅假画,认为有利可图,只要自己去赎画,郑堂拿不出画来就可以再赚一笔。结果,"偷鸡不成蚀把米",中了郑堂的以毒攻毒之计。

2.4　谈判权力策略

权力是一种影响力和决定力,谈判权力是谈判主动权的重要来源。谈判权力策略就是如何增强谈判权力的策略,它往往与人员策略、信息策略等结合起来运用。

1.正式权力策略

正式权力策略是指运用正式的权力来增强谈判主动权的策略,一般包括三个方面:

(1)权力更大策略,即通过赋予谈判者更高的职务、荣誉或更大的谈判权限,或者派出职位更高的谈判人员,来增强己方在谈判中的影响力。例如,授予谈判者一个更有利于谈判或表态的职务,就可以更好地促进谈判。当然,谈判者表现出来的权力与实际拥有的权力是两码事,一般来说,授予谈判者部分权力比授予全权要更有利。

(2)权力有限策略,即当谈判者发现他正在被迫做出他不能接受的条件时,就可声明自己没有被授予相应的权力,以达成拒绝对方要求的目的。"权力有限"可以是真的,也可以是假的,它常常是谈判者抵抗到最后的一张王牌,对合理合情地抗拒对方的要求十分有效。

(3)主持权力策略,即利用谈判主持人或主场人的权力的策略。例如,谈判主持人可以在谈判的时间、地点、议程的安排,谈判开局等方面发挥主导作用。

2.合法权力策略

合法权力策略是指利用法律政策的规定、商业惯例、文化习俗、交易先例等方面赋予的"合法"权力,为己方谋得有利地位的一种谈判策略。合法权力往往具有较强的约束力和说服力,因此易于被接受。例如,利用宗教习俗可以更改谈判的时间,利用商业惯例让对方先报价,利用"没有先例"来拒绝对方的要求等。

3.竞争权力策略

竞争权力是指来源于己方给对方制造的竞争压力所带来的权力。在谈判中,己方给对方制造的竞争对手越多,竞争压力越强,己方的谈判权力就越大,谈判的主动权也就越强。无论是买方还是卖方,都可以给对方制造竞争压力。作为买方,可以"货比三家";作为卖方,可以展示己方的交易记录,表现己方的独特性,显示货源的紧张等。

4.专长权力策略

这是指利用谈判者某一方面被公认的专长或利用专家的权威来取得对谈判的影响力的一种策略。专长,是一种影响力,因而也是一种权力。利用专长带来的权力,往往能取得较好的谈判效果。例如,己方是某一行业或领域的领先者,己方的技术专家是某一方面的知名权威,己方的谈判人员有高学历、高职称或获得过某些荣誉等。

5.魅力权力策略

人格魅力是一种影响力,因此也是一种权力。魅力权力策略就是通过展现谈判者的人格魅力来取得对方的信任,从而获得影响力的一种策略。谈判者的魅力主要来源于谈判者的气质、魄力、胸怀、见识、修养、形象、幽默感等方面,是谈判者所拥有的最主要的权力之一。提高谈判者的个人魅力,是获取谈判主动权的基本途径。

6.筹码权力策略

筹码是指谈判中对己方有利的交易条件。筹码越多、越强,保留的时间越长,与对方讨价还价的条件就越有利,谈判的主动权就越强。筹码权力策略就是通过设置和保留谈判的筹码来获取谈判权力的一种策略。筹码主要来源于设计交易的保留条件,在需要时才把它拿出来与对方讨价还价,此时它就成了"筹码",如果一次或过快地就把所有的条件或优惠给对方,就失去了筹码。例如,如果己方愿给对方10,那么就先给8,此时剩下的2就成了筹码;愿给甲乙丙,就先给甲乙,丙就成了筹码。

7.模糊权力策略

模糊权力策略是指在谈判中模糊其事、不予明确表态以获得谈判主动权的一种策略。在谈判中,有时越具体、越明确,就越被动;相反,越抽象、越模糊,就越主动。模糊使对方不明确己方的意图,使己方赢得了时间和空间,因此也就获得了主动权。

8.逼迫权力策略

逼迫权力策略是指在谈判中逼迫对方做出最后表态,否则己方就要采取相应行动以获得谈判主动权的一种策略。任何人都有权力,最起码有选择做还是不做的权力。逼迫权力在谈判中常常表现为"最后通牒""最后期限""威胁"等方式,使对方不得不做出回应。但是这种权力是有风险的,因此往往放在谈判的最后阶段使用。

9.后发权力策略

在谈判中,先提出条件与后提出条件,主动与被动往往影响着双方的主动权。所谓后发权力策略,就是指通过有意让对方先提出条件、让对方主动与己方协商,或先造成某种有利于己方的既成事实后谈判,来获取谈判主动权的一种策略。谈判中"后发"常常具有优势(不是绝对如此),因为,先发的一方已经有了限制的一端,而后发方则可以自由地跑到另一端。例如,谈判中少表态、迟表态,就可以争得更多的主动权;让对方来说服己方做交易就比己方去说服对方做交易要主动得多、强力得多。

通过谈判地位的转换,主动权就大不一样了。例如,卖房者找买房者洽谈房屋买卖事宜,过了一段时间,他打电话说道:"我不知道我们谈的这件事是否对头,我个人是想卖的,可是我妻子和孩子们都喜欢这个地方。我也就和他们一样了。我都不知道该干什么了,你说呢?"注意,他现在正在迫使买房者去说服他把房子卖了,他把买卖关系弄颠倒了。如果买房者果真尾随于他,他将坚持他的全部条件。

案例链接

二手车的买卖

一对夫妇在报上登广告以 4 万元卖一辆二手车。一下子有许多人感兴趣。有一个买者开价 38000 元,并留下了 200 元定金,被他们接受了。于是他们回绝了其他所有买主。

他们等了很长时间对方还没有寄支票以结束交易。他们有些迫不及待地打电话给那位买主。但是,买主却很难过地解释说他的搭档不同意 38000 元的出价。他说他们曾看到一辆相似的汽车,而那辆车只卖 34000 元……

这对夫妇当然十分生气。但这时他们早已扔掉了其他感兴趣的买主的名单,他们也不愿重新登广告、接电话及讨价还价了。最后,他们只好将车以 34000 元卖给了那位买主。

第 3 节　对付对手的谈判策略

3.1　凶悍派对手

1. 凶悍派对手的特点

这种人常用语言或肢体暴力威胁对方。譬如说:"这是什么话",或"我现在就要……",或者说:"你要是不……我就……"

2. 对付凶悍派对手的策略

(1)引起对方的注意,这是对付凶悍派对手特别有效的方式。必须让对方知道己方忍耐的底线在哪里。其目的不是惩罚,而是要让对方知道己方忍耐的极限。

(2)指出对方行为的失当,并且建议双方应进行更富建设性的谈话,在这种情况下对方也会收敛火气。这时最重要的是提出进一步谈话的方向,给对方一个可以继续交涉下去的台阶。

(3)不要过分防御,否则就等于落入对方要己方认错的圈套。在尽量听完批评的情况下,再将话题转到"那我们针对你的批评该如何改进呢"。

(4)避免站在自己的立场上辩解,应多问问题。只有问问题才能避免对方进一步的攻击。尽量问"什么",避免问"为什么"。问"什么"时,答案多半是事实;问"为什么"时,答案多半是意见。

3.2　逃避派对手

1. 逃避派对手的特点

这种人采取的是避而不见或拖延战术。他会说"明天再说吧""我没时间"或"这不归我管"。

2. 对付逃避派对手的策略

要安抚他们的情绪,了解他们恐惧的原因,然后建议更换时间或地点进行商谈,适时说出他们感到恐惧的原因,让他们觉得因已方了解他们而产生安全感。这种方法对凶悍派对手也有效,只要他们产生了安全感,自然也就不会逃避或失去控制。

3.3　苛刻派对手

1.苛刻派对手的特点

这种人习惯于用极端的要求吓倒对方。他们往往会说"我只等到 5 点"或"中午以前一定要交"。

2.对付苛刻派对手的策略

(1)改变话题。在对方提出苛刻要求时,最好假装没听到或听不懂他的要求,然后将话题转往别处。

(2)当对方采取极端立场威胁时,可以请他解释为什么会产生这样苛刻的要求,可以说:"为了让我更了解如何接受你的要求,我需要更多地了解你为什么会这样想。"

3.4　两极派对手

1.两极派对手的特点

这种人根本不谈,只逼对方做出要还是不要的决定。

2.对付两极派对手的策略

(1)坚持一切按规矩办事。凶悍派、苛刻派、两极派都会强迫人接受他们的条件,对此应拒绝受压迫,而且坚持公平的待遇。

(2)沉默是金。这是最有力的策略之一,不妨这样说:"我想现在不适合谈判,我们都需要冷静一下。"

3.5　诡计派对手

1.诡计派对手的特点

诡计派对手惯用说谎、攻击,以至于各种形式的"计谋"取得"胜利",这些诡计可能是非法的、缺乏道德的,也可能仅仅是不愉快的。虽然谈判不提倡搞阴谋诡计,但同时又必须懂得去对付它。

2.对付诡计派对手的策略

(1)忍耐。一方面避免对方利用已方的弱点取得好处;另一方面,仍希望"感动"对方,以得到最好的结局。这种办法有时候会奏效,但大多数时候却会遭致失败。

(2)针锋相对,以其人之道还治其人之身。对方欺诈,已方也如法炮制。双方都不肯退让,谈判常常半途而废。这时,如果采用这一策略,常常可以让对方体面地改变某些谈判要求,使谈判得以顺利地进行下去。

第 4 节　商务谈判语言表达技巧

商务谈判依赖于有效的语言表达技巧,这一点在谈判的磋商阶段表现得相当充分。谈判到这一阶段,常常会不断出现双方意见分歧和立场对峙的局面。凡是抱有诚意的谈判者,都希望能消除不必要的误解,让已方的观点为对方所理解和接受,并说服对方放弃其"不合理"的要求。这样做虽然是困难的,但却一直是专业谈判人员所追求的目标。

4.1 倾听的技巧

1.倾听的重要性

美国著名的政治家、科学家富兰克林曾这样说过:"与人交谈取得成功的重要秘诀,就是多听,永远不要不懂装懂。"多听是谈判者必须具备的一种修养,是谈判者做的一个最省钱的让步。在谈判中采用多听少说是非常重要的。维克多·金姆在《大胆下注》中说得好:"你应该少说为妙。我确信,如果你说得愈少,而对方说得愈多,那么你在谈判中就愈容易成功。"谈判中的所谓听,不仅是指运用耳朵这种听觉器官的听,而且还指运用眼睛去观察对方的表情与动作,运用心灵去为对方的话语作设身处地的构想,运用大脑去研究对方话语背后的动机。这种耳到、眼到、心到、脑到的听,称之为倾听或聆听。

谈判中潜心地听往往比滔滔不绝地谈更为重要。第一,倾听是了解对方需要,发现事实真相的最简捷的途径,没有什么方式能比倾听更直接、更简便地了解对方的信息了;第二,倾听使人更真实地了解对方的立场、观点、态度,了解对方的沟通方式、内部关系,甚至是小组内成员的意见分歧,从而使已方掌握谈判的主动权;第三,注意倾听是给人留下好印象,改善双方关系的有效方式之一;第四,倾听使人了解并掌握许多重要语言的习惯用法,这些习惯用法在谈判中往往会成为人们运用谈判策略的技巧;第五,倾听对方的谈话,还可以了解对方态度的变化,有些时候,对方态度已经有了明显的改变,但是出于某种需要却没有用语言明确地表达出来,这时可以根据对方"怎么说"来推测其态度的变化。

另外,倾听和谈话同样具有说服力,它常常使谈判者不必花多大力气就取得意外的收获。

案例链接

业务代表的喉头炎

美国有一家汽车公司想选用一种布料装饰汽车内部。有三家公司提供样品,供汽车公司选用。公司董事会经过研究后,请这三家公司来本公司做最后的说明,然后再决定与谁签约。这三家公司中,有一家的业务代表患有严重的喉头炎,无法流利地讲话,只能由汽车公司的董事长代为说明,董事长按产品的介绍讲该产品的优点,各单位有关人员纷纷表示意见,董事长代为回答,而布料公司的业务代表则以微笑、点头或各种动作表示谢意。结果,他博得了好感,获得了45.7万米布料的订单。后来,他总结说,如果他当时没有生病,嗓子还可以说话的话,是不会获得这笔大数目的订单的。

2.妨碍倾听的因素

美国的朱迪·皮尔逊博士把"听"分为积极与消极两种形式。在重要的交谈中,听者会全神贯注,调动知识、经验储备及感情等,使大脑处于紧张状态,以便接受信号后立即进行识别、归类、解码,做出相应反应,表示理解或疑惑、支持或反对、愉快或难受等。这种与说话人的密切呼应的听就是积极倾听。积极倾听既有对语言信息的反馈,也有对非语言信息,即表情、姿势等的反馈。听一番思想活跃、观点新颖、信息量大的谈话,听者甚至比说者还要疲劳。因为听的人总要不断地调整自己的分析系统,修正自己的理解,以便与说话人的思维同步。而在一般的交谈中,听者处于比较松弛的状态中,如家庭交谈、闲谈等,这时处于一种随意状态中接受信息,这就是消极倾听。

积极倾听与消极倾听不是简单的优劣问题。在很多情况下消极倾听是一种自我保护方法,因为人不可能什么都要记忆。同样,人也不可能在任何时候、任何情况下都能做到全力以赴地倾听。倾听之难在于需要积极倾听时偏偏受各种因素的干扰,影响了听的效果,使信息传递受到障碍。如在日常生活中,人们常因为没有听见或没有听清对方的立场和观点而产生种种误会,甚至闹出纠纷。

所谓"听",不只是指"听"的动作本身,更重要的是指"听"的效果。听到、听清楚、听明白这三者的含义是不同的。"听到"是指外界的声音传入听者的耳朵里,被听者所感觉到;"听清楚"是指外界的声音准确无误地传入到听者的耳朵,没有含糊不清的感觉;"听明白"是指对听到的信息能予以正确理解。谈判中的有效倾听就是指要能够完整、准确、正确、及时地理解对方讲话的内容和含义。在听的方面经常存在的问题是,有听的动作,但听的结果却不能令人满意。一系列的试验表明,听对方讲话的人仅能记住不到50%的讲话内容,而其中只有三分之一的讲话内容按原意听取了,三分之一被曲解地听取了,另外三分之一则丝毫没有听进去。而且,不同的人对于自己听取的三分之一内容的理解也是不同的。

为什么人们"听"的效果会如此不理想呢?是什么影响谈判人员更好地倾听呢?归纳起来,至少有以下几种原因:

(1)在对方讲话时,只注意与自己有关的内容或只顾考虑自己头脑中的问题,而无意去听对方讲话的全部内容。在谈判过程中,人的大脑处于高速运转状态,很容易出现只考虑自己的问题而不顾对方说些什么。有时,在对方开始讲话时还能听一听,但过了一会儿,注意力就转移到自己头脑中的问题上来了,这是一种心理现象。从心理学的角度来看,与人际沟通和信息传递关系最密切的心理过程之一是注意,它是心理活动对一定对象的指向和集中。在谈判中,注意就是指对信息的注意。人们总是对感兴趣的事才加以注意的,所以注意是有选择性的。同时,人们对信息刺激也是有选择地加以反应的,即喜欢听自己想听的话,不喜欢听的就会出现注意力转移的情况。

(2)精力不集中,或在某种观点上与对方的看法不同时而对对方讲话内容少听、漏听。谈判是一件很费体力的活动,如果谈判日程安排得过于紧张,而谈判人员又没有得到很好的休息,特别是在谈判的中后期,如连日征战,谈判消耗则更大,此时谈判人员的精力处于低谷,那么就很容易产生精力集中不起来而少听或漏听。谈判人员的精力和注意力的变化是有一定的规律的:谈判开始时,大家精力都十分充沛,但这一过程的时间很短。例如,1个小时的谈判,开始的精力旺盛阶段只有5~8分钟。又如,1个超过6周的谈判中,只有前3天为精力旺盛期,以后的5周多的时间中精力趋于下降。在双方将要达成协议的最后一两天的时间里,还会有一个精力充沛期出现。但旺盛的精力不久就会明显下降,直到谈判的最后阶段,人的精力的下降趋势才停止。当人们意识到双方达成协议的时刻就要到来时,精力会突然复苏、高涨,但时间也非常短促。此后,任何的拖延都会使精力处于零度以下的水平,而无论如何再也高涨不起来了。

(3)思路跟不上对方。有时谈判双方属于两种不同思维类型的人,例如,一方的思维属于收敛型,另一方的思维属于发散型,并且前者思维速度较慢,而后者思维速度较快,那么让思维速度较慢的收敛型思维的人去听思维速度较快的发散型思维的另一方的发言时,就会产生思路跟不上对方或思路不同而产生少听、漏听的现象。

(4)在听讲时,把注意力放在分析、研究对方讲话的内容以及根据内容而思考自己的对策上,所以没能听全对方的讲话,在碰到对方的讲话中有出乎于己方意料之事或有隐含意义而一下子难以看清时更是如此。

(5)对听到的内容只根据自己的感情、兴趣来理解,往往曲解了对方的原意,特别是在谈判中,人们思想或意见的表达有的是很直接、明确的,有的则是比较含糊、暧昧的,甚至是正话反说或反话正说,如果不注意分析就容易误解。

(6)受知识、语言水平的限制,特别是专业知识与外语水平的限制而听不懂对方的讲话内容。商务谈判总是就某个具体内容而言的,这将会涉及大量的专业知识。如果对专业知识懂得太少,在谈判中一旦涉及这方面的问题就难以理解。涉外谈判与国内谈判相比较还有一个语言问题。我国企业在涉外谈判中大多数都配备一个专门的翻译,问题是有许多翻译人员是从外语院校毕业而直接从事翻译工作的,他们中的大部分缺乏专业方面的知识,这样一旦涉及专业方面知识时,翻译往往就把握不准,只能译个大概,而对于某些精微细小的环节容易一带而过,而这些环节有时又恰恰是理解对方讲话内容、把握对方立场和观点的关键。反之,如果谈判者自己会外语,有时也会出现问题。虽然专业人员懂外语,在涉及专业方面的问题时比较有利,但语言本身的细微差别对未受过专门语言训练的人来说又难以体察。例如英语中常用词汇大约有 500 个,但每个词起码有 20~25 种解释。也就是说,只要有两个人,就可以把 500 个常用词做出 20000 多种不同的解释。

(7)在谈判紧张激烈的情况下,各方都极力想让对方了解自己,极力阐明自己的立场,他们将注意力完全倾注在发表自己的意见上,根本听不进对方的观点,这在谈判中是常有的事。例如,两个人为了某事发生争执,常常一方不等另一方把话说完、讲清,就打断对方而自己慷慨陈词,这样根本不可能听见或听进对方的意见和观点。

(8)有的人喜欢定式思维,不论别人讲什么,他都马上跟自己的经验套在一起,用自己的方式去理解。这种思维方式使人难以接受新的消息,不善于认真倾听。许多人忽略了倾听对方的话,却常常自我安慰。这种花费最小、最直接、最方便的信息来源渠道如果利用不好,那么就会付出更大的代价。

(9)环境的干扰也是影响倾听的常见原因之一。交谈的环境千差万别,时常使人的注意力转移。例如,过往的行人、飞过的鸟、天气的突然变化等都会使倾听者分心。

有人做过实验,一个人同时听两个信息,他往往只能选择一个,而放弃另一个。所以荀子在《劝学篇》里说:"耳不能两听而聪。"

上面列举的是一般情况下阻碍谈判人员很好倾听的因素。除此之外,由于谈判者主观原因而导致的倾听障碍也比较多。那么,怎样才能做到正确地倾听,怎样才能获得最佳倾听的效果,其中有许多技巧。

3.有效倾听的方法

在谈判中,倾听是重要的,也是必需的。一个优秀的谈判者,也一定是一个很好的倾听者。当然,要很好地倾听对方谈话,并非像人们想象的那样简单。下面是部分有效倾听的方法:

(1)积极主动地听是必需的。谈判双方一坐到谈判桌前,就要想方设法摸清对方的底细,发现对方的需要,同时还必须准备及时做出反应。因此,在对方发言时要保持积极的态度,以便从对方的谈话中获得较多的信息。

(2)使大脑保持警觉有助于集中精神,而保持身体警觉则有利于大脑处于兴奋状态。因此,为了能够专心倾听,不仅要有健康的体质,而且要使身体的躯干、四肢和头部处于适当的位置。在生活中常有这样的体验,在头脑还比较清醒,但拿着收音机躺在沙发上或床上听一段音乐时,人就不知不觉地感到困乏,但如果坐着或站着听同样的节目时就很少会发生这种情况。这就说明,身体选择适当"听"的姿势,有助于保持大脑的警觉,有助于精神集中。因此,姿势对于倾听很重要。

(3)记笔记是听讲者集中精力的手段之一。人们即时记忆并保持的能力是有限的,为了弥补这个不足,应该在听讲时做大量的笔记。一方面有了笔记,不仅可以帮助回忆和记忆,而且这有助于在对方发言完毕之后,就某些问题向对方提出质疑,同时自己也有时间作充分的分析,理解对方讲话的确切含义与精神;另一方面听者记笔记或者停笔抬起头来看讲话者时,会对讲话者产生一种鼓励作用。有些人过于相信自己的记忆力,而很少动笔做记录,这对谈判来讲是不利的。因为在谈判过程中,人的思维在高速运转,人的大脑接受和处理的信息量又很大,加上谈判现场的气氛又很紧张,同时对每个议题都必须认真对待,所以,能够当场记住并且保持几天不忘的情况是很少的,因此,笔记在谈判过程中是必不可少的。

(4)倾听对方讲话,必须集中注意力,同时还要开动脑筋进行分析思考。注意力是指人对一定事物的指向和集中。由于心理上的原因,人的注意力并不总是稳定、持久的,它要受到各种因素的干扰。在一般情况下,人们总是对感兴趣的事物才加以注意,还要受到人们的信念、理想、道德、需求、动机、情绪、精神状态等内在因素的影响。外界的影响因素也很多,如讲话者的讲话内容,有时出于某种需求,要掩饰主要内容,强调不重要内容,有时条理不清,内容杂乱,这些都会干扰和分散听者的注意力。因此,要认真倾听对方讲话,必须善于控制自己的注意力,克服各种干扰,始终保持自己的思维跟上讲话者的思路。

(5)在专心致志听的基础上要有鉴别地听,在全面中有所选择。因为如果不用心听,也就无法鉴别对方传来的信息的真假。一般来说,人们说话是边想边说,听者则要像过滤器一样,去粗取精,除伪存真。只有很好地鉴别,才能获取对自己有用的信息。

(6)倾听对方讲话,还要学会约束、控制自己的言行。例如,不要轻易插话,打断对方的讲话,也不要自作聪明地妄加评论。通常人们喜欢听赞扬的话,不喜欢听批评、对立的话。当听到反对意见时,总是忍不住要马上批驳,似乎只有这样才能说明自己有理。还有的人过于喜欢表露自己。这些都会导致与对方交流时,过多地插话或打断别人讲话。这不仅会影响自己倾听,也会影响对方对己方的印象。

(7)要学会倾听,善于倾听,也包括创造倾听的机会。就是说听者要采取一些策略方法,促使讲话者保持积极的讲话状态。它主要有三种形式:

①鼓励。面对讲话者,尤其是没有经验、不善演讲的谈话者,需要用目光、点头等赞赏的形式表示呼应,显示出对谈话的兴趣,促使对方继续讲下去。

②理解。这种方式较为常见,也比较自然。在对方讲话时,用"是""对"等表示肯定,在停顿处,也可以指出讲话者的某些观点与己方的一致,或者运用自己的经历、经验,说明对讲话者的理解,有时可以适当复述。这些方式都是对讲话者的积极呼应。

③反驳。可适当地运用反驳和插话。有时对方在讲话时,会征求己方意见或停顿,只有这

时，反驳才是适宜的。沉默不等于承认或忽视，它可以表示己方在思考，是重视对方的意见，也可能是在暗示对方转变话题。

另外，需注意对方的措辞、表达方式和语气语调。谈判中，只听对方所述的事实是不够的，还要善于抓住背后隐喻着的主体需要。在这里，关键不在于对方说什么，而在于他怎么说。因为有的人既不坦率也不诚实，只用一些词句加以掩饰，因此要注意鉴别。

总之，倾听是商务谈判语言表达技巧的重要组成部分，是谈判一系列行为的第一个环节。如果能从以上几方面进行努力，谈判过程中"听"的障碍就可以减轻或消除，也就很少或不会发生因听不见、听不清、没听懂而使双方相互猜疑、争执不下的现象。当然，策略上的需要例外。

4.2 提问的技巧

1. 提问的作用

商务谈判中的提问是指谈判一方要求对方陈述或解释某个问题。其作用在于以下方面：

（1）适当地提问是谈判中的有力武器。一个问题的提出，一般地说，对方要对所提问题进行思考，针对问题做出回答，这在无形中就控制了谈判的进展。同时还决定可能获得的信息量，发现对方的需要。

（2）谈判中的提问是摸清对方的真实需要的重要手段。适当地提问能发现对方的某种需要，例如，在商品批发过程中，对数量、价格、交货日期、交货地点、结款方式等方面的依次提问，就能发现对方对其中哪一点最感兴趣。

（3）商务谈判中的提问会引起对方的注意。提问使对方对所提问题予以重视，为对方的思考和回答规定方向，并且可调动对方的积极性，还能掌握对方的心理状态，并表达己方的观点意见，从而争得主动权，控制谈判的方向，使话题趋向结论。

许多提问在某些特定的场合有着特殊的功能。当然，提问在什么条件下发生什么样的作用，关键还要看谈判者怎样运用，达到怎样的目的。以下是几种常用的提问类型：

①封闭式提问。通过提问能在一定范围内引出肯定或否定问题的答复。例如："您同意这个价格吗？""条件就是这些，您决定了吗？""您是否认为售后服务有改进的可能？"

②开放式提问。通过提问在广泛的领域内引出的广泛答复，通常无法以"是"或"否"等简单字句答复。例如："您的意思是……""您对当前市场销售状况有什么看法？"

③证实式提问。针对对方的答复重新措辞，通过提问，对方会证实或补充原先的答复。例如："根据总经理的叙述，我可得出……您看是否正确？""根据您刚才的陈述，我理解……是这样吗？"

④引导式提问。引导式提问对答案具有强烈的暗示性，是反义疑问句的一种。它具有不可否认的引导性，几乎使对方没有选择的余地，只能产生与发问者观念一致的反应。例如："说到现在，我看这样……您一定会同意的，是吗？""在交货时，难道我们不考虑入境的问题？"

⑤选择式提问。选择式提问的目的是将自己一方的意见摆明，让对方在划定的范围内进行选择。由于选择式提问一般都带有强迫性，因此在使用时要注意语调得体，措辞委婉，以免给人留下专横独断、强加于人的不好印象。例如："只有今天可以，您说上午还是下午？""现在只是接货方式还没定下来，您愿意空运还是陆运？"

⑥借助式提问。借助式提问可凭借权威的力量去影响谈判对手。被借助者应是当事人了解并能对其产生积极影响的人或机构，否则就会影响其效果，甚至适得其反。例如："我们这种

产品是国际首创,经过美国哈佛大学凯特等几位教授的共同鉴定,已达到国际先进水平。现在我们就谈谈产品的价格吧。""我们请教了专家顾问,对该产品的价格有了较多的了解。请您考虑,是否把价格再降低一些?"

⑦探索式提问。探索式提问是针对双方所讨论的问题要求进一步引申或说明的一种方法。它不仅起到探测、发掘更多信息的作用,而且还显示出发问者对问题的重视。例如:"我们负责运输,贵方在价格上是否再考虑考虑?""我们想增加订货,您能否在价格上更优惠些?"

⑧婉转式提问。在没有摸清对方虚实的情况下,采用婉转的方法,在适当的场合或时机向对方提出,可避免被对方拒绝而出现难堪,更可以自然地探出对方虚实,从而达到自己的目的。例如:"这种产品的功能还不错吧? 您能评价一下吗?"

⑨协商式提问。协商式提问是为了使对方同意己方的观点,采用商量的口吻向对方发出的提问。这种方式语气平和,对方容易接受,即使对方没有接受己方的条件,但是谈判的气氛仍能保持融洽,双方仍有继续合作的可能。

2.提问的一般技巧

(1)明确提问目的。提问的人首先应明确自己问的目的是什么。如果是要对方明确回答的,那么问话也要具体明确。例如:"你们的运费是怎样计算的? 是按重量计算,还是按交易次数估算的?"提问一般只是一句话,因此,一定要用语准确、简练,不要含混不清,产生不必要的误解。

问话的措词也很重要,因为发问容易使对方陷入窘境,引起对方的焦虑与担心。因此,在措词上一定要慎重,不能有刺伤对方、为难对方的表现。即使你是谈判中的决策人物、核心人物,也不要显示自己的特殊地位,表现出咄咄逼人的气势,否则,问话就会产生相反的效果。

要更好地发挥问话的作用,问话之前的思考、准备是十分必要的。思考的内容包括问什么、对方会有什么反应、能否达到目的等。必要时也可先把提出问题的理由解释一下,这样就可避免许多意外的麻烦和干扰,达到问话的目的。

(2)选择提问的方式。提问的方式很重要,提问的角度不同,引起对方的反应也不同,得到的回答也就不同。在谈判过程中,对方可能会因为问话而感到压力和烦躁不安,这主要是由于提问者的问题不明确,或者给对方以压迫感、威胁感。这就是问话的策略性没有掌握好。例如:"你们的报价这么高,我们能接受吗?"这句话似乎有挑战的意思,它似乎告诉对方,如果不降价,那么就没什么可谈的了。但如果这样问:"你们的开价远超出我们的估计,有商量的余地吗?"很显然,后一种的效果要比前一种好,它使尖锐对立的气氛缓和了。

同时,在提问时,要注意不要夹杂着含混的暗示,避免提出问题本身使自己陷入不利的境地。例如,当提出议案,对方还没有接受时,如果问:"那你们还要求什么呢?"实际上是为对方讲条件,必然会使己方陷入被动,是应当绝对避免的。

所以提出问题,并不是为了从对方获得利益,而是在澄清疑点。因此,提出的问题要简明扼要,一针见血,指出关键所在。

提问的方式有很多种。比如,正问:开门见山,直接提出你想了解的问题;反问:从相反的方向提出问题,使其不得不回答;侧问:从侧面入手,先旁敲侧击,再迂回到正题上来;设问:假设一个结论,启发对方思考,诱使对方回答;追问:循着对方的谈话,打破沙锅问到底。具体实践中究竟采用哪一种形式好,要视谈判内容及其进展情况灵活掌握,使谈判取得成功。

(3)注意提问的时机。什么时候问话是很有讲究的,掌握好提问的时机,有助于引起对方的注意,掌握主动权,使谈判按照己方的意图顺利进行。那么,提问的时机都有哪些呢?

①在对方发言结束后提问。对方发言时不要急于提问。打断别人的发言是不礼貌的,还极易引起对方的反感,影响谈判情绪。对方发言时要认真倾听,把想问的问题记录下来,待对方发言结束后再问。这样,既体现了对对方的尊重,也反映出自己的修养,还能全面、完整地了解对方的观点和意图。

②在对方发言的间隙提问。谈判中,如果对方的发言冗长,纠缠细节影响谈判进程,那么就可以利用对方发言的间隙提出问题。

③在自己的发言前提问。在自己发言前,可先对对方的意见提出问题。这种提问,可以要求对方回答,也可以不要求对方回答。

④在规定的辩论时间里提问。一般来说,大型的商务谈判在进行前都要商定谈判进程,确定辩论的时间。如果是这样的话,双方在各自的陈述发言里不进行辩论,也不向对方提问,而是把提问或辩论放到规定的辩论时间里进行。提问不仅能获得对方的信息,而且问题本身也给对方提供了某些信息。所以,选择恰当的时间提问,不仅能了解对方的情况,而且也能避免过早地暴露己方的信息。就前者而言,假如对方在考虑要不要买己方的产品的时候,急不可待地询问对方:"贵方能不能在购买的数量上多照顾一些呢?"这样的问题就是没有掌握好时机,很可能使对方认为己方在迫不及待地推销劣质产品。相反,如果在对方已经决定按商定的价格购买己方的产品时,己方再问对方:"贵方如能在购买的数量上适当增加,我们会在其他方面给予优惠,不知你们意下如何?"这样的问题,应该说比较好地把握了提问的时机。

对于后者来说,假如双方还在商谈价格的时候,己方却迫不及待地询问对方什么时候能交货,那就等于告诉对方,己方要货的日期非常紧迫,对方必然以交货日期为要挟手段,要求己方在价格上做很大的让步。

(4)考虑提问对象的特点。提问也要因人而异。谈判桌前,参加谈判的人员情况不尽相同,因此,提问时一定要考虑对方的年龄、职业、性格、身份、知识、文化背景以及生活经历等各方面的因素。谈判对手的性格不同,提问的方法就应有所不同。对手直率,提问要简洁;对手内向,提问要含蓄;对手严肃,提问要认真;对手暴躁,提问要委婉;对手开朗,提问可随意。

(5)不应该提出的问题。一般在谈判中不应提出下列问题:

①不应该提问有关对方个人生活、工作的问题。这对大多数国家与地区的人来讲是一种习惯。例如,不要询问对方的收入、家庭情况、女士的年龄等,也不要涉及对方国家或地区的政党、宗教方面的问题。国内谈判则不一样。中国人既希望介入别人的生活圈子,也希望别人来关心自己。因此,问候对方个人生活以及家庭情况往往容易博得对方的信任感、亲切感。

②不要提出含有敌意的问题。一旦问题含有敌意,就会损害双方的关系,最终会影响交易的成功。

③不要提出有关对方个人品质的问题。例如,指责对方在某个问题上不够诚实等。这样做非但无法使对方变得更诚实,反而会引起对方不愉快,甚至怨恨。事实上,谈判中双方真真假假,很难用诚实这一标准来评价谈判者的行为。如果要想审查对方是否诚实,可以通过其他途径进行。当发现对方在某些方面不诚实时,就可以把所了解或掌握的真实情况陈述一下,对方自然会明白的。

④不要故意提出一些问题,特别是与谈判内容无关的问题,以显示自己的好问。

⑤提出问题后应闭口不言,等待对方回答。提出问题后闭口不言,双方处于沉默之中,这

会给对方施加一种无形的压力。己方不再言语,对方就必须以回答问题来打破沉默,或者说打破沉默的责任将由对方来承担。

⑥假如对方的答案不够完整,甚至回避不答,要有耐心和毅力继续追问,因为回答问题是对方的义务和责任。

⑦当直接提出某一问题而对方或是不感兴趣,或是态度谨慎不愿展开回答时,可以换一个角度和问题来激发对方回答问题的兴趣。

例 9-1

意大利著名女记者奥琳埃娜·法拉奇正是通过这种方法而获得许多重大内幕资料的。有一次,法拉奇在采访亨利·基辛格博士时说:"你简直变得比总统的名气还大,你有什么窍门?"基辛格不想回答,反问法拉奇:"你的意思呢?"法拉奇说:"我可不清楚,我正想通过这次采访找到其中的奥妙。我的意思是说,就像一名高明的棋手,你走了几手绝招。"这样一说,基辛格顿时神采飞扬,滔滔不绝地叙述了一些外交中的秘密。见报后,基辛格也不明白自己怎么会泄露这么多的内幕。

(6)提问时应该注意的几个方面。

①预先准备好问题,最好是一些对方不能够迅速想出适当答案的问题,以期收到出其不意之效。有时可以先提些看上去很一般并且比较容易回答而实质上与后面比较重要的某个问题相关的问题,等对方思想比较松懈时突然转向某一个重要问题,这常常使对方措手不及。

②在对方发言时,不要中止倾听对方的谈话而急于提出问题,可以先把问题记下来,等待合适的时机再提出来。有时急于提问题反而暴露了自己的意图,对方可以马上调整其后的讲话内容,从而使己方本来可能得到的信息因此而失去。

③在适当的时候,将一个已经发生并且答案也知道的问题提出来验证一下对方的诚实与处理事物的态度,同时这也给对方一个暗示,即己方对整个交易的行情是理解的,有关对方的信息掌握得也是很充分的。

④不要以大法官的态度来询问对方,那样很容易造成对方的敌对与防范的心理和情绪。

另外,还应注意提问要讲逻辑性,跳跃性不宜太大,在提问时注意语速,态度要诚恳,把握对方的心境,并且提问后给对方以充足的答复时间。

4.3　陈述的技巧

商务谈判中的陈述是对己方的立场、观点、方案等的阐述,以便让对方有所了解。

1. 陈述的基本要求

陈述是一种不受对方提出问题的方向、范围的制约,而带有主动性的阐述。适当陈述要能够体现出"简单明了、客观准确、具体生动、语速适当"的基本要求。

(1)简单明了。陈述的目的是让对方相信己方所说的内容均为事实,并使对方接受己方的观点。为了达到这一目的,陈述时一定要简单明了,切不可借助于陈述来炫耀自己的学问高深,或卖弄自己的学识广博,这样做不但达不到目的,反而会令对方生厌。

商务谈判中,陈述完全不同于写文章,说出来的话要尽可能简洁、通俗易懂,使对方听完立即就能理解,切忌在陈述己方观点和立场时使用隐喻或专业性过强的语句或词汇。

谈判中的陈述也不同于日常生活中的闲叙,切忌语无伦次,层次混乱,让人听后不知所云。为了便于对方记忆和倾听,应根据对方的习惯调整陈述的方式;同时,还要分清陈述的主次和层次,使对方心情愉快地倾听己方的叙说。

(2)客观准确。商务谈判中,在陈述基本事实时,应本着客观真实的态度进行陈述,既不要夸大事实真相,也不要缩小事实真相,以使对方信任己方。反之,弄虚作假的态度是不好的。夸大或缩小事实,如果被对方发现,就会降低己方的信誉,从而使己方的谈判实力大为削弱,再想重新调整,已是悔之不及。陈述观点时,力求准确无误,力戒含糊不清,更不可前后不一致,否则会给对方留下借口,为其寻找破绽打下基础。

一旦涉及数据,如价格、数量、兑换率、赔偿额、增长率等,则应提出一个确切的具体数值,不要提出一个数值的范围,因为谈判对手很自然地会选择有利于他的下线作为讨价还价的基础。

如果在陈述中发现某些不妥之处,谈判者应及时加以纠正,以免造成不必要的损失。有些谈判者发现错误时,由于碍于情面,采取顺水推舟、将错就错的做法,这是要坚决予以反对的。因为这样做,往往会使对方产生误解。还有一些谈判者,发现自己陈述中的错误时,采取事后自圆其说、文过饰非的做法,结果不但没有饰"非",反而加"非",可谓愈描愈黑,对自己的信誉和形象有损无益,更重要的是可能会失去合作伙伴,后果实在可悲。

(3)具体生动。为了使对方获得最佳的倾听效果,陈述还应生动而具体。这样做可以使对方集中精神,全神贯注地倾听。陈述中一定要避免令人乏味的平铺直叙以及抽象的说教,要运用生动、活灵活现的生活用语,具体而形象地说明问题。有时为了生动活泼,也可以运用一些演讲者的艺术手法,声调抑扬顿挫,以此来吸引对方的注意,达到己方陈述的目的。

(4)语速适当。在陈述过程中,应根据对方的反应调整语速。如果遇到对方不理解、不清楚,或有疑问等情况,这时对方往往会用身体语言或有声语言向己方传递信息。这就要求谈判者在陈述时注意观察对方的眼神、表情等,一旦发现对方有疑惑不解的信息发出,就要立即放慢速度,或重复陈述。如果对方用笔记录己方所说的内容,陈述的速度更要掌握好,必要的关键之处要适当重复陈述。如果经过复述,对方还不能理解,那么要耐心地加以解释;如果对方误解了己方的原意,则不要烦躁,要耐心地加以解释。

2.陈述的一般技巧

(1)陈述时应该表现的态度。人们都喜欢谦恭有礼的人,一位成功的谈判者应该谦恭有礼。这是指谈判者需要时说"请"或临别时感谢对方提供的许多帮助,这是一个谈判者所具有的起码品德。与人交谈中表现出的态度很重要,会影响别人对你的看法。正所谓你眼中的别人就是别人眼中的你。要注意,不仅要对双方所讨论的问题、说话的人及其音容笑貌表现出浓厚的兴趣,而且要对所有参加谈话的人都表示兴趣,目光也不要停留在一个人的身上。参加谈判表现出来的愉快神情是很重要的,要通过微笑以示对谈话的兴趣和对人们的友好。成功的交谈陈述需要有友善的态度,如果对参加谈判的人表现出不满,或对他们的谈话进行讽刺挖苦,或以自己的言语显示出看不起他们,那么谈判就很难顺利进行下去。

(2)随机应变同等重要。要成为一名成功的谈判者,必须具有随机应变的能力,固执和僵化在谈判中是没有市场的。谈判中的表现可以很活跃,在面部表情和动作中可尽情地表现出自己的态度。然而,一定的安静也是成功交谈所不可缺少的。想好之后再说,三思而后行,在谈判中也是如此。谈判前要先想而不是谈了以后再想,这也是关系到谈判能否取得成功的重要环节之一。

(3)在陈述中要善于表达自我。在谈判中,表达立场、澄清事实主要是依靠语言。因此要求做到观点明确、层次清楚、态度诚恳、简练流畅,切忌夸夸其谈、故弄玄虚、语气傲慢、强加于人。

例 9-2

某公司的一位经理在与外商谈判一笔大米出口业务时,首先作了这样的陈述发言:"诸位先生,我们已约定首先由我向各位介绍一下我方对这笔大米交易的想法。我们对这笔出口买卖比较感兴趣。在此之前,我们已经收到了其他几位买主的递盘。但我们与贵方是老朋友了,彼此有着很愉快的合作经历,因此我们仍然首先与贵方进行实质性接触。这笔大米生意我们希望贵方能以现汇支付,并且通过这次合作的机会加深我们的友谊。"作为回复,外商也作了一段简短的陈述:"根据双方确定的程序,轮到我了。我与贵方的想法一样,也希望把这笔买卖做成。我们认为最好的支付方式是用我们的橡胶。这在贵国也很需要。当然了,如果贵方的大米在价格上很有竞争力,我们可以考虑用现汇支付。别的不多谈了。有需要澄清的吗?"

从这个案例可以看出,在谈判之初双方就表明了愿意合作的态度,同时都明确地提出了各自对支付方式的要求,简洁明确。此外,谈判中的交谈陈述在力求准确反映己方意图的同时,要尽量考虑听者的习惯和接受方式,主次分明,层次清楚,不宜过多地粉饰雕琢。否则,容易造成拖沓,引起对方的反感。

(4)开局阶段的陈述技巧。谈判开局阶段的语言对谈判全局有举足轻重的作用,若掌握得好,就会为最后的谈判成功打下坚实的基础。

①通过介绍互相认识。可以自我介绍,也可以由一方成员之间相互介绍,甚至可以有礼貌地主动询问对方(一般不应把这种权利让给对方,否则对方就会占据上风)。

②为给谈判创造良好的气氛,可以在短时间里谈谈双方感兴趣的事情,例如,生活琐事、社会趣闻,对方是球迷则谈谈球赛,对方是影迷则谈谈电影、电视……或者说一些关心对方的话,如对方的身体、对方的亲戚,尤其是对方的子女,那永远是父母乐意谈论的话题。

③用言简意赅、准确无误的语言阐述己方的立场和观点,同时仔细倾听对方的阐述,并分析对方的条件和真正的意图。这样的开场,就创造了良好、轻松的气氛,有助于双方沟通,缩短双方的心理距离。

(5)僵局阶段的陈述技巧。

①谈判的僵局阶段,是对谈判双方的能力、素质、水平、修养的综合考验,也是谈判中最为困难的阶段。此时的语言稍有不慎,则有可能逼迫自己不得不让步,或者把对方逼得太紧,使对方看不到希望而导致谈判破裂。正因为如此,这一阶段的语言也有其特殊要求。一方面要坚决地拒绝对方的要求;另一方面又不能把话说得太死,必须留有余地。如"就像前面一再重申的那样,我们只能做到这一步了",这种说法是告诉对方,己方不再做出让步了,如果对方还一味坚持原来立场的话,就意味着谈判破裂。这样的话是谈判破裂前的警告,督促对方做出让步。

②己方准备做出让步,试探对方是否准备做出让步。可以说:"经过我们双方的共同努力,已经谈到了这一步,我们都很珍惜已经取得的成果。如果我们双方再共同努力一下,就有希望克服面临的难题,取得一致的意见。"这一说法暗示己方希望打破面临的僵局,暗示己方是准备做出让步的,但是希望对方能够与己方达到协议。

③己方准备先做出让步,但对方必须随后也做出让步。可以说:"我方可以考虑贵方的要求(全部要求或选择其中的一条、几条),假如贵方也考虑我方的要求(全部要求或其中的一条、

几条)的话。"这种说法是告诉对方,己方可以有条件地做出让步,即对方必须做出同样的回报。如果不存在这种条件,即对方不做出任何让步的话,那么己方的让步也不成立。这样可以避免不必要的损失。

4.4 回答的技巧

谈判的过程从某种程度上来说,是不断地提问、不断地回答的过程。双方从各自的立场出发,提出许多问题,也从各自的立场出发,做出许多解释或反驳。在遇到难题时,大多数人由于缺少这方面的训练,贸然回答,不经仔细考虑,往往导致失误。

1.回答的关键

回答的关键是思考,懂得如何正确作答。谈判前应做好的准备工作之一是预先设想对方可能提出的问题,尤其是难以回答的问题,应事先考虑好答案。回答问题之前,应努力做到以下几点:

①回答问题之前一定要给自己一些思考时间。

②在未完全理解问题之前,千万不要回答。

③让对方再重复一下,或解释一下他的问题。

④如果有人打岔,不妨让他打扰一下。

⑤可以暗示自己的助手对对方进行干扰。

⑥有些问题可以只回答一部分。

⑦以资料不全或不记得为借口,暂时不回答。

⑧谈判中完全针对问题的答案并非最好的回答,有时可能是愚蠢的回答。

⑨不值得回答的问题,不必回答。

⑩可以答非所问地东拉西扯,避免正面回答,必要时可以装糊涂。

案例链接

特殊的证人

在"水门事件"发生后,众议院举行了许多听证会,许多精明厉害的众议员们,以如刀似枪的连珠炮似的追问,撬开了许多证人的嘴巴。唯独有一位证人在众多的众议员面前,整整坐了两天,被问了数不清的问题,但几乎连一个问题也没回答。这个证人似乎一直无法完全了解众议员提出的任何问题,从头到尾都在答非所问,同时还傻乎乎地面带一副迷乱的笑容,所有的众议员都拿他没办法,最后,对他的听证是唯一没有收获的听证会。

总而言之,谈判不是上课,不是学生回答老师,谈判中对待难以回答的问题,很少有针对问题的确定而简明的回答。回答的要诀在于知道该说什么及不该说什么,而不必考虑所回答的答案是否针对提问。

2.回答的一般技巧

(1)有问必有答。"问"有艺术,"答"也要有技巧。要能够有效地回答问题,就要预先写下对方可能提出的问题。在谈判前,自己先假设一些难题来思考,考虑的时间愈多,所得到的答案将会愈好。在国外,比较重要的谈判在事先都要进行模拟谈判,让己方的人员扮演谈判对手的角色,借此发现在一般情况下难以发现的问题。

(2)要想着答,不要抢着答。商务谈判中提出的问题,不同于同事之间的生活问话,前者必须经过慎重考虑以后才能回答。有人喜欢把生活中的习惯带到谈判桌上,即对方提问的声音刚落,就马上回答问题。商务谈判不同于竞赛抢答,绝不是回答问题越快越好。人们通常有这样一种心理,就是如果对方问话与己方回答之间所空的时间长,就好像让对方感觉己方对此问题欠准备,或以为己方几乎被问住了;反之,如果回答得很迅速,就显示出己方有充分的准备和实力。其实不然,经验告诉人们,在对方提出问题之后,可以通过喝口茶,或调整一下坐姿,或整理一下桌面上的资料和文件,或翻一翻笔记本等动作来延缓时间,考虑对方的问题。这样做,既显示出自然、得体,又可以让对方看出己方是认真的。

案例链接

中国作家答怪谜

艾伦·金斯伯格是美国著名的诗人,一次宴会上,他向中国作家提出了一个怪谜,并请中国作家回答。这个怪谜是:"把一只 5 斤重的鸡装进了一个只能装 1 斤水的瓶子里,用什么办法把它拿出来?"中国作家回答到:"你怎么放进去,我就会怎么拿出来。"此可谓绝妙的回答。

(3)避正答偏,顾左右而言他。在谈判中,有时对方提出的某个问题,己方可能很难直接从正面回答,但又不能以拒绝回答的方式来回避问题。这时,谈判高手往往以避正答偏的方法来回答,即在回答这类问题时,故意避开问题的实质,而将话题引向歧路,借此破解对方的进攻。其实,这是应付对方的好方法。

案例链接

周总理巧避讽刺

一位西方记者曾经讽刺地向周恩来总理提了一个问题:"请问,中国人民银行有多少资金?"周恩来深知对方在讥笑中国的贫穷,如果实话实说,自然会让对方的阴谋得逞,于是答道:"中国人民银行的货币资金嘛,有十八元八角八分。中国人民银行发行货币的面额有十元、五元、二元、一元、五角、二角、一角、五分、二分、一分共 10 种,合计为十八元八角八分。"周总理巧妙地避开了对方的话锋,使对方无机可乘,被中国人民传为佳话。

(4)沉默也是一种回答。像得体的语言一样,恰当的沉默同样可以取得奇妙的效果。因为沉默可能使对方感到不安,特别是当对发言没有充分的自信时,更应保持沉默。沉默往往给人以陷入困境的感觉,对方为了打破沉默,不是终止自己的要求,就是提出新的解决方案。在国际谈判中,谈判者往往以出色的口才相互应对,有时也装聋作哑,以回避对方提出的问题,被称之为"聋子的对话"。

案例链接

爱迪生卖发报机技术

爱迪生发明了发报机之后,不知该卖多少钱。当时,他的家庭生活很拮据,他的妻子就和他商量该卖多少钱。

妻子:"你应该多卖些钱?"爱迪生:"卖多少?"妻子:"2万。"爱迪生:"2万? 太多了吧?"妻子:"我看肯定值2万。"爱迪生:"那就试试吧。"

过了几天,美国西部的一位商人要买他的发报机技术。在洽谈中,当商人问到价钱时,爱迪生总认为价钱太高,无法说出口。因此,无论商人怎样催问,爱迪生支支吾吾,就是没有勇气说出2万元的价格。最后,商人忍耐不住了,说:"那我说个价格吧,10万元,怎么样?""10万?"爱迪生几乎被惊呆了,随即拍板成交。爱迪生的沉默获得了意想不到的收获。

(5)以问代答也是一种技巧。在商务谈判中,有时可以以问代答。此法如同把对方踢过来的球又踢了回去,请对方在自己的领域内反思后寻找答案。在商务谈判进展不顺利的情况下,其中一方问:"你对双方合作的前景怎么看?"这个问题在此时十分难回答。高明的谈判人员往往以问代答,说:"那么,你对双方合作的前景又怎么看呢?"这时,双方自然会在各自的脑海里加以思考和重视,这对于打破窘境会起到良好的作用。商务谈判中的以问代答的方法,对于应付一些不便回答的问题是非常有效的。

4.5 说服的技巧

1.说服的含义与特点

说服就是劝说对方形成一定的观点或改变原来的观点,它不同于用压服的办法使对方屈服,而是要让对方心服口服。在贸易谈判中,谈判双方互为说服者与被说服者,要说服对方而不被对方所说服,仅靠能言善辩是不行的,需要综合运用"看""听""问""答""叙"的各种技巧,改变对方的最初想法,接受己方的意见。

说服工作做得好,谈判成功就容易实现。因此,说服是最复杂、最艰巨的工作,也是最富有技巧性的工作。

2.说服的一般技巧

(1)取得对方的信任。在说服对方的时候,最重要的是取得对方的信任。心理学家认为,信任是人际沟通的"过滤器"。只有对方信任己方,才会理解己方的友好动机。要说服对方,就要考虑对方的观点和理由,设身处地地为对方的利益着想,从而使对方产生一种亲近的感觉,这样,说服的效果才会更加明显。

(2)以共同点为跳板。在商务谈判中,以双方共同感兴趣的问题为跳板,往往是说服对方的一种有效方法。在人与人的交往中,随着谈话的深入,即使是对素不相识的人,也会发现越来越多的共同点。商务谈判更是如此。在谈判中双方是本着合作的目的走到一起来的,共同的话题本来就很多。随着谈判的进展,双方就会越来越熟悉,在某种程度上也会感到比较亲近,这时,心里的疑虑和戒心也会减轻。寻找共同点可以从以下几个方面入手:

①双方在工作上的共同点,如共同的职业、共同的追求、共同的目标等。

②双方在生活上的共同点,如共同的国籍、共同的家乡、共同的生活经历、共同的信仰、共同的俱乐部等。

③双方在兴趣爱好上的共同点,如共同喜欢的电视剧、体育比赛、国内外大事等。

④双方共同熟悉的第三者,如在同陌生人交往时,要想说服他,可以寻找双方共同熟悉的另外一个人,这样双方就容易交谈了。

案例链接

病人与强盗的故事

美国著名作家欧·亨利曾写过一个病人与强盗成为朋友的故事,这种精神的感化可以延伸到商务谈判桌上,成为满足谈判对手个人需要的一种好办法。

欧·亨利笔下的这个故事十分精彩。一天晚上,一个人生病躺在床上。突然,一个蒙面大汉跳进阳台,几步就来到床边。他手中握着一把手枪,对床上的人厉声道:"举起手!起来!把你的钱都拿出来!"躺在床上的病人哭丧着脸说:"我患了十分严重的风湿病,手臂疼痛难忍,哪里举得起来啊!"那强盗听了一愣,口气马上变了:"哎,老哥!我也有风湿病,可是比你的病轻多了。你得这种病有多长时间了?都吃什么药?"躺在床上的病人把从水杨酸钠到各类激素药都说了一遍。强盗说:"水杨酸钠不是好药,那是医生骗钱的药,吃了它不见好也不见坏。"两人热烈讨论起来,尤其对一些骗钱的药物的看法颇为一致。两人越谈越投机,强盗早已在不知不觉中坐在床上,并扶病人坐了起来。强盗突然发现自己还拿着手枪,面对手无缚鸡之力的病人十分尴尬,赶紧偷偷地将枪放进衣袋之中。为了弥补自己的罪过,强盗问道:"有什么需要帮忙的吗?"病人说:"咱们有缘分,我那边的酒柜里有酒和酒杯,你拿来,庆祝一下咱俩的相识。"强盗说:"干脆咱们到外边酒馆喝个痛快,怎样?"病人苦着脸说:"可是我手臂太疼了,穿不上外衣。"强盗说:"我能帮忙。"他帮病人穿戴整齐,扶着他向酒馆走去。刚出门,病人忽然大叫:"噢,我还没带钱呢!""没关系,我请客。"强盗答道。

短短的时间之内,病人与强盗竟然成了朋友。古语云"同病相怜,同忧相救",共同的利益诉求点是产生这一戏剧性变化的原因。在谈判中,如果能顺利地找到谈判对手与自己在个人需要上的共同点,就能很快地使令人棘手的难题迎刃而解,达成有利于己方需要的条款。

(3)营造"是"的氛围。从谈话一开始,就要创造出一个说"是"的气氛。在说服对方时,要把对方看成是能够做或同意做交易的人。例如:"你一定对这个问题感兴趣。"实践表明,要说服对方,就必须从积极的、主动的角度去启发对方、鼓励对方。

(4)暂时避开主题。当正面道理很难被对方接受时,就要暂时避开主题,谈论一些对方感兴趣的话题,从中找出对方的弱点;然后针对对方的弱点,发表自己的看法,让对方感到这些话是对他有利的。

(5)避免吵架。说服切记要避免"吵架",只有在友好的"是"的氛围中才能说服对方。

4.6 辩论的技巧

1. 辩论的基本规则

辩论在商务谈判中是经常发生的,辩论的目的是为了争取己方的利益。由于辩论具有辩者双方相互依赖、相互对抗的两重性,是人类思维艺术和语言艺术的综合运用,又具有较高的技巧性,因此,要在合作的基础上多角度、多层次地进行辩论。谈判中,由于利益的非一致性,不可避免地出现观点的对立。这种对立可能针锋相对,也可能彼此包容,但辩论能使这种对立外现、展开及解决。辩论中的应答不是平淡的声明或反驳,而是选取新颖角度巧妙地进行答辩。因此要求瞬间就能做出回答,如果反应迟钝,就会处于劣势,甚至败北。辩论中使用的语言要简洁。这是因为,一方辩论时间越短,对方思考的时间也就越短;相反,一方辩论的时间越长,对方思考的时间也就越长。因此,辩论中的用语精练与否是决定成败的重要因素。除此之外,使用的语言还要有一定的攻击性。应该注意的是,在商务谈判中使用攻击性的语言,所对的目标应是对方的观点,而绝非某个人。

2.辩论的常见技巧

因为辩论有较高的技巧性,故作为一名谈判者,要不断提高自己的思辨能力,在辩论中取得良好的效果。下面是辩论的常见技巧:

(1)观点明确。谈判中的辩论就是论证自己观点、反驳对方观点的过程,因此必须做好材料的选择、整理、加工工作。辩论中,事实材料要符合观点的要求,以免出现漏洞。在充分讲理由、提根据的基础上,反驳对方的观点,从而达到"一语中的"的目的。

(2)逻辑严密。谈判中的辩论过程常常是在相互发难中完成的。一个优秀的谈判者应该头脑冷静、思维敏捷,才能应付各种各样的局面。在辩论时要运用逻辑的力量。在谈判条件相差不多的情况下,谁在辩论中思维敏捷、逻辑严密,谁就能取得胜利。

(3)客观公正。谈判中的辩论要充分尊重对方,不论双方的观点如何不同,态度都要客观,措辞要准确,要以理服人,绝不能进行人身攻击。

(4)不纠缠枝节。参加辩论的人要把精力集中在主要问题上,而不要陷入枝节问题的纠缠中。反驳对方的观点要抓住要害,有的放矢,坚决反对那种断章取义、强词夺理等不健康的辩论方法。论证自己的观点时要突出重点、层次分明、简明扼要,不要东拉西扯、言不对题。

(5)适可而止。谈判中辩论的目的是证明自己观点的正确,以争取有利于自己的谈判结果。因此,辩论一旦达到目的就要适可而止,不可穷追不舍。切记谈判不是进行争高低、比输赢的竞赛。

(6)处理好优劣势。辩论一旦占上风时,要以强势压顶,并注意借助语调、手势的配合,渲染自己的观点,但不可轻妄、放纵、得意忘形。须知,谈判中的优劣势是相对的,而且是可以转化的。谈判桌前不是显示表达能力的地方,那种不看场合、不问对象的做法反而会弄巧成拙。谈判中的辩论应注意举止气度,这样不仅能给人留下良好的印象,而且在一定程度上能制造和谐的辩论气氛。

第5节　商务谈判压力处理技巧

商务谈判对于谈判者而言,既是一场智力的较量,又是一场心理的较量。在谈判中,由所谈问题的分歧(主要是利益分歧)而诱发的矛盾和冲突,通常会对谈判参与者的心理形成压力。因此,对于谈判者而言,掌握承受和处理谈判压力的方法是获取谈判成功必需的基本技能。

5.1　压力对谈判的影响

1.谈判压力的含义

在商务谈判过程中,当谈判双方就所谈问题存在意见分歧时,一方就可能逼迫另一方,使其按照自己的意愿行事,被逼迫的一方就会产生谈判压力。这种压力可能迫使其重新调整自己的思路,做出一定让步。因而,在谈判中施加压力是谈判一方逼迫另一方让步的一种方法。

2. 谈判压力的作用

压力存在于商务谈判过程的始终,对每一个谈判者都有两种相反的作用:它既是促使谈判者调整、平衡双方利益的因素,从而起着促进谈判走向成功的积极作用,也是导致谈判双方产生分歧和对抗的因素,从而使谈判陷入僵局,甚至走向破裂。

5.2　谈判压力的来源

压力是有针对性的,不同的谈判背景、不同的谈判对手、不同的谈判内容等可对谈判者产生不同的心理压力。

1. 目标压力

谈判者在参与某项谈判后,其谈判目标就是计划所确定的利益目标。由于目标的存在,谈判者心理上将会产生目标压力。任何谈判者在谈判过程中都具有这种目标压力。向谈判对手传播威胁对方利益目标的信息,使其因谈判形势有可能改变或中断而焦虑。在这种情况下,对手有可能被迫让步。

在许多谈判活动中,谈判者都是受委托而从事谈判的,所以他们并不是为了自己的利益而谈判,而是为他人或组织的利益而谈判。但他们在谈判活动中能否达到利益目标,将直接影响他们自己的利益。因此,任何影响谈判目标实现的信息都会给谈判者造成压力。优秀的谈判者懂得如何向对手施加目标压力,而且还知道怎样在向对手施加目标压力时保持分寸,不至于使对手因畏惧困难而放弃谈判。

2. 时间压力

谈判活动具有很强的时效性,谈判者的实力、利益都是随着时间而变化的。由于谈判受一定的时间限制,谈判者在谈判的始终都会有一定的时间压力。在谈判中若有一方能设谋支配谈判时间,就会取得谈判的主动权。

3. 权力压力

所谓权力是指谈判一方所形成的针对谈判对手的一种威慑力,它可以产生一种心理压力,使其思维丧失周密性和机动性,从而受制于对方的调动与控制。权力压力,就是一方的威慑力大于对方,从而使对方在心理上承受一种压力。权力压力是无形的,然而它又无处不在。即使在一次极为简单的谈判中,置身于谈判过程中的人们也可以感觉到它的存在。权力压力的形成与谈判的心理活动相关,任何权力都是在谈判主体各方认识的基础上表现出来的,因此权力压力是可以制造出来的,即所谓造势。对于身处逆境的谈判一方,如果能够适时进行"造势",那么就可以形成对对手的威慑力,从而扭转局面,争取主动。

4. 疲劳压力

疲劳是指心理疲劳。任何谈判者在长时间的谈判中都会有疲劳感,特别是紧张的冲突性谈判,更会导致人的心理出现疲劳。谈判者为了使对手出现心理疲劳,可以利用传播工具制造不利于对手实施谈判计划的信息,使其因过度紧张而出现疲劳状态。人在疲劳的状况下,注意力减弱,大脑对信息的整合、加工、决策水平下降。因此,应用心理战术,使对手的心理压力转化为心理疲劳,将会导致其谈判意志减弱,态度出现变化的倾向。在某种意义上讲,谈判是双方谈判者心理对抗的过程。

5.道德压力

社会道德是人类社会依据一定的利益要求调整人们的行为,以及人们对社会、国家的义务的准则。商务谈判作为社会中一种人与人之间的经济交往行为,必然要借助于一定的道德要求和道德准则去规范社会关系和人际关系,以维护一定的公共秩序。因此,商务谈判行为要受到一定的社会道德观念的约束和影响。在存在着社会道德观念的约束和影响下,对商务谈判活动有一个道德评价问题,产生出商务谈判的道德压力。

6.政治压力

经济决定政治,政治影响并制约着经济。由于政治形势的影响,许多商务谈判活动,尤其是在国际商务谈判中,谈判者因政治制度的制约,在心理上有较大的政治压力。在商务谈判中,可借助于加大对对手的政治压力,使谈判形势对己有利而不利于对手。

总而言之,导致谈判者心理上产生压力的因素很多,以上介绍了主要的几个方面。向谈判对手实施压力的目的是有共性的,即促使对手接受己方的谈判意图。

5.3 实施压力的一般方法

1.感情攻击

利用感情的爆发来向对方施压,从而达到自己的目的。如有时居高临下,脸色变红,嗓门提高,怒不可遏;有时拂袖而去,怒气冲冲地退出会场;有时则保持沉默,含蓄地威胁。凡此种种均能激发对方的心理活动,消磨和软化对方的立场。

2.极端要求

谈判者常常在谈判一开始或谈判的磋商阶段态度很强硬,提议很极端,目的是给对方施压,降低其期望值。以报价为例,作为买方,最初开价十分吝啬,通常是关起门来秘密报价,以免别的买主出价,目的在于使卖主相信,除他之外无其他买主可选,使自己处于绝对优势地位;作为卖主,所做相反,起先总是"漫天要价",然后敞开大门,鼓动众多买主竞争报价,让他们互相厮杀,以求得到最高的售价。

3.故意拖延

在商务谈判中,故意拖延时间是一种常用的施加压力的方式,特别是为东道主一方所乐于采取的方法。因为他们可以抓住对方的弱点,如客居异地,对生活、气候等不习惯的心理,故意拖延时间,或者推迟谈判,或者出尔反尔要求重新谈判等,使对方在生理、心理和时间上都承受不住的情况下做出让步,这往往可以为东道主带来好处和利益,甚至极大好处和重大利益。

4.抗拒

任何谈判都是"合作"与"冲突"的统一。抗拒是谈判一方阻抗、拒绝、反对谈判另一方的意见与要求的行为,是商务谈判中谈判者维护自己利益、争取自身利益最大化的一种必然的、自主的行为和手段,是实施谈判压力的一种重要手段。该手段是为了让对手在抗拒压力之下知道己方建设性意见对解决冲突的正确性,从而接受己方建议;否则,冲突无法消除,压力将持续增加。

5.威胁

谈判中的威胁会使受威胁的一方感到一种强大的压力,是在谈判双方产生利益分歧与冲突时实施的迫使另一方让步的强硬手段。谈判威胁一旦实施,将可能对谈判双方造成利益损失,具有较大的风险,因此要把握好"度"。高明的谈判者一般不会公然进行威胁,而是在话语中暗藏威胁,含蓄、委婉地进行,并给自己留出退路或给对方留下台阶,即所谓"硬威胁,软表达"。依据谈判一方实施威胁后的相对损失程度,可将谈判中的威胁概括为三类,即压迫式威胁、胁迫式威胁与自残式威胁。

(1)压迫式威胁。压迫式威胁是指威胁方在实施威胁后给自己造成的利益损失与不实施威胁时相等的一种威胁方式。压迫式威胁对于威胁方而言是一种损失最小的威胁方式。在威胁实施过程中,威胁方始终掌握着绝对的主动,而被威胁方则要承受威胁所造成的全部压力,处于完全被动的地位。

压迫式威胁通常发生在企业实力悬殊的谈判者之间,或谈判的其中一方有多个竞争者的时候。例如,市场上有多个电脑销售商,其价格和服务差别不大。一个购买者与其中的一个电脑销售商接触准备购买电脑,在这种买方市场的情况下,买方就有可能采用压迫式威胁来要求电脑销售商降价或提供更多的服务,即如果卖方不答应其要求,他就可能转向其他的电脑销售商去购买。假如威胁真正实施后,即购买者转向其他电脑销售商购买电脑,那么,对于购买者(即威胁方)来讲,他没有任何利益损失,也就是说,他向目前的这个卖主购买与向其他的卖主购买没有区别。

(2)胁迫式威胁。胁迫式威胁是指谈判一方在实施威胁后,自己可能遭受的损失大于不实施威胁时的损失,但小于给对方造成的利益损失。在商务谈判中,这种威胁方式是最为常见的一种。由于它给谈判双方都可能造成损失,所以,它会对谈判双方都形成压力。不过区别在于威胁方所承受的压力要小一些,被威胁方所承受的压力要大一些。

这种威胁方式实际上是一种冒险行为,即威胁方也要承担遭受损失的风险。不过,由于被威胁方要承担的损失风险更大,所以这种威胁往往可能成功,即被威胁方对威胁方做出让步。

(3)自残式威胁。自残式威胁是指如果威胁方真正实施威胁后给自己可能造成的利益损失要大于或等于被威胁方所遭受的损失。

自残式威胁从某种意义上讲是一种赌博行为,它的赌注押在了对方的心理承受能力上。如果对方的心理承受能力强,顶住威胁的压力,那么威胁将以威胁方的自残而宣告失败。一般在商务谈判中自残式威胁付诸实施的情况很少,因为谈判双方的行为在一定程度上都是理性的,要受到经济利益的调动和制约,所以,在正常情况下,自残式威胁不会真正付诸实施。

5.4 缓解压力的一般方法

谈判中不仅要懂得给对方实施必要的压力,也要善于缓解对方实施的压力。缓解谈判中的压力,最关键的是必须了解可能产生压力的条件,从而采取某种方法使压力不能形成,压力也就相应解除。

(1)防范法。这种方法的应用范围有限,只能用来处理个别情况。施加压力的目的通常分为两种:一是要求对方做出某种行为;二是不准对方做出某种行为。这种方法的具体步骤是:当谈判一方通过分析,发现对方可能会利用某些特权来压迫己方,使己方必须或无法做出某种行为时,则立刻采取行动,在对方向己方施加压力之前就造成该行为已无法实施或已将该行为完成而无法收手,即造成一种"既成事实",使对方失去施加压力的目标。

(2)软化法。这种方法是针对施压者权力而采取的措施。在谈判中,施压者借以实施压力的权力通常是由其上级赋予的,因此,使上级对施压失去兴趣,压力就会自动解除。这种处理技巧对于施压会对施压者自身利益造成一定伤害的情况十分有效,可以用这种伤害作为依据来说服其高层主管放弃施压。

(3)劝导法。商务谈判中,施加压力一方有时可能会低估实施威胁给自己造成的损失,这对于谈判是十分危险的。这就要求被施加压力一方在受到压力以后,分析威胁实施会给对方造成的损失,然后,将这些损失逐一向对方说明。这样,一方面可以使对方更清楚自己的利弊得失,另一方面也可以增加对手的心理压力。劝导法这种技巧有时可以与报复威胁结合使用,即向施压方说明如果威胁付诸实施,那么,己方将会采取何种报复行动,这些行动将给对方带来何种损害。在现实的商务谈判中,运用劝导法缓解压力十分有效,它可以使施加压力的一方主动撤销压力,有时还会做出一定的让步。

(4)转化法。这种方法是针对压力可能造成的损失而采用的技巧,它极类似于企业行为中的多角化经营或保险行业中的分散保险,即设法将本企业可能承受的压力损失转嫁或分散到其他企业,使源自对方的压力丧失应有的效力。当对方意识到其所施加的压力无法损害或无法严重损害己方利益时,或许会放弃施压。采用这种方法要向对方表明:对方所施加的压力根本无法对己方造成实际损害,反而会涉及其他企业,从而对对方造成不利。

(5)对攻法。这是一种缓解压力的强硬方式,这种方式是基于确认己方的心理承受力强于对方这一主观判断而采取的一种强硬姿态。它适用于两种情形:一种是谈判一方在实施压力后给自己可能造成的利益损失大于不实施压力时的损失,但小于给对方造成的利益损失;另一种是如果一方真正实施压力后,自己所遭受的损失要大于或等于被施压方所遭受的损失。采用这种方法要做到以下几点:

①全面分析利益得失,要肯定对方如果实施压力后,也会使自身利益受到损失。这是被施加压力方采取强硬态度的根本保证。

②要做最坏的打算,事先安排好各种方案,以应付压力实施后可能出现的各种结果。

③向对方反复表明己方的强硬姿态,并可以向对方适当透露己方针对压力所做的各种安排,以此向其表明己方准备接受一切可能出现的结果。

④向对方晓以利害,陈述威胁给对方造成的压力。

应该注意的是,一旦采用了这种方法,切不可再单方面向谈判对手做出让步,即使是虚置让步也不行。

第6节　常见商务谈判战术的运用

在商务谈判长期的发展过程中,人们积累了大量的谈判智谋与战术,为学习和掌握商务谈判、提高谈判水平和艺术,提供了宝贵的财富。谈判战术是谈判策略与技巧的融合,这些战术主要包括情感战术、信息战术、时间战术和权力战术四个方面。

6.1　情感战术

1.满意感

满意感是指通过己方主动满足或答应对方的需求,给予良好的物质待遇,使对方在精神上感到愉快和受到尊重,从而达到让对方因满意而放弃或减弱挑剔对立心态的做法。满意感的实施主要做好礼遇、理解和耐心三个方面工作,款待周到,宽容慰藉,礼貌耐心,春风化雨,使对方盛情难却,不好提出过分的条件。满意感实际上是一种"润滑"策略,往往适用于谈判实力较弱的一方。但满意感也有一个"度"的问题,不是无原则的退让,亦不是阿谀奉承、一味迎合。

2. 鸿门宴

鸿门宴是指通过设"宴"麻痹和瓦解对手,使对方放弃对抗或做出让步,从而达到自己的目的的一种做法。"宴"不只是食宴,也可能是球宴、舞宴、歌宴等,是软化和消磨对方意志的一种宴请,讲究的是投其所好。设宴的目的是为了提事,在宴中或宴后,趁对方高兴或时机成熟之时,再提出自己的要求或所办之事,此时对方往往不好拒绝。"鸿门宴"是商务谈判中最常用的战术之一,且功效良好。

3. 借恻隐

借恻隐是指通过一种装扮可怜相、为难状,唤起对方的同情心,从而达成阻止对方进攻的一种做法。该战术与"三十六计"中的"苦肉计"相似,关键是要通过自己逼真的"痛苦"之情使对方信以为真,不好再逼迫。首先要"扮相",如愁眉苦脸、双眼红湿、双手作揖等;其次要"扮言",如"若这样做决定,我回去就要被撤职""我已经做了太多让步了,再让必死无疑了,求贵方给我一条生路"等。借恻隐,也有一个"度"的问题,要避免失掉人格或国格。

4. 扮疯相

扮疯相是指在谈判中,针对对手的言语或情节,故意表现出急、狂、怒、暴的姿态和样子,以震慑对手,动摇其谈判决心,迫其却步或让步的做法。该战术是"强"与"力"的体现,是胆略的较量,具有很大的冲击力,对谈判者的要求较高。其基本做法是:拍——拍桌子,摔——摔东西,撕——撕资料,喊——大声斥责,走——扭头欲走。扮疯相也要把握好分寸,一是要有"因",借机发作;二是要留有退路,攻时有防。

5. 激将法

激将法是指在谈判中,故意运用适当语言刺激对手,使其感到坚持自己的观点或立场已直接损害其形象、荣誉和自尊心,从而动摇或改变其态度和条件的做法。激将法运用的关键是要选择好"激点",即对方反应大的敏感点,它常常是对方关注的自我表现方面,如个人的面子、地位、权力、名誉、虚荣等;同时,要把握好表达的强度,以有效地激起对方的反应,如激点为地位时,可说"你方到底谁是主谈,谁说的话算数""我们认为您的话很有道理,您的上司怎么这么不尊重您的意见呢? 换了他们来谈,其结果未必比您谈得好""按我方的习惯,像您这样资深的专家应该有决定的权力"等。激将法最忌人身攻击,即不可对对方的个人缺陷、人品等进行刺激。

6. 戴高帽

戴高帽亦称伪假设策略,是指谈判者根据对手的弱点和虚荣心,赋予对手一个假设的角色(高帽),促使对手按照假设的角色行事,从而削弱其优势的一种做法。如对手是个外行,但又希望别人把他当做内行。例如"你是这方面的老手了,一定对它很熟悉吧",这么一说,就会使对手不得不充当起某种角色来,对这份东西不是拿来仔细研究,而是不屑一顾。"高帽"的种类很多,要依据对手的情况而戴,使其戴得稳、戴得受用。

7. 小气鬼

小气鬼是指在谈判中,对大小利益均不轻易放过,尤其对自己让出的条件更是斤斤计较,大肆渲染,从而使对方降低自己利益要求的一种做法。小气鬼策略运用的关键是要小利,因为连小利都锱铢必较的话,就会强化对方的心理压力;同时,在让小利时要懂得渲染,即使是小利,也要让对方明白己方是损失了重大利益的。当然,小气也要有度,要小利时要有"理";让小利时要大利小利区分清楚,不能把大利当小利,把小利当大利。

8. 吹毛求疵

吹毛求疵是指通过故意寻找或挑剔对方的缺点或毛病,促使对方做出让步的一种做法。运用该方法的关键有以下两点:一是找"疵"要准,即挑毛病要挑到点子上,使对方心服口服;二是要懂得一定的渲染,善于小题大做,虚张声势,使对手高度重视。吹毛求疵是削弱对手谈判实力的有效方法,也是商务谈判中屡见不鲜的手段。

9. 针锋相对

针锋相对是指在谈判中,针对对方所言的论点和证据,毫不妥协,一一驳斥,据理力争,从而动摇对方的意志和要求的一种做法。该策略塑造了谈判者"强硬"的形象,它不考虑对方的论点是否正确,而只考虑己方是否应该退让。即使对方的论点正确,但己方不该让步时坚决予以否定。针锋相对关键是要准与狠:"准"就是要针对对方的言论及其漏洞;"狠"就是驳斥要有气势和力度,要有震慑力。

10. 软硬兼施

软硬兼施是商务谈判中最常用的策略之一,相当于"红白脸"策略。它将温和与强硬、要求与让步、给予与抗拒相结合,反映了商务谈判合作与竞争的本质特征。温和,使对方看到己方的诚意,增强信任和友谊;强硬,使对方看到己方的决心和意志,不作非分要求。凭软的方法,春风化雨,以柔克刚;凭硬的方法,强力冲击,以刚取胜。

案例链接

孔镛处理强盗侵扰

明朝时,孔镛曾任田州太守。上任不久,附近的强盗突然聚众侵犯田州城。众人都建议闭守城门,孔镛却说:"闭门而守支持不了几天,当今之计,只有向他们宣扬朝廷的恩威,或许还可以让他们退兵。"孔镛不听众人劝说,备马出城。

围攻的强盗见一个当官的骑马出城,只带两个随从,非常惊讶,有人上前拦住盘问,孔镛答道:"我是新来的太守,你们快领我到寨子里去,我有话对你们的头领说。"强盗们不知他的用意,只好把他带到头领面前。众强盗拔刀亮剑,怒视孔镛。孔镛沉着镇定,缓缓下马,站在他们中间,说:"我是你们的父母官,快拿出椅子来给我坐下,你们来参见。"强盗们取过一个坐榻放在当中,孔镛不慌不忙地坐下,招呼众人上前。贼首问孔镛是谁。孔镛说:"我是孔太守,难道不是孔圣人的子孙吗?""正是。"强盗们一听都赶忙下拜。孔镛这时便说:"我知道你们本都是良民百姓,因饥寒交迫,聚集在一起企图逃避死亡。"强盗们点头称是。"但前任官员不体谅你们,要将你们赶尽杀绝。"强盗们纷纷骂起来,历数前任官员的劣迹。

孔镛微微一笑,接着说:"我这次奉朝廷之命,来做你们的父母官,是要把你们当亲人看待,并不忍心加害。如果你们能听我的话,我就赦免你们的罪过,你们送我回府,我拿出粮食布匹周济你们,从今以后就不许再干杀人越货的勾当了。若不听我的劝告,现在就可以把我杀了,日后便有朝廷官军前来问罪,你们要因此承担罪责。"

强盗们惊呆了,他们的头领说:"假如您能抚恤我们,只要您在这做太守,我们一定不再侵犯骚扰。""我一言既出,决不反悔。何必多疑呢?"孔镛拍着胸脯说。

众人再次拜谢,连忙杀牛宰羊,做了一顿丰盛的晚餐招待他。孔镛饱餐一顿后,在寨中过了一夜,第二天便带领大家进城取了布匹、粮食。从此田州一片太平。

6.2　信息战术

1.稻草人

稻草人是指在谈判中根据需要人为地制造一些合乎逻辑的假象代替真实的存在,并以此为由说服对手退步的一种方法。该战术与"三十六计"中的"无中生有"类似,其本质是"虚""诈",即通过手法巧妙地将"虚无"变为"实有",还要不显山露水,让对手信以为真,从而达到预期效果。例如,在谈判中设计一个或几个虚无的"竞争者"来给对方施加压力,又如在谈判中明明自己可以作决定,却声称要请示上级等。"稻草人"因是虚,因此在运用时要注意以下两点:一是要做到不露虚,要言行一致,前后一致;二是要把握好"虚"因,让对方难以或不会调查核实,而不能公然欺骗,一戳就穿。

2.空城计

空城计是指谈判中以自信的态势将"无"充"有"或将"不完全的有"充"完全的有",形成己方强大的气势,迫使对手调整谈判态度与条件的做法。该战术与商场上的"漫天要价"相似,"空"就是"苛刻""严格",要求越高越严,就越"空";同时,要懂得表演和渲染,让对方信以为真。《三国演义》中孔明为示空城并不空,抱琴上城楼弹奏一番,其气势让千军万马却步。例如,己方资金其实很充裕,却声称资金困难,己方本来实力一般,却利用造势使对方感觉实力强大等。空城计的"空"不能过头,不超过合理的极限,否则,就会使对方怀疑或跑掉;同时,"空"亦有一定灵活性,不能把自己架上"空城"上下不来,对方破"空"时,还要善于填"空"。

3.回马枪

回马枪是指在谈判中佯装对对手的论述、条件等关注并感兴趣,但就是不表态,待对手毫不戒备地把信息或底牌泄露后,再利用其攻击对手,从而获得有利结果的一种谈判方法。"回马枪"是古代马上作战武艺之一,其形式在"佯败",其本质在进攻。在谈判中,有的对手常会自我陶醉,丧失警惕,最易中"回马枪"。回马枪,首先要佯败,装做几乎被对方说服的样子,引起对方的兴趣,如"我十分欣赏贵方的说法""换了我,也会提出像贵方一样的要求""听贵方这么一说,我开窍多了"等;其次要反击,反击是用对方说过的话作自己的结论,即用其"布料",做自己的"衣",如"诚如贵方前面提到的一样,贵方在这个问题上应持该条件才对,除非贵方原先说的话不是事实"。

4.反间计

反间计是指在谈判中,故意挑拨多个对手之间或对手的内部人员之间的矛盾、猜忌和不和,或收买或利用对方人员为己方所用,从而创造机会实现己方谈判目标的做法。反间计的实施,一是要选准对象,拉拢那些易被拉拢的对方人员;二是要实施离间,如强化对方的内部矛盾,利用其传递某些信息诱导对方,故意让对方得到错误信息引其上钩等。

5.投石问路

投石问路是指通过初步表达己方的意图或提问的方式来试探对方的意图和需求,然后采取相应行动的一种做法。投石问路的好处在于既达到了试探对方的目的,又保持了相当的灵活性。

例 9 - 3

有这样一个配镜师向顾客索要高价的故事。顾客向配镜师问价:"要多少钱?"配镜师回答:"10 美元。"如果顾客没有异议,他便加上一句"一副镜架",实际上就成了"10 美元一副镜架"。然后他又开口"镜片 5 美元"。如果顾客仍没有异议,狡猾的配镜师就会再加上一句"一片"。

这里,配镜师采用了投石问路的方法,通过观察、判断顾客的反应,达到了自己的目的。

6. 化整为零

化整为零是指在谈判中,将预计一次不能谈成而又志在必得的条件,分成几部分,分别作为不同的谈判内容,以求得各个突破,最终实现整体谈判目标的做法。该战术运用了人们的谈判心理,当事物作为一个整体时,给人感觉总量较大,进与退的难度较大,而将其分解后,每个部分的难度就相对较小。例如,在成套设备交易谈判中,往往可以将其分成设备、技术、服务几个部分来谈,而设备、技术、服务又可以再细分,通过取得局部的进展,就可降低谈判的难度,加快谈判进程。

7. 请君入瓮

请君入瓮是指在谈判中,给对手的谈判条件划定一个范围,以防其"狮子大开口",或进一步压低对手最后成交条件的做法。"瓮"就是范围,它可以是价格或利益,也可以是限制条件。例如,谈判中的"最大预算""最大权限""最低价格""最后期限"等都可以是"瓮",它们往往具有较大的说服力和约束力,因此在谈判中十分奏效。此法运用的关键在于使对方信瓮和入瓮。

8. 欲擒故纵

欲擒故纵是指对于志在必得的交易或条件,故意通过各种措施让对手感到自己满不在乎,从而压制对手在谈判中要价的企图,使己方以预想条件成交的做法。该策略是商务谈判的基本策略,运用甚广。它有"惑敌""麻痹对手"的意味,主要是掩盖己方的真实意图,谨防被对手利用为压己成交的条件。首先要"纵",如态度上不冷不热,进度上不急不躁;其次要"擒",即在"冷"对手的同时,还要挑动其谈判的兴趣或欲望,例如,"贵方在这方面有优势,若真想赢得交易,我方可以配合"。该策略关键是要掌握好"纵"与"擒"的分寸:"纵"过了头,对方就"再见";"擒"早了,又要付"大价钱"。

9. 声东击西

声东击西是指在谈判中通过转移对方对己方真实意图的注意力,使对手产生错觉,从而实现预定谈判目标的做法。该策略"声东"部分是虚张声势的进攻,"击西"才是真实的目的,而"声东"占了谈判的大部分,只有在尾声才转入"击西"。其基本做法有以下方面:一是要选择两个客观议题,即"东"与"西",例如设备("西")与技术("东");二是制造"东"的声势,如本来设备("西")是要压价的对象,但重点谈技术费用("东")让步的难度(技术费用己方本来有退让余地);三是交换条件,将"东"换"西",以技术费用的让步来换取对方在设备价格上的让步。

10. 减兵增灶

减兵增灶是指在谈判中,卖方为了提高卖价有理可讲,故意多列费用名目,或买方为了压低买价有理可讲,精心编制各种缘由的做法。减兵增灶,原意是兵法上为了迷惑敌人,佯装虚弱,一边减兵,一边增灶。商务谈判中是指灶多——理由多,兵少——付出少,该策略亦类似

"浑水摸鱼",即把各种理由搅起来,让对手不辨真伪而从中获利。该策略的关键是"灶"要让对方可信或有据可查。

案例链接

张丑成功逃脱

春秋时,张丑到燕国去充当人质,燕王想杀掉他。他连忙出逃,逃到国境线时,被守境的官吏捉住了。张丑心生一计,说:"燕王之所以要追杀我,是因为有人说我藏有宝珠,燕王想得到它。如今我在逃亡,并没有宝珠,燕王却不肯相信。如果你把我抓回去,我就说是你抢了我的珠宝,并且吞到肚子里去了。燕王准会杀了你,剖膛开腹,取出宝珠。"守边的官吏听了非常害怕,赶快将张丑释放了。

6.3　时间战术

1.疲劳战

疲劳战是指通过有意安排的超负荷、超长时间的谈判,或故意冗长乏味的陈述,使对手从身体上和精神上感到疲劳厌倦,从而造成其失误、动摇其立场的做法。该法与兵法上的"以逸待劳"有相通之处。该策略运用的关键在于营造"疲劳"要自然合理,避免被对方识破,忌把自己也搞"疲劳"。

2.缓兵计

缓兵计是指在谈判中为了争取时间和机会,对于对方的说辞和条件既不说"行",也不说"否",使对手进退两难处于等待状态的做法。该策略是时间策略中的一种拖延策略,首先要找准"兵",即己方欲延缓的事项;其次要选择缓法,即延缓的理由要能成立,如"我方需要对这一问题作进一步的研究,目前讨论 A 问题的时机还不成熟,不如让我们先来解决 B 问题"。

3.磨时间

磨时间是指在谈判中以善意的、重复的、慢节奏的表述方式损耗谈判时间,造成谈判的低时效,迫使那些与时间关系重大的对手尽早做出让步的做法。该策略既是"时限"的游戏,又是"耐性"的考验。其基本做法是:重复——反复讨论某个问题耗时间;沉默——让对手多说;节奏——放慢谈判的节奏,如果再能配合上态度温和,谦恭有礼,则磨时间的效果更好。

4.兵贵神速

兵贵神速是指在谈判中以快速行动赢得时间和机会,或促使对方尽快做出决定的做法。兵贵神速与缓兵计、磨时间相反,因时间越拖延对己方越不利,因此要抢时间。例如,为了增强谈判实力或比对手先行准备一步,可用"过期不候"或"过时不再优惠"使对方尽快表态。又如,在谈判中先提出某个要求或事实进行预防,使对手不能再作此要求。

6.4　权力战术

1.挡箭牌

挡箭牌是指通过寻找各种借口、遁词,达到阻止对方进攻、坚守己方条件的目的的做法。该战术的"借口""遁词"有虚设的成分,主要表现为"推"与"磨",如权力有限、时间太紧、情况有变等。此外,在使用中要注意两点:一忌实挡,即"牌"宜虚不宜实,如不能以己方的真人真事来做"牌",否则易露馅;二忌生硬,"牌"与"箭"要相对应。

2. 选择权

选择权是指一种故意摆出让对手任意挑选可以接受的两个或两个以上的解决方案中的一个,而自己绝不反悔,以使对手感到己方真诚和大度,从而放弃其原来的条件,反过来考虑己方方案的做法。该策略旨在争取总体成功,以退为进,以让求和,因为两种或两种以上的选择方案有给对方"一让到底"的感觉,具有退中求进的威力。例如,双方在设备价格与技术费用上均有分歧,可以有三种方案让对方选择:降低设备价格而不降技术费用;降低技术费用不降设备价格;设备价格和技术费用均有所下降。要求对方只能选择,不能再还价。同意选择,即同意成交。使用选择权策略,一是要有度,即让步的分量还要留有一定余地,同时每种方案的让步应相差不大;二是要时机适宜,选择权往往应放在谈判的最后阶段,不能让对手感到轻易就能得到。

3. 打虚头

打虚头是指在谈判中,为了突破对方的防线,动摇其立场,首先分析并找准对方最虚的条件,亦即最不合理的部分开展攻击的做法。该策略强调的是"击虚",求的是必胜之果,往往在谈判初期使用得较多。使用时,首先要找准最虚处,其次要击虚有力。

4. 挤牙膏

挤牙膏是指在谈判中,针对某个谈判条件,向对方不断施加压力,促使其一点一点地改善其交易条件的做法。该战术的实质是"挤",俗话说"价不压不实""水不挤不干"。首先,要找准"挤"的对象,即有"水分"的地方;其次,要准备好"挤"的理由,不仅要找到理由,还要把理由条理化、秩序化,因为要"一点一点"地挤,所以就要有一连串相互联系的理由;再次,要考虑"挤"的时间和次数,"水分"越大或对手愈强,"挤"的时间越长,"挤"的次数也就越多。

5. 扮菩萨

扮菩萨是指在谈判中,不论对方如何说理,均态度友善、立场坚定地予以否决,使对方不知所措,重新思考谈判方案,以维护己方利益的做法。运用该策略首先要取得"菩萨"的地位,即在谈判中先取信于对方;其次,要善于"扮",即面露笑容、目光慈祥、举止端庄等,其形可敬或可畏,其位不进也不退,让人感到若即若离,深不可测。该策略忌无位,即胡搅蛮缠、言语啰嗦,忌无形,即形象猥琐、举止失当。

6. 步步为营

步步为营是指在谈判中,对于交易的条件或条款的每一次进退均采取顽强推进或坚定防守的做法。该策略既是进攻之策,也是防守之策。进则顽强挪动,不求大进,但求有进;退则坚强抵抗,难以攻破,是量(小量)与力(大力)的统一。"步步"强调的是一点一滴的进退(不放小),"为营"强调的是支持的理由要坚固,所谓"铁打的营盘"。

7. 最后通牒

最后通牒是指在谈判进行到一定阶段(通常为后期),提出一个新的让步条件作为合同成败的最后妥协条件,以逼迫对方对此做出答复的做法。该策略硬在"不可谈判",行则成交,否则破裂,给对方以极大的压力。最后通牒无论实或虚,均要取信于对方,否则易致被动;同时,也可留一定时间让对方考虑"通牒"。

8. 模棱两可

模棱两可是指谈判者在处理谈判中的一些棘手或不便表态的问题时,含含糊糊,没有明确的主张和态度,从而为自己留有进退余地的做法。模棱两可,不仅可以让对方猜不透己方的意图,而且可以谦虚地表达意见,使对方服从自己,还可以减少自己失言和出错的机会。该策略关键是要学会使用"模棱两可"的语言,如"可能""大概""也许"等,同时配合"似懂非懂"的肢体语言,如皱眉、叹息等。

9. 折中调和

折中调和是指在谈判的后期,针对双方的利益差距,采取平分均摊或以一换一,以解决双方最后分歧的做法。因平分或互换,故有公平感,往往易被双方接受。折中调和是解决双方最后分歧最有效的方法之一。例如,对双方的价格差距取其中间值。当然,折中应该对己方比较有利,若对己方不利则不能折中。

10. 放线钓鱼

放线钓鱼是指在谈判中,故意让对方先得到某个有利于其的条件,以激起对方与己方谈判到底的欲望的做法。该策略是"以小求大""先予后取"或"抛砖引玉",属远谋。做法上,首先要选准"诱饵",让对方感兴趣,对胃口;其次要放线,但不能让对方过于轻易地得到。

案例链接

电站设备买卖的谈判

印尼政府对爪哇岛一座新的电站公开招标,该工程需要购买一台非常大的发电机。世界上只有五六家公司可以供应,这些制造商都是通过当地的代理商销售。一位德国制造商的代理人惊讶地发现,自己并没有被包括在招标名单中,且负责采购的官员拒绝接见他。在已经接到美、日、英、法等国的制造商的报价后,采购官员邀请了那位代理人。他要代理人起誓保密,然后把竞争对手的报价单给他看,并补充说,如果他能给出一个比最低的报价低10%的价格,就有可能得到订货。

代理人当时对于可能达成这一有价值的生意非常兴奋,并报告给了德国公司。德国公司很难做出决定。该代理人一点一滴地削减自己的代理费来促进价格的降低。最后他提交了一份比其他投标者最低报价大约低10%的估价表。

接着,采购官员又进一步采取行动,即不接代理人的电话,也不接见。代理人的情绪又一次低落下去,他觉得可能丢了这笔买卖。最后,他得到了一次接见。那位采购官员对他拖延了这么长时间表示歉意并解释说,根据政府部门的政策,他必须等着再拿到最后一个估价表,而这一估价表刚刚来。很不巧,新的估价比德国公司的报价低2.5%。这次,如果德方能把价格再降低3%,他们就可以将此合同交给政府批准了。这位代理人飞回了德国。当时国际市场上大型设备销路不好,德国人同意把价格降低3%。该代理人带着这一新的估价表回来了。这一价格已接近成本了。

那位采购官员非常高兴,他向代理人表示祝贺。他说第二天讨论支付条件。采购官员的意思是,在当时高通胀和高利率的情况下,德国公司必须满足它的竞争对手提出的支付条件。经过多次讨论,制造商在德国政府贷款的帮助下同意了提供整整18个月的信贷,这是一个相当大的让步。

　　这位采购官员可以说把德国公司和代理人逼到了极限。他现在还有最后的一张牌要打。他拜访了德国科隆的制造商，并会见了公司经理以完成这桩交易。他问公司是否觉得提供长期信贷在财力上负担太重了，德方急于表现他们是如何慷慨大方，为他计算出提供的利息的实际代价。这位采购官员从公文包里取出合同，这份合同已由他的上司签署过了。他解释道，由于大量的石油收入流入印尼，政府此时不需要长期贷款了，不过，如果该公司能把价格表上的信贷现金费用扣除作为额外折扣的话，他还愿意让这一合同得到通过。否则，他怕日本……最后他并没有得到所要求的全部的现金折扣，但是得到了一半。

　　以上案例中，印尼的采购官员运用了稻草人、空城计、欲擒故纵、缓兵计、挡箭牌、模棱两可、步步为营、放线钓鱼等诸多谈判战术，充分掌握了谈判的主动权，取得了良好的谈判效果，为政府节约了大量的资金。

第10章 | 国际商务谈判

本章要点

1. 掌握国际商务谈判的含义、原则和特征
2. 掌握进行国际商务谈判的基本要求
3. 熟悉不同国家和地区商人的谈判风格
4. 了解文化差异对国际商务谈判的影响

第1节 国际商务谈判概述

1.1 国际商务谈判的含义

国际商务谈判是一种对外经济贸易活动中普遍存在的十分重要的经济活动,是一种调整和解决不同国家或地区政府及商业机构之间不可避免的经济利益冲突的必不可少的手段。

国际商务谈判既具有一般商务谈判的特点,又具有国际经济活动的特殊性,如政治性强、以国际商法为准则、坚持平等互利的原则和谈判的难度大等。

1.2 国际商务谈判的原则

1.平等性原则

平等是国际商务谈判得以顺利进行和取得成功的重要前提。在国际经济往来中,企业间的洽谈协商活动不仅反映着企业与企业的关系,还体现着国家与国家的关系,相互间要求在尊重各自权利和国格的基础上,平等地进行贸易与经济合作。在国际商务谈判中,平等性要求包括以下几方面内容。

(1)谈判各方地位平等。国家不分大小贫富,企业不论实力强弱,个人不管地位高低,在经济贸易谈判中的地位一律平等。

(2)谈判各方权利与义务平等。各国之间在商务往来的谈判中权利与义务是平等的,既应平等地享受权利,也要平等地承担义务。谈判者的权利与义务,具体表现在谈判各方的一系列交易条件上,包括涉及各方贸易利益的价格、标准、资料、方案、关税、运输、保险等。

(3)谈判各方签约与践约平等。商务谈判的结果是签订贸易及合作协议或合同。协议条款的拟订必须公平合理,有利于谈判各方目标的实现,使各方利益都能得到最大限度的满足。谈判合同一经成立,谈判各方面须"重合同,守信用","言必信,行必果",认真遵守,严格执行。签订合同时,不允许附加任何不合理的条件;履行合同时,不能随意违约和单方面毁约。否则,就会以不平等的行为损害对方的利益。

2.互利性原则

在国际商务谈判中,平等是互利的前提,互利是平等的目的。

(1)投其所需。在国际商务活动中进行谈判,说到底,就是为了说服对方,进而得到对方的帮助和配合以实现自己的利益目标,或者通过协商,从对方获取己方所需要的东西。

(2)求同存异。如果谈判各方的利益要求完全一致,就无须谈判,因而产生谈判的前提是各方利益、条件、意见等存在分歧。国际商务谈判实际上是通过协商弥合分歧,使各方利益目标趋于一致而最后达成协议的过程。首先,要把谋求共同利益放在第一位;其次,努力发现各方之"同";最后,把分歧和差异限定在合理的范围内。

(3)妥协让步。在国际商务谈判中,互利不仅表现在"互取"上,还表现在"互让"上,谈判中的得利与让利是辩证统一的。妥协能避免冲突,让步可防止僵局,妥协、让步的实质是以退为进,促进谈判的顺利进行并达成协议。

1.3 国际商务谈判与国内商务谈判的关系

国际商务谈判和国内商务谈判都是商务活动的必要组成部分,它们是企业发展国际市场和国内市场业务的重要手段。国际商务活动是国内商务活动的延伸,因而国际商务谈判也可以视为国内商务谈判的延伸和发展。尽管国际商务谈判和国内商务谈判之间存在着十分明显的区别,但两者之间也存在着十分密切的联系,存在着许多共性。

1.国际商务谈判与国内商务谈判的共性特征

(1)为特定目的与特定对手的磋商。国际商务谈判和国内商务谈判都是商务活动主体为实现其特定的目的而与特定对手之间进行的磋商。作为谈判,其过程都是双方或多方之间进行信息交流,"取"与"予"兼而有之。谈判过程中所适用的大多数技巧并没有质的差异。

(2)谈判的基本模式是一致的。与国内商务谈判相比,国际商务谈判中必须考虑各种各样的差异,但谈判的基本模式仍是一致的。事实上,由于文化背景、政治经济制度等多方面的差异,谈判过程中信息沟通的方式、需要讨论的问题等都会有很大的不同。但与国内商务谈判一样,国际商务谈判也同样遵循从寻找谈判对象开始,到建立相应关系、提出交易条件、讨价还价、达成协议,直至履行协议结束这一基本模式。

(3)国内、国际市场经营活动的协调。国内商务谈判和国际商务谈判是经济活动主体从事或参与国际市场经营活动中两个不可分割的组成部分。尽管国内谈判和国际谈判可能由不同的人员负责进行,但由于企业必须保持其国内商务活动和国际商务活动的衔接,国内谈判与国际谈判之间就存在着密不可分的联系。在进行国际谈判时,必须考虑相关的国内谈判的结果或可能出现的状况,反之亦然。

2.国际商务谈判与国内商务谈判的区别

在认识到国际商务谈判与国内商务谈判的共性特征的同时,对于要取得国际商务谈判的成功而言,认识到这两种谈判之间的区别,并进而针对区别采取有关措施,是更为重要的。

国际商务谈判是跨越国界的谈判。如图10-1所示,谈判的根本区别源于谈判者成长和生活的环境及谈判活动与谈判协议履行的环境的差异。

国内商务谈判的双方通常拥有共同的文化背景,生活于共同的政治、法律、经济、文化和社会环境之中。在那里,谈判者主要考虑的是双方公司及谈判者个人之间的某些差异。而在国际商务谈判中,谈判双方来自不同的国家,拥有不同的文化背景,生活于不同的政治、法律、经济、文化和社会背景之中,这种差异不仅形成了人们在谈判过程中的谈判行为的差异,而且会对未来谈判协议的履行产生十分重大的影响。比较而言,由于上述背景的差异,在国际商务谈判中,谈判者面临着若干在国内商务谈判中极少会出现的情况。

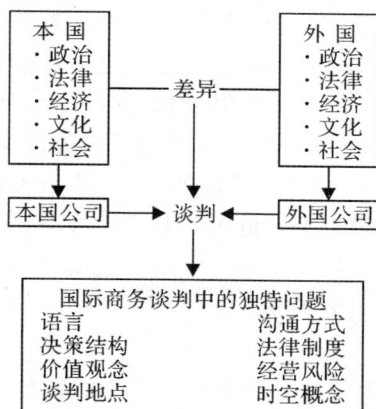

图 10-1　国际商务谈判与国内商务谈判的差异

(1)语言差异。在国内商务谈判中,谈判双方通常不存在语言差异(谈判者通常均认同并能使用共同的官方语言),从而也就不存在由于使用不同语言而可能导致的相互信息沟通上的障碍。但在国际商务谈判中,语言差异及由此而引起的其他问题始终值得谈判者注意。即便在使用同样语言的国家,如使用英语的美国和英国,在某些表达上仍存在着一定的差异。语言差异,特别是在两种语言中都有类似的表达但含义有很大差别时,以及某种表达只在一种语言中存在时,极易引起沟通上的混淆。

例如,在中国,政府管理企业的方法之一是根据企业经营管理状况及企业规模等评定企业的等级,如"国家一级企业""国家二级企业"等,在美国则没有这种概念,简单地将"一级企业""二级企业"解释为"First Class Enterprise""Second Class Enterprise",很难让对方理解这种表达的含义,起不到在国内谈判中同样表达所能达到的效果,并且有可能使对方产生误解,如将"二级企业"理解为"二流企业"。在拟订谈判协议时,语言差异问题应予以深入分析和研究。

(2)沟通方式差异。不同文化的人群有其所偏好和习惯的沟通方式。国际商务谈判中的双方经常属于不同的文化圈,有各自习惯的沟通方式。习惯于不同沟通方式的双方之间要进行较为深入的沟通,往往就会产生各种各样的问题。

沟通方式的差异不仅表现为表达方式的直接或间接,还表现为不同国家或地区的人们在表达过程中肢体语言运用上的巨大差异。有些国家或地区的人们在进行口头表达的同时,伴随大量的肢体语言,而另一些国家或地区的人们则不习惯在较为正式的场合运用过多的肢体语言,特别是身体动作幅度较大的肢体语言。值得注意的是,与口头和书面语言一样,肢体语言同样也表现出一定的地域性。同样的动作的含义在不同的国家或地区可能出人意料的完全不同,甚至会有截然相反。对肢体语言认识和运用的差异,同样会给谈判中的沟通带来许多问题。

(3)决策结构差异。谈判的重要准则之一是要和拥有相当决策权限的人谈判,至少也必须是与能够积极影响有关决策的人员谈判。这就需要谈判者了解对方企业的决策结构,了解能够对对方决策产生影响的各种因素。由于不同国家的政治经济体制和法律制度等存在着很大的差异,企业的所有制形式存在着很大不同,商务谈判活动中的决策结构也有着很大的不同。以在国内商务谈判活动中习惯的眼光去评判对手,通常可能会犯各种各样的错误。例如:在有些国家,企业本身对有关事务拥有最终决策权;而在有些国家,最终决策权则可能属于政府有关主管部门,对方企业的认可并不意味着合同一定能合法履行。而同样是在企业拥有决策权的情况下,企业内部的决策权限在不同的国家和地区也会有很大的差异。

在注意到不同国家企业决策结构差异的同时,尤其要注意政府介入国际商务活动的程度和方式。政府对国际商务活动的干预包括通过制定一定的政策或通过政府部门的直接参与,来鼓励或限制某些商务活动的开展。在通常情况下,有的国家的政府对国际和国内商务活动的介入程度较高,有的国家的政府对企业的国际和国内商务活动介入程度较低。在工业化程度较高的意大利、西班牙、法国,某些重要的经济部门就属政府所有。当商务活动涉及国家的政治利益时,政府介入的程度就可能更高。

例 10-1

20 世纪 80 年代初,某美国公司的欧洲附属公司与苏联签订了设备供应合同,但美国公司及其欧洲附属公司在美国和欧洲国家的政府分别介入的情况下,处于十分被动的局面。美国政府要求美国公司的附属公司不得提供建设输油管道的设备和技术,而欧洲国家的政府则要求公司尊重并履行供应合约。争议最终通过外交途径才得以解决。由于国际商务活动可能面临决策结构差异和不同程度的政府介入,因此国际商务谈判可行性研究中的对手分析远比国内商务谈判中的有关分析复杂。在某些情况下,谈判者不仅要有与对方企业谈判的安排,而且要有与对方政府谈判的准备。

(4)法律制度差异。基于不同的社会哲学和不同的社会发展轨迹等,不同国家的法律制度往往存在着很大差异。要能保证谈判活动的正常进行,保证谈判协议能够得以顺利实施,正确认识法律制度的差异是不可忽视的。与此同时,一个值得注意的现象是,不仅不同国家的法律制度存在着明显的不同,而且不同国家法律制度得以遵照执行的程度也有很大的不同。

美国联邦沟通委员会前主席牛顿·米诺(Newton Minow)的一段戏言颇能帮助人们理解这一状况。根据他的看法,在德国,所有的事都是禁止的,除非那些得到法律许可的;在法国,每件事都允许做,除非是那些被法律禁止的;在意大利,所有的事都是可行的,包括那些被禁止的。表面看来,这段话显得有些混乱,但其所表明的意思却是很容易理解的,即不同国家的法律制度及法律执行情况有着很大的差异。

在国际商务谈判中,谈判者需要遵守那些自己并不熟悉的法律制度,同时必须充分理解有关的法律制度,了解其执行情况,否则就很难使自身的利益得到切实保护。

(5)价值观念差异。不同文化背景的人们对参与谈判的目的及所达成的合同的认识也有很大差异。例如,在美国,人们通常认为,谈判的首要目的,也是最重要的目的是与对方达成协议。人们将双方达成协议视为一项交易的结束,至少是有关这一交易磋商的结束。而在东方文化中,如在日本,人们则将与对方达成协议和签署合同视为正式开始了双方之间的合作关系。对达成协议的这种理解上的差异直接关系到人们对待未来合同履行过程中所出现的各种变化的态度。

(6)经营风险差异。在国内商务活动中,企业面临的风险主要是由于国内政治、经济、社会、技术等因素变化而可能导致的国内市场条件的变化。在国际商务活动中,企业在继续面临这些风险的同时，还要面对远比这些风险复杂得多的国际经营风险，包括：国际政治风险，如战争、国家之间的政治矛盾与外交纠纷、有关国家政局及政策的不稳定等；国际市场变化风险，如原材料市场和产成品市场供求状况的急剧变化；汇率风险，如一国货币的升值或贬值等。国际商务活动中的这些风险一旦成为现实，就会对合作双方的实际利益产生巨大的影响，会对合同的顺利履行构成威胁。因此谈判者在磋商有关的合同条件时，就应对可能存在的风险有足够的认识，并在订立合同条款时，即考虑采取某些预防性措施，如订立不可抗力条款，采用某种调整汇率和国际市场价格急剧变化风险的条款等。

（7）谈判地点差异。在面对面的国际商务磋商中，至少有一方必须在自己相对不熟悉的环境中进行谈判，由此必然会带来一系列的问题，如长途旅行所产生的疲劳、较高的费用、难以便捷地获得自己所需要的资料等。这种差异往往要求谈判者在进行国际商务谈判前，投入更多的时间做好更充分的准备工作。

（8）时间和空间概念差异。大量研究结果表明，在不同的国家或地区，人们的时间概念有着明显的差异。就谈判而言，有些国家和地区的谈判者时间概念很强，将严格遵守时间约定视为一种起码的行为准则，是尊重他人的表现。如在美国，人们将遵守时间约定看作商业活动及日常生活中的基本准则之一。比预定时间更早到达经常被视为急于成交的表现，而迟到则会被看作不尊重对方，至少也是不急于成交的表现。但在一些拉丁美洲和阿拉伯国家，如果这样去理解对方在谈判桌上的行为，则可能很难达成任何交易。那些国家或地区的谈判者有着完全不同的时间概念。

空间概念是与时间概念完全不同的问题。在不同的文化环境中，人们形成了不同的心理安全距离。在与一般人的交往中，如果对方突破这种距离，就会使自己产生心理不适。有关研究结果表明，在某些国家，如法国、巴西等，在正常情况下，人们相互之间的心理安全距离较短。而一般美国人的心理安全距离则较法国人长。如果谈判者对这一点缺乏足够的认识，就可能使双方都感到不适。

1.4　国际商务谈判的基本要求

以上分析了国际商务谈判与国内商务谈判的异同。从分析中，很容易得出这样的结论，即国际商务谈判与国内商务谈判并不存在质的区别。但是，如果谈判者以对待国内谈判对手、国内商务活动同样的逻辑和思维去对待国际商务谈判对手、去处理国际商务谈判中的问题，则显然难以取得国际商务谈判的圆满成功。在国际商务谈判中，谈判者除了要把握谈判的一般原理和方法外，还应注意以下几个方面。

1. 要有更充分的准备

国际商务谈判的复杂性要求谈判者在谈判之前做更为充分的准备。一是充分地分析和了解潜在的谈判对手，明确对方企业和可能的谈判者个人的状况，分析政府介入（有时是双方政府介入）的可能性，以及其介入可能带来的问题。二是研究商务活动的环境，包括国际政治、经济、法律和社会环境等，评估各种潜在的风险及其可能产生的影响，拟订各种防范风险的措施。三是合理安排谈判计划，解决好谈判中可能出现的体力疲劳、难以获得必要的信息等问题。

2. 正确对待文化差异

谈判者对文化差异必须有足够的敏感性，要尊重对方的文化习惯和风俗。西方社会有一句俗语，"在罗马，就要做罗马人"，其意思就是中国的"入乡随俗"。在国际商务谈判中，"把自己的脚放在别人的鞋子里"是不够的。谈判者不仅要善于从对方的角度看问题,而且要善于理解对方看问题的思维方式和逻辑。任何一个国际商务活动中的谈判人员都必须认识到,文化是没有优劣的,必须尽量避免模式化地看待另一种文化的思维习惯。

3. 具备良好的外语技能

谈判者能够熟练地运用对方语言,至少双方能够使用一种共同语言来进行磋商交流,对提高谈判过程中双方交流的效率,避免沟通中的障碍和误解,有着特别重要的意义。

第 2 节　国际商务谈判中的文化差异

商务谈判不仅是谈判各方基于经济利益的交流与合作,而且是各方所具有的不同文化之间的碰撞与沟通。在不同国家、不同民族之间进行的国际商务谈判更是如此,国际商务谈判受到各自国家和民族的政治、法律、经济、文化等多种因素的影响,其中最难以把握的就是文化因素。文化上的差异导致国际商务谈判中的文化碰撞甚至冲突,许多谈判因此而失败,直接影响了国际商务活动的顺利进行。因此,在国际商务谈判中,正确把握文化因素显得至关重要。

2.1　语言及非语言行为

国际商务活动的语言差异是最直观明了的。解决语言问题的方法也很简单,如雇用一位翻译或者用共同的第三语言交谈。模拟谈判研究结果表明,谈判人员所使用的语言行为在各种文化中具有较高的相似性。但不管如何,差异也是显而易见的。在不同语言中,作为信息交流技巧的种种语言行为方式的使用频率呈现一定的差异性(见表 10 - 1),如果不了解这些差异,那么很容易误解谈判对手所传播的信息,从而影响商务谈判目标的实现。

表 10 - 1　不同国家语言中各种交流技巧的使用频率比较

技巧＼国家	中国	日本	韩国	俄罗斯	德国	英国	法国	巴西	加拿大	美国
承诺	6	7	4	5	7	11	5	3	7	8
威胁	1	4	2	3	3	5	5	2	2	4
推荐	2	7	1	4	5	6	3	5	5	4
警告	1	2	0	0	1	1	3	12	3	1
报偿	1	1	3	3	4	5	6	2	2	2
惩罚	0	1	5	0	2	0	3	3	2	3
肯定规范评价	1	1	1	0	0	0	0	0	1	1
否定规范评价	0	3	2	0	1	1	0	1	2	1
保证	10	15	13	11	9	13	10	8	11	13
自我泄露	36	34	36	40	47	39	42	39	28	36
提问	34	20	21	27	11	15	18	22	36	20
命令	7	8	13	7	12	9	9	14	8	6

(资料来源:刘园,尹庆双.国际商务谈判[M].北京:中国人民大学出版社,2005.)

在商务谈判中,谈判人员以非语言的、更含蓄的方式发出或接收大量的比语言信息更为重要的信息,而且所有这类信号或示意总是无意识进行的。因此,当外国谈判者发出不同的非语言信号时,具有不同文化背景的谈判对手极易误解这些信号,而且意识不到所发生的错误。这种不知不觉中所产生的个人摩擦如果得不到纠正,就会影响商业关系的正常发展。由表10-1及表10-2可以看出,国际商务谈判中语言及非语言行为之间的差异很复杂。就日本、巴西和法国文化而言,日本商人的交流风格是最礼貌的,较多地采用正面的承诺、推荐和保证,而较少采用威胁、命令和警告性言论,他们礼貌的讲话风格最突出的是他们不常使用"不""你"和面部凝视,但经常保持一段沉默。巴西商人使用"不"和"你"的频率较高,他们的谈判风格显得较为放肆,而且在谈判中似乎不甘寂寞,不时地凝视对方并触碰对方。法国商人的谈判风格显得更为放肆,特别是他们使用威胁和警告的频率最高。此外,他们还很频繁地进行插话,面部凝视以及使用"不"和"你"的频率很高。可见,唯有弄清楚这些差异,方能避免对日本人的沉默寡言、巴西人的热心过头或者法国人的威胁产生误解,从而取得国际商务谈判的成功。

表 10-2　不同国家语言中各种交流技巧的使用频率比较

技巧 ＼ 国家	中国	日本	韩国	俄罗斯	德国	英国	法国	巴西	加拿大	美国
沉默时间/%	7.7	8.3	0	12.3	0	8.3	3.3	0	5	5.7
插话间隔时间/分钟	1.75	4.84	1.36	2.26	1.44	5.66	1.45	2.10	1.45	5.88
凝视时间/%	37	13	33	29	34	30	53.3	52	48.7	33.3
每小时接触数/次	0	0	0	0	0	0	0.2	9.4	0	0

(资料来源:刘园,尹庆双.国际商务谈判[M].北京:中国人民大学出版社,2005.)

2.2　风俗习惯

在国际商务谈判中,通常有一些正式或非正式的社交活动,如喝茶、喝咖啡、宴请等。这些活动受文化因素的影响很大,并制约着谈判的进行。

阿拉伯人在社交活动中常邀请对方喝咖啡。按照他们的习惯,客人不喝咖啡是很失礼的行为,拒绝一杯咖啡可能会带来麻烦。曾经有一位美国商人拒绝了沙特阿拉伯人请他喝咖啡的友好提议,这种拒绝在阿拉伯国家被认为是对邀请人的侮辱。结果这位美国商人因此而丧失了一次商机。

德国人经常穿礼服,但无论穿什么,都不会把手放在口袋里,因为这样做会被认为是粗鲁的。德国人很守时,如对方谈判人员迟到,德国人就可能会很冷淡。另外,德国人不习惯与人连连握手,若与他连连握手,他会觉得惶惶不安。

芬兰人在买卖做成之后,会举行长时间的宴会,请对方洗芬兰浴。洗芬兰浴是芬兰人一种重要的礼节,表示对客人的欢迎,对此是不能拒绝的,因为芬兰人经常在芬兰浴中解决重要的问题,并增进友谊。

在澳大利亚,大部分交易活动是在小酒馆里进行的。在进行谈判时,谈判人员要清楚哪一顿饭该由谁付钱。在付钱问题上,既不能忘记,也不能过于积极。

在南美洲,不管当地气候怎样炎热,都以穿深色服装为宜。南美商人与人谈判时相距很近,表现得亲热,说话时把嘴凑到对方的耳边。有些南美国家的商人乐于接受一些小礼品。

中东地区的商人好客,但在谈判时缺乏时间观念,同他们谈判不能计较时间长短,而应努力取得其信任,即要先建立起朋友关系,这样就容易达成交易。

在与法国人进行紧张谈判的过程中,与他们共进工作餐或游览名胜古迹,对缓和气氛、增进彼此的友谊大有裨益。但千万不能在餐桌上谈生意,因为这样会影响他们的食欲,让他们觉得扫兴。法国人的习惯是在吃饭时称赞厨师的手艺。

在日本,很多交易都是在饭店、酒吧和艺伎馆里消磨几个小时后达成的。

北欧人和美国人谈生意时喜欢有一定的隐私。在英国和德国,秘书们会将新的来客挡在外面,以避免经理们在会谈中受到打扰。在西班牙、葡萄牙,以及南美一些国家敞门办公的现象可能会发生,但新来的客人也常常被请到外面等候,但是阿拉伯人有"敞开门户"的习惯,客人任何时候来都欢迎。因而习惯了谈判不被打扰的北欧人或美国人和阿拉伯商人会谈时,有时会感到非常窘迫,因为周围坐着几位前来拜访的新客人。

2.3 思维差异

在进行国际商务谈判时,来自不同文化的谈判人员往往会遭遇思维方式上的冲突。以东方文化和英美文化为例,两者在思维方式上的差异有以下几方面。

(1)东方文化偏好形象思维,英美文化偏好抽象思维。形象思维是以具体的形象或图像为思维内容的思维形态,是人的一种本能思维;抽象思维是人们在认识活动中运用概念、判断、推理等思维形式,对客观现实进行间接的、概括的反映过程。

(2)东方文化偏好综合思维,英美文化偏好分析思维。综合思维是指在思想上将各个对象的各个部分联合为整体,将它的各种属性、联系等结合起来;分析思维是指在思想上将一个完整的对象分解成各个组成部分,或者将它们的各种属性、联系等区别开来。

(3)东方人注重统一,英美人注重对立。如中国哲学虽然不否认对立,但比较强调统一方面;而西方人注重把一切事物分为两个对立的方面。

基于客观存在的思维差异,不同文化的谈判者呈现出决策上的差异,形成顺序决策方法和通盘决策方法间的冲突。当面临一项复杂的谈判任务时,西方人多采用顺序决策方法,特别是英美人常常将大任务分解为一系列的小任务,他们将价格、交货、担保和服务合同等问题分次解决,每次解决一个问题,从头至尾都有让步和承诺,最后的协议就是一连串小协议的总和。然而,常采用通盘决策方法的东方人则注重对所有的问题整体讨论,不存在明显的次序之分,通常要到谈判的最后,才会在所有的问题上做出让步和承诺,从而达成一揽子协议。

2.4 价值观

国际商务谈判中价值观方面的差异远比其他方面的文化差异隐藏得深,因此也更难以克服。价值观差异对国际商务谈判行为的影响主要表现为因客观性、时间观念、竞争和平等性等观念的差异而引起的误解和厌恶。

1.客观性

商务谈判中的客观性反映了行为人对"人和事物的区分程度"。西方人,特别是美国人具有较强的"客观性",如"美国人根据冷酷的、铁一般的事实进行决策""美国人不徇私""重要的是经济和业绩,而不是人""公事公办"等话语就反映了美国人的客观性。因此,美国人在进行国际商务谈判时,强调"把人和事区分开来",感兴趣的主要为实质性问题。相反,在世界其他地方,"把人和事区分开来"这一观点被看作一派胡言。例如,在裙带关系十分重要的东方和拉丁美洲文化中,经济的发展往往是在家族控制的领域内实现的。因此,来自这些国家的谈判者不仅作为个人来参与谈判,而且谈判结果往往会影响到个人,个人品行和实质问题成了两个并非不相干的问题,而且实质上两者变得不可分开。

2.时间观念

不同文化具有不同的时间观念。例如,北美文化的时间观念很强,对美国人来说时间就是金钱;而中东和拉丁美洲文化的时间观念则较弱,在他们看来,时间应当是被享用的。

美国学者爱德华·霍尔把时间的利用方式分为两类,即单一时间利用方式和多种时间利用方式。单一时间利用方式强调"专时专用"和"速度"。北美人、瑞士人、德国人和斯堪的纳维亚人具有此类特点。单一时间利用方式就是线性地利用时间,仿佛时间是有形的一样。直率是单一时间利用方式这一文化的表现形式。而多种时间利用方式则强调"一时多用"。中东和拉丁美洲文化具有此类特点。多种时间利用方式涉及关系的建立和对言外之意的揣摩。在多种时间利用方式下,人们有宽松的时刻表、淡薄的准时和迟到概念,以及意料之中的延期。这就需要有较深的私交和"静观事态发展"的耐性。

因此,在国际商务谈判中,当两个采用不同时间利用方式的经营者遇到一起时,就需要调整,以便建立起和谐的关系,并要学会适应多种时间利用方式的工作方式,这样可以避免由于"本地时间"与"当地时间"不一致所带来的不安和不满。

2.5　人际关系

成功的谈判要求始终保持畅通无阻的信息交流,然而,不同的文化背景使国际商务谈判者之间的信息交流面临许多障碍和冲突。因此,国际商务谈判人员必须能够在谈判中和对手保持良好的人际关系,保证良好的沟通,以便谈判顺利进行。对此,美国学者温克勒指出:"谈判过程是一种社会交往的过程,与所有其他社会事务一样,当事人在谈判过程中的行为举止、为人处世,对于谈判的成败至关重要,其意义不亚于一条高妙的谈判策略。"

风俗习惯、语言表达、人际关系、时间观念等因素的文化差异塑造了不同国家各异的谈判风格。要想在国际谈判的战场上纵横驰骋,就必须对此有深入了解。

第3节　不同区域和国家商人的谈判风格

3.1　美洲人的谈判风格

1.美国人的谈判风格

从总体上讲,美国人的性格通常是外向的、随意的。一些研究美国问题的专家将美国人的特点归纳为外露、坦率、诚挚、豪爽、热情、自信、说话滔滔不绝、不拘礼节、幽默诙谐、追求物质上的实际利益,以及富有强烈的冒险和竞争精神等。与此相适应,形成了美国商人迥异于其他国家商人的谈判风格。

(1)爽直干脆,不兜圈子。

由于美国是一个年轻的国家,加之受到其大国地位的影响,使得美国商人充满自信和优越感,在谈判桌上气势逼人。他们语言表达非常直率,往往说行就行,说不行就不行。美国人在谈判中习惯迅速地将谈判引向实质阶段,一个问题接一个问题讨论,干脆利索,不兜圈子,不讲客套话,对谈判对手的直言快语,不仅不反感,而且很欣赏。

美国人在经商过程中通常比较直接,不太重视谈判前个人关系的建立。他们不会像日本人那样颇费心机地找熟人引荐、做大量公关工作,以在谈判前与对方建立一种融洽的关系。有趣的是,如果在业务关系建立之前,谈判者竭力去同美国对手建立私人关系,反而可能引起他们的猜疑,认为或许是因为对方的产品质量或技术水平不佳才有意拉拢他们,使他们在谈判时特别警惕和挑剔,结果使过分"热情"的谈判者备感委屈,甚至蒙受损失。由此看来,公事公办的原则更加符合美国人的脾气。在美国人眼中,是良好的商业关系带来彼此的友谊,而非个人之间的关系带来良好的商业关系。在美国人的心目中,个人交往和商业交往是明确分开的。即使同对方有私人友谊,也丝毫不会减少美国人在生意上的斤斤计较。

尽管这样,要是以为美国人刻板、不近人情,那就误会了,美国人强调个人主义和自由平等,生活态度较积极、开放,很愿意结交朋友,而且容易结交。美国人以顾客为主甚于以产品为主,他们很努力地维护和老客户的长期关系,以求稳定的市场占有率。与日本人比较,美国人放在第一位的是商业关系;只有与对方业务关系稳定,在生意基础上彼此信任之后,生意伙伴之间才可以发展密切的个人关系。而且这种私人关系在经济利益面前是次要的,在商业决策中不起很大作用。

(2)重视效率,速战速决。

美国经济发达,生活节奏极快,造就了美国人守信、尊重进度和期限的习惯。他们十分重视办事效率,尽量缩短谈判时间,力争使每场谈判都能速战速决。

高度的时间观念是美国文化的一大特点。美国人的时间意识很强,准时是受人尊敬、赢得信任的基本条件。在美国,办事要预约。约会迟到的人会感到歉疚、羞耻,所以,一旦不能如期赴约,一定要提前致电通知对方,并为此道歉;否则,将被视为无诚意和不可信赖。强调效率是美国人时间观念强的重要表现。在美国人的价值观中,时间是线性而且有限的,必须珍惜并有效地利用。他们以分钟为单位来安排工作,在商务活动中奉行"时间就是金钱"的信条。美国谈判者总是努力节约时间,他们不喜欢繁文缛节,希望省去礼节、闲聊,直接切入正题。谈判的时间成本如此受美国人重视,以至于他们常定有最后期限,从而增加了谈判压力。如果对手善于运用忍耐的技巧和优势,美国谈判者有时会做出让步,以便尽早结束谈判,转入其他商业活动。

对整个谈判过程,美国人也有进度安排,精打细算地规划谈判时间,希望每一阶段逐项进行,并完成相应的阶段性谈判任务。对于某些谈判对手常常对前一阶段的谈判成果推倒重来的做法,美国谈判者万分头痛。他们那种一件事接一件事、一个问题接一个问题讨论,直至最后完成整个协定的逐项议价方式被称为"美式谈判"。

(3)讲究谋略,追求实利。

美国人在谈判活动中,十分讲究策略,以卓越的智谋和策略,成功地进行讨价还价,从而追求和实现经济利益。对此美国人丝毫也不掩饰。不过,由于美国商人对谈判成功充满自信,因此总希望自己能够战胜高手,即战胜那些与自己一样精明的谈判者,在这个时候,他们或许会对自己的对手肃然起敬,其心情也为之振奋不已。这反映了美国人所特有的侠义气概。

(4)鼓励创新,崇尚能力。

美国人比较自由自在,不太受权威与传统观念的支配。他们相信,一个人主要是凭借个人努力和竞争去获得理想的社会地位。在他们的眼中这是一个允许失败,但不允许不创新的社会。所以,美国人对角色的等级和协调的要求较低,更尊重个人作用和个人在实际工作中的表现。

这种个人主义价值观表现在美国企业决策上,常常以个人(或少数人)决策为特点,自上而下地进行,在决策中强调个人责任。这种决策方式与日本企业的群体决策模糊责任相比,决策迅速,反应灵敏,责任明确,但缺少协调合作。

美国企业崇尚个人主义、能力主义的文化模式,使好胜而自我表现欲很强的美国谈判者乐意扮演"牛仔硬汉"或"英雄"形象,在谈判中,表现出一种大权在握,能自我掌握命运的自信模样。在美国人的谈判队伍中,很少见到大规模的代表团,除非谈判非常复杂,而且对公司的未来至关重要。其代表团人数一般不会超过七人,甚至单独一个人也不奇怪。即使有小组成员在场,谈判的关键决策者通常也只有一两人,遇到问题,他们往往有权做出决定,"先斩后奏"之事时时发生。但不要以为美国人的集中决策过于简单、匆忙,实际上,为了能干脆、灵活地决策,美国谈判者通常都会在事先做充分、详细而规范的资料准备。在谈判中,他们的认真仔细绝不亚于日本人。

(5)重视契约,一揽子交易。

美国是商业文明高度发达的国家,人口不断流动,无法建立稳固持久的关系。人们只能将不以人际关系为转移的契约作为保障生存和利益的有效手段,所以,形成了重视契约的传统。美国是一个高度法制化的国家,人们习惯于诉诸法律解决矛盾纠纷。在商业活动中,保护自己利益最公平、妥善的办法便是依靠法律,通过合同来约束保证。

力求达成协议是美国谈判者的目的,在整个谈判过程中,都向着这个目标努力,一步步促成协议的签订。美国人认为双方谈判的结果一定要达成书面的法律性文件,借之明确彼此的权利和义务,将达成书面协议视为谈判成功的关键一步。美国人总是认真仔细地签订合同,力求完美。合同的条款从产品特色、运送环节、质量标准、支付计划、责任分配到违约处罚、法律适用等皆细致精确,以致显得冗长而烦琐,但他们认为正是包含了各方面的标准,合同才提供了约束力,带来安全感。作为双方的承诺,合同一旦签订,在美国谈判者心目中极富严肃性,被视为日后双方行动的依据和制约,不会轻易变更或放弃。严格履行合同中的条款成为谈判结束后最重要的工作。与中国人重视协议的"精神",认为合同的约束力与双方信任、友谊、感情和"合作精神"相联系不同,美国人更注重法律文件本身。

美国由其经济大国的地位所决定,在谈判方案上喜欢搞全盘平衡、一揽子交易。所谓一揽子交易,主要是指美国商人在谈判某一项目时,不是孤立地谈它的生产或销售,而是将该项目从设计、开发、生产、销售到价格等一起洽谈,最后达成一揽子方案。

值得指出的是,美国文化中另一个鲜明特点对谈判者的影响也很巨大,那就是美国是一个移民国家,人口构成非常复杂,几乎所有大洲都有移民及其后裔在美国社会中立足、发展,各民族的文化不断冲突,渐渐融合成美利坚文化的同时,又保留了一些各自的文化传统。正是这种丰富多彩和极富包容性、独立性的文化,使美国谈判者的文化背景也多种多样,如果对他们的行为抱着一成不变的看法,便显得片面了。这一点在其他移民国家,如加拿大、澳大利亚等,也表现得很明显。

2.拉丁美洲人的谈判风格

拉丁美洲是指美国以南的美洲地区,包括墨西哥、中美洲和南美洲,共有二十多个国家。

(1)强调平等和尊重。

由于历史原因,拉丁美洲经济比较落后,经济单一化严重,贫富两极分化明显。虽然如此,但是拉丁美洲人都以自己悠久的传统和独特的文化而自豪,他们反对甚至痛恨那些发达国家商人的趾高气扬、自以为是的态度,不愿意听北美人或欧洲人教训式的谈话。他们总是希望对方能在平等互利的前提下进行商贸合作,他们希望对方尊重他们的人格和历史。

(2)时间观念不强。

与处事敏捷的北美人不同,拉丁美洲人比较悠闲和恬淡。拉丁美洲国家的假期很多,如秘鲁的劳动法规定,工作一年,可以请一个月的带薪假期。往往在一笔生意商谈中,洽谈的人突然请了假,因此商谈不得不停下来,其他国家商人需要耐心等待洽谈的人休完假归来,洽谈才能继续进行。所以,同拉丁美洲人谈生意,必须放慢节奏。

(3)感情因素重要。

在同拉丁美洲人进行商务谈判的过程中,感情因素显得很重要。彼此关系相熟、成为知己之后,你如果有事拜托他们时,他们会毫不犹豫地为你优先办理,并充分考虑你的利益和要求。这样,双方的洽谈自然而然地会顺利进行下去。

(4)信誉较差。

与北美人相比,拉丁美洲人责任感不强、信誉较差。在商务活动中,他们不遵守付款日期、无故延迟付款的事情是经常发生的。正如一位银行家所说的那样,货款他们是会付的,只是生性懒散,不把当初约好的付款日期当回事而已。

由于拉丁美洲国家大多属于发展中国家,商品在国际上缺乏竞争力,因而造成国家的进口大于出口,外汇比较紧张。所以,拉丁美洲国家大多采取了奖出限入的贸易保护主义政策,通过的一些法律法规,也以此为根本出发点。因此,这对于试图同拉丁美洲人进行商贸合作的外国人是非常不利的。

从拉丁美洲的对外贸易环境看,有一个明显的不利因素,那就是拉丁美洲国家复杂的进口手续。一些国家实行进口许可证制度,如果没有取得进口许可证,千万不能擅自将货物卖给拉丁美洲商人并且积极发运,因为这可能意味着货物无法再收回。随着时间的推移,拉丁美洲国家也逐渐认识到奖出限入政策的片面性,在广泛实行鼓励出口政策的同时,逐步放开对市场进口的限制。

一些拉丁美洲国家的商人,经常利用外商怕履约后收不到货款而惊慌失措的心理,迫使外商重新谈判价格,诱使外商压价。一些外商只好忍痛降低价格,直到符合拉丁美洲商人的要求为止。鉴于这种情况,在同拉丁美洲国家商人交易时,可适当在交易价格上掺入一些水分,以应付为回收货款而被迫降价造成的损失。

案例链接

秘密交易

英国某啤酒公司的副总裁在去南美商务旅行时,接到总部的传真,要他在归途中顺便去牙买加和当地一家甜酒出口公司的经理谈生意。但问题是他没有去牙买加公务旅行的签证,想临时办一个,时间又来不及。于是,他只好以旅游者的身份来到牙买加首都金斯敦的诺曼·曼利机场。在检查护照的关口,移民官从他皮包的工作日志及来往信函中判明他是在做公务旅行,所以不许他入境。他反复向移民官声明,自己不过是在返回伦敦前来这儿做短暂的休整,这才被勉强允许入境。他在一旅馆安顿好,便打电话和那位甜酒出口商联系。刚打完电话,就来了位移民局的官员,说他是怀着商务目的来到此地,而没有取得应有的签证,并对他说,他将受到有关方面的严密监视,一旦发现从事商务活动,便会被立即驱逐出境,同时被处以高额罚款。足足两天,他身边总有一位警察,像个影子似的,使他不得不像个旅游者一样打发时光。看来此行是只能白费时间和金钱了。但是在他离开之前,却在警察的眼皮底下与那位出口商谈成了生意。旅馆设有游泳池,游泳池旁有个酒吧供客人喝酒、休息。监视的警察只见他与一位身着比基尼的妙龄女郎坐在酒吧里喝酒,还有一搭没一搭地和酒吧服务员聊天。谁知那位服务员竟是出口商打扮的,而那名妙龄女郎则是他的女秘书。

3.2　欧洲人的谈判风格

1.英国人的谈判风格

英国人的性格既有过去大英帝国带来的傲慢矜持,又有本民族谦和的一面。他们很传统,在生活习惯上保留了浓郁的“古风”。例如,讲究服饰,尤其在正式场合,穿戴上有许多规矩约束,社交活动中也一丝不苟地遵循正式交往中的传统礼节。

（1）不轻易与对方建立个人关系。

即使本国人,个人之间的交往也较谨慎,很难一见如故。他们特别计较尊重“个人天地”,一般不在公共场合外露个人感情,也从不随便打听别人的事,未经介绍不轻易与陌生人交往,不轻易相信别人或依靠别人。所以,最初与英国商人接触时,总有一种距离感,让人感到他们高傲、保守,但慢慢地接近,建立起友谊后,他们会十分珍惜,并长期信任你。由此看来,英国人对个人关系的态度与美国人相似,习惯于将商业活动与个人生活严格分开,有一套关于商业活动交往的行为礼仪的明确准则。个人关系往往以完成某项工作、达成某个谈判为前提,是滞后于商业关系的。

（2）等级观念根深蒂固。

在英国的社交场合中,“平民”与“贵族”依然区分明显。英国人在阅读习惯上也十分有趣:上流社会的人看《金融时报》,中产阶层则看《每日电讯报》,下层民众多看《太阳报》《每日镜报》。英国人比较看重秩序、纪律和责任,组织中的权力自上而下流动,等级性很强,决策多来自上层。在对外商务交往中,英国人的等级观念使他们比较注重对方的身份、经历、业绩及背景,而不像美国人那样更看重对手在谈判中的表现。所以,在必要的情况下,派较有身份地位的人参加与英国人的谈判,会有一定积极的作用。

（3）谈判稳健。

英国人的谈判风格不像美国人那样有很强的竞争性,也不像德国人那样有详细周密的准备,但善于简明扼要地阐述立场、陈述观点,然后便是更多地表现沉默、平静、自信而谨慎。在谈判中,与英国人讨价还价的余地不大。有时英国商人采取非此即彼的缺乏灵活性的态度,往往在谈判的关键时刻,表现得既固执又不肯花大力气争取,使对手颇为头疼。在他们看来,追求生活的秩序与舒适是最重要的,而勤奋与努力是第二位的。所以,对物质利益的追求不激烈也不直接表现,愿做风险小利润少的买卖,但如果在谈判中遇到纷争,英国商人也会毫不留情地争辩。除非对方有明显证据能说服他们,否则他们不会轻易认错和道歉。

3.德国人的谈判风格

德国人总的特点是倔强、自信、自负,办事刻板、严谨、富有计划性,工作注重效率,追求完美,具有很强的竞争性。

(1)谨慎保守。

德国人对商业事务极其小心谨慎,对人际关系也正规刻板,拘于形式礼节。特别是在德国北部,商人极喜欢显示自己的身份,对有头衔的人一定要称呼头衔,在交谈中,避免用昵称、简称等不正式的称呼。在起初的几次会面中,德国人较拘谨和含蓄,甚至略显生硬,但不等于说他们没有人情味,他们实际上也很亲切,容易接近,只是需要时间来熟悉对方。一旦建立商务关系且赢得他们的信任后,便有希望长期保持,因为德国人求稳心理强,不喜欢"一锤子"买卖。

(2)时间观念强。

德国人的时间观念极强,非常守时,公私事皆如此,所以迟到在商业谈判和交往中十分忌讳。对迟到者,德国人几乎毫不掩饰他们的不信任和厌恶。勤奋、敬业是德国企业主的美德。在德国,有许多中小企业,企业主一般既是所有者又是管理者,工作积极,一心一意,执着投入。在欧洲,德国人的工作时间较长,早上8点以前上班,有时要晚上8点下班。和法国人相比,德国人似乎缺少浪漫,他们很少像法国人那样尽情享受假期,还常常为工作不惜牺牲闲暇时光,但也正因为这种勤勉刻苦、自强不息的精神,德国经济才能在第二次世界大战后迅速恢复和崛起。

(3)雷厉风行,周到细致。

德国人虽然谨慎保守,但办事雷厉风行,考虑事情周到细致,注重细枝末节,力争任何事都完美无缺。在谈判前,他们要收集详细的资料,准备工作做得十分周密,不仅包括产品性能、质量,还包括对方业务开展情况、银行资信及经营组织状况等。充分的准备使他们在谈判一开始便占据主动,其谈判思维极有系统性、逻辑性。为此,对方也应有准备,尤其对产品技术等专业性问题能够随时应答德国人详细的质询,假如遇到一个事前不充分准备、谈判时思维混乱的对手,德国人会表示极大的不满和反感。

(4)果断强硬。

德国人谈判极注重计划性和节奏紧凑,他们不喜欢漫无边际的闲谈,而是一开始就一本正经地谈正题。德国人在谈判中语气严肃,无论是对问题的陈述还是报价,都非常清楚明白,谈判建议则具体而切实,以一种清晰、有序和有权威的方式加以表述。诸如"研究研究""过段时间再说"之类的拖拉作风和模棱两可的回答常令德国谈判者不快。他们认为,一个国际谈判者是否有能力,只要看一看他经手的事是否能有效地处理就知道了。

德国工业极其发达,企业标准十分精确具体,产品质量堪称一流,德国人也以此为豪。德国人对于购买产品的质量也不自觉地以本国产品质量为标准,强调自己的报价或方案可行,不大会向对方让步,即使让步,余地也比较小。但德国人自己却很善于讨价还价,一旦决定购买某种商品,就千方百计地迫使对方让步,而且极有耐性,常在合同签订前的最后时刻还在争取对手让步。德国人的谈判风格给人以固执己见、缺乏灵活性的印象。

(5)重视契约。

德国人十分尊重契约,有"契约之民"的雅称。在签订合同之前,他们往往将每个细节都谈到,明确双方权利、义务后才签字。这种作风与法国人只谈个大概、有50%的把握便签字的风格大相径庭。也正因为如此,德国人的履约率是欧洲最高的,他们一丝不苟地依合同办事,诚实可信的形象令人敬佩;同时,他们严格要求对方,除非有特殊情况,否则绝不理会其贸易伙伴在交货和支付的方式及日期等方面提出的宽限请求或事后解释。

3.法国人的谈判风格

(1)重视互相信任的朋友关系。

与作风严谨的德国人相比,法国人更注重生活情趣,他们有浓郁的人情味,非常重视互相信任的朋友关系,并以此影响生意。在商务交往中,法国人往往凭着信赖和人际关系去进行,在未成为朋友之前,他们不会同你进行大宗交易,而且习惯于先用小生意试探,建立信誉和友谊后,大生意便接踵而至。

(2)生活节奏感鲜明。

法国人工作时态度认真而投入,讲究效率,休闲时总是痛痛快快玩一场。他们很会享受生活,十分珍惜假期,会毫不吝啬地把一年辛苦工作积存下来的钱在度假中花光,绝不愿像德国人那样因为业务需要而放弃一次度假。通常 8 月是法国人的假期,南部的海滩在此时热闹非凡,其他国家的商人不仅 8 月到法国开展不了什么业务,甚至 7 月末的生意也可能被搁置。对美酒佳肴,法国人也十分看重。和其他国家的人不同的是,热情的法国人将家庭宴会作为最隆重的款待。但是,绝不能将家庭宴会上的交往视为交易谈判的延伸。一旦将谈判桌上的话题带到餐桌上,法国人会极为不满。

(3)浪漫随意。

法兰西民族天性乐观、开朗、热情、幽默,极富浪漫情怀。和一本正经的德国人相比,法国人不喜欢自始至终只谈生意,他们乐于在开始时聊一些社会新闻及文化方面的话题,以创造一种轻松友好的气氛,否则将被视为"枯燥无味的谈判者"。同时,法国人天生随意,抱有"凡事不勉强"的原则,故不轻易逾越自己的财力范围,也不像日本人那样努力地做成大笔生意。

(4)不重视细节。

法国人偏爱横向谈判,谈判的重点在于整个交易是否可行,而不重视细节部分。对契约的签订,法国人似乎过于"潇洒"。在谈妥主要问题后,便急于签约,他们认为具体问题可以以后再商讨或日后发现问题时再修改。所以,常发生昨天才签的合同,到明天就可能修改的事。法国人这种"边跑边想"的做法总让对手头疼,也影响了合同的履行。所以,即使是老客户,也最好尽量将各条款及其细节反复确认,否则难免有误会或改约、废约等不愉快的事发生。法国人不喜欢给谈判制定严格的日程安排,但喜欢看到成果,所以在各个谈判阶段,都有"备忘录""协议书"之类的文件,为后面的正式签约奠定基础。总体来说,法国人比较注重信用,一旦合同建立,会很好地执行。

(5)民族主义情绪较强。

法国人十分热爱自己的语言和传统文化,在商务洽谈中多用法语,即使英语说得很好,他们也坚持用母语,并以此为爱国表现。假如对手能讲几句法语,是很好的交往手段。在处理合同时,法国人也会坚持用法语起草合同文本。有时对手不得不坚持用两种文字,并且商定两种文字的合同具有同等效力。

此外,法国公司以家族公司起家的较多,因此讲究产品特色,但不大重视以大量生产的方式来降低产品成本。法国公司的组织结构单纯,自上而下的层次区别不多,重视个人力量,很少集体决策。从事谈判也大多数由个人承担决策责任,迅速拍板。

4.意大利人的谈判风格

(1)重视个人力量。

与法国人相同,在商务活动方面,意大利人也非常重视个人的作用。意大利的商业交往大部分都是公司之间的交往,但是在这种交往中起决定作用的却是代表公司出面的个人。所以,意大利个人在交往活动中比其他欧洲国家都更有自主权。但与法国人不同的是,意大利人的国家意识比法国人淡薄一些。法国人经常以本国的文化优越性而自豪,而意大利商人不习惯提国名,却常常提及故乡的名字。

(2)与外国人做生意的热情不高。

意大利存在着大量的商业机会,可以从那里购买或向那里销售各类产品。如果购买的产品正是他们的技术所生产的,这些产品一般都具有很高的质量。但是,由于历史和传统的原因,意大利人形成了比较内向的社会性格,热衷于同国内企业打交道,不大注意外部世界,与外国人做生意的热情不高,通常不会主动向外国的风俗习惯和观念看齐。

(3)关注价格。

意大利人特别喜欢争论,如果允许,他们会整天争论不休,特别是在价格方面,更是寸步不让。但是,他们对产品质量、性能及交货日期等事宜都不太关注,虽然他们希望所购买或销售的产品质量上佳。这一点与德国人明显不同,德国人宁愿多付款来争取较好质量的产品和准确的交货日期,而意大利人却宁愿节约一点,力争少付款。

(4)时间观念不强。

意大利人常常不遵守约会时间,甚至有的时候既不打招呼也不赴约,或单方面推迟会期。在意大利从事商务活动,必须充分考虑其政治因素,特别是涉及去意大利投资的项目时,更要慎重从事,先了解清楚意大利一方的政治背景;否则,如果遇到政局发生变动,就难免蒙受经济损失。

5.俄罗斯人的谈判风格

(1)看重个人关系。

俄罗斯人以热情好客闻名,他们非常看重个人关系,愿意与熟识的人谈生意,依赖无所不在的关系网办事。通常情况下,要与俄罗斯人做生意,需首先经人介绍与之相识,然后花一番工夫,培养彼此的信任感,逐渐接近他们,尤其是决策人员,才有可能得到做生意的机会;反之,操之过急,是得不到信任的。俄罗斯人的商业关系是以个人关系为基础建立起来的,谈判者只有在建立起忠诚的个人友谊之后,才会衍生出商业关系,除非某家外国公司有足以骄傲的资本(先进的产品、服务或市场上独特的地位),才能跨越个人关系这个步骤,直接加入商业活动。但没有个人关系,一家外国公司即使进入了俄罗斯市场,也会举步维艰。

俄罗斯人热衷于社会活动,拜访、生日晚会、参观、聊天等都是增进友谊的好机会。俄罗斯民族性格豪爽大方,不像东方人那样掩饰内心的感情。天性质朴、热情,乐于社交的俄罗斯人往往是非常大方的主人,他们的晚宴丰富精美,并且喜欢长时间不停地敬酒干杯,直率豪迈。俄罗斯人与人交往有大量的身体接触,如见面和离开时都要与对方有力握手或拥抱。应注意的是,在交往时,不可太随便,要注重礼节,尊重俄罗斯人的民族习惯,对当地风土人情表示感兴趣等行为方式尤其能得到俄罗斯人的信任。

(2)按照计划办事。

以前,俄罗斯在高度的计划经济体制下,任何企业和个人都不可能自行出口或进口产品。

所有的进出口计划都由专门的部门讨论决定,并需经过一系列的审批检查、管理和监督程序。人们早已习惯于照章办事,上情下达,个人的创造性和表现欲不强,推崇集体成员的一致决策和决策过程等级化。尽管如今执行自由贸易,但俄罗斯人的思想观念仍较为保守。在涉外谈判中,还带有明显的计划经济体制烙印,喜欢按照计划办事,一旦对方的让步与他们的原定目标有差距,则难以达成协议。俄罗斯谈判者通常权力有限,也非常谨慎,缺少敏锐性和创新性,经常要向领导汇报,这必然延长谈判中决策与反馈的时间。由于不重视个人才能发挥,俄罗斯人总采取小组谈判形式,一方面是因为等级地位观念重,另一方面是因为一直不明确到底谁是主谈人,很大程度上缘于庞大的机构引发的权限模糊。

(3)善用谈判技巧。

在讨价还价方面,俄罗斯人堪称行家里手。尽管由于生产滑坡、消费萎缩和通货膨胀,经济亟待恢复,在谈判中他们有时处于劣势,如迫切需要外国资金、先进技术设备,但与他们打过交道的各国商人都不否认俄罗斯人是强劲的谈判对手,他们总有办法让对方让步。他们的谈判一般分为两个阶段。第一阶段先尽可能地获得许多竞争性报价,并要求对方提供详细的产品技术说明,以便不慌不忙地评估。期间,他们会采用各种"离间"手段,促使对手之间竞相压价,自己从中得利。这种谈判技巧使得他们总能先从最弱的竞争者那里获得让步,再以此要挟其他对手做出妥协。第二阶段则是与选中的谈判对手,对合同中将要确定的各种条款进行最后敲定。

3.3　亚洲人的谈判风格

1.日本人的谈判风格

日本人的谈判方式不但与西方人大相径庭,即使与亚洲其他国家的人相比,也差异很大。事实上,在许多国家,人们认为日本人是很难对付的。但是如果了解其谈判风格中的文化因素,与日本人谈判的困难将大大减少。

(1)注重相互信任。

一般而言,与日本人谈判最为关键的一点是信任。一旦谈判双方建立起良好的人际关系,实际谈判程序即变得容易。谈判人员所关心的问题从能否建立业务关系转向如何发展积极的业务关系。尽管价格、质量等都是极其重要的因素,但日本人更相信良好的人际关系所带来的长期业务往来。

日本人在谈判之际,他们会设法找一位与他们共事的人或有业务往来的公司作为谈判初始的介绍人。日本人相信一定形式的介绍有助于双方尽快建立业务关系;相反,与完全陌生的人谈判则令人不自在。所以,在谈判开始之际,先认识谈判对象或至少由第三方牵线搭桥是较可取的方式。日本人往往将业务伙伴分为"自己人"与"外人"两类。因此,成为日本人的"自己人",或在谈判之前与他们有过接触联系,是谈判的一大优势。

日本人常想方设法通过私人接触或其他形式建立起联系渠道。但若缺乏与对方接触的途径,他们则通过政府部门、文化机构或有关的组织来安排活动,以建立联系。当然,在没有任何前期接触的前提下,也可建立某种联系,只不过这种建立合作关系的方法不是最有效的。为了建立关系,日本人经常采用"私人交往"的方式,即便当相互间由普通的第三方介绍认识时也是如此。对他们而言,了解将要谈判的对象是绝对必要的。日本人只有在与对方相处感觉和睦融洽时,才会开始讨论谈判事项。因此,他们常邀请对方去饭馆或其他场所,以期进一步了解对方。由于日本人认为"信任"是最为关键的因素，因此他们会提问有关公司建立时间、年销售额、公司信誉及政策、整体管理等问题，他们甚至有可能在会议开始时，提问诸如"您在贵公司任职多久""您曾在哪个大学就读"等私人问题。在西方人看来，这似乎有些冒昧，但在日本，这一步往往是十分重要的。

（2）等级观念深厚。

正如亚洲其他国家一样，日本是一个等级森严的社会。在封建社会时期，人们自上而下被划分为几个等级，由此产生了极为刻板的社会阶层，而社会阶层决定了人的社会地位。即使在今天，日本人在很大程度上仍然根据自身的"社会地位"，即年龄、头衔、所属机构的规模及威望来决定自己的言行举止。虽然外国人不受这些条条框框的限制，但了解高度等级化的日本社会如何运转，对促成谈判成功是十分有益的。

（3）自下而上，集体参与决策。

西方的决策风格通常是"自上而下"，一般高层管理人员制订详细的计划方案，下属人员则执行计划。日本人倾向于自下而上的决策制度。项目经理本人并不一定担任要职，要请示其上司批准或征询修改意见。这一体系的优点在于易于执行决定，因为有关人员都已对方案了如指掌。但用于决定方案的时间过长却是日本谈判方式的一大缺点。许多外国谈判人员会对迟迟不做决定的日方人员渐渐失去耐心。

谈判时，日本人总是分成几个小组，任何个人都不能对谈判全过程负责，也无权不征求组内其他人意见单独同意或否决一项提议。这种全组成员连贯一致的态度主要是基于日本人的面子观念。任何提议决策只有在全组人员均认可后才能付诸实施。相对于类似的美国谈判团体，日本人在这一方面可谓占有明显的优势。在美国人的谈判组内，往往仅一人负责全组的工作，这个人有权不征求组员意见即可接受或否决一项提议。无论最终决定如何，自下而上的决定方式和集体参与的风格令组员感觉到自身参与的重要性。虽然最终决定由高层管理人员做出，但是高层管理人员不会忽视下属的意见，并且，当下属的意见未被其他成员接纳时，高层管理人员也经常会做出解释。

日本人做出决策的过程较为缓慢，因而招致许多外国谈判人员的批评。造成这种状况的缘由之一源自一套被称为"认同在先"的制度。按照这一制度，负责人与有关人员逐个进行讨论，以期得到各成员对方案或提议的认可，而与每个成员逐一讨论方案是相当费时的。但这一制度也有优点，即在做最终决定时果断迅速，因为每个人在事先都已同意了该提议而无须再做解释。日本人决策较慢的另一个原因是日本社会是一个集体观念很强的社会。任何决定都须得到每位有关人员的首肯。若决定有变，则每人均须得到通知并再次加以确认。由于日本人这种集体参与的谈判风格，他们可能会对对方谈判人员所定的截止期限置若罔闻，在对方的压力之下，仍可能心平气和、沉着冷静。由于外国谈判者，尤其是美国人喜欢限定截止日期，为了赶在规定时间之前达成协议，在与日本人谈判时，往往很容易形成为满足预先设定的谈判时间要求而在交易条件上做出较多让步的情形。外国谈判者务必要认识到这一点，并需在为谈判限定截止期时慎重考虑。

（4）采用委婉、间接的交谈风格。

日本人喜欢私下，而不是在公共场合讨论事务。他们尤其不喜欢在公共场合发生冲突，因为这样很丢面子，他们经常"关起门"来讨论问题。

(5)坚持己见。

一旦日本人同意了一项提议,他们往往会坚持自己的主张。有时即使有新的更有利于他们利益的议题出现,也很难改变他们的原有看法。另外,日本人总是坚持不懈地想说服对方同意他们的主张。日本人这种"没商量"的态度正是出于前述的任何决定都应得到全体人员首肯的逻辑。这也增加了与日本人谈判的难度。外国谈判人员应认识到希望日本人改变决定是十分困难的,因为改变要获得日方每个成员的同意。

案例链接

日本人的压价方法

日本航空公司决定从美国麦道公司引进 10 架新型麦道客机,指定常务董事任领队、财务经理为主谈、技术部经理为助谈,组成谈判小组去美国洽谈购买事宜。

日航代表飞抵美国稍事休息,麦道公司立即来电,约定次日在公司会议室开谈。第二天,三位日本绅士仿佛还未消除旅途的疲劳,行动迟缓地走进会议室,只见麦道公司的一群谈判代表已经端坐一边。谈判开始,日航代表慢吞吞地喝着咖啡,好像还在缓解时差的不适。精明狡猾而又讲求实效的麦道主谈,把客人的疲惫视为可乘之机,在开门见山地重申双方购销意向之后,迅速把谈判转入主题。

从早上 9 点到 11 点,三台放映机相继打开,字幕、图表、数据、电脑图案、辅助资料和航行画面,应有尽有,欲使对方置身于如迪斯尼乐园般的神奇之中,使之不由自主地相信麦道飞机性能及定价都是无可挑剔的。孰料日航三位谈判代表自始至终默默地坐着,一言不发。

麦道主谈大惑不解地问:"你们难道不明白?你们不明白什么?"

日航领队笑了笑,回答:"这一切。"

麦道主谈急切地追问:"'这一切'是什么意思?请具体说从什么时候开始'不明白'的?"

日航助谈歉意地说:"对不起,从拉上窗帘的那一刻开始。"日方主谈随之咧咧嘴,用连连点头来赞许同伴的说法。

"笨蛋!"麦道主谈差一点脱口骂出声来,泄气地倚在门边,松了松领带后,气馁地呻吟道,"那么,你们希望我们再做些什么呢?"日航领队歉意地笑笑说:"你们可以重放一次吗?"别无选择,只得照办。但麦道公司谈判代表重复那两个半小时的介绍时,已经失去了最初的热情。是日本人开了美国人的玩笑吗?不是,他们只是不想在谈判开始阶段就表明自己的理解力。谈判风格素来以具体、干脆、明确而著称的美国人,哪里会想到日本人有这一招呢?更不知道自己谈判伊始已输了一盘。至此,日方成功利用第一次沟通障碍限制了对方进攻,打乱了麦道公司的阵脚。

谈判进入交锋阶段,老谋深算的日航代表忽然显得听觉不灵、反应迟钝,显得甚至无法明了麦道方在说些什么,让麦道公司代表十分恼火,觉得自己是在跟愚笨的人谈判,早已准备好的论点、论据和推理根本没用,选择的说服策略也无用武之地。连日来,麦道方已被搅得烦躁不安,只想尽快结束这种与笨人打交道的灾难,于是直截了当地把球踢向对方:"我们飞机性能是最佳的,报价也是合情合理的,你们有什么异议吗?"

此时,日航主谈似乎由于紧张,忽然出现语言障碍。他结结巴巴地说:"第……第……""请慢慢说。"麦道主谈虽然嘴上是这样劝着,心中却不由得又恨又痒。"第……第……""是第一点吗?"麦道主谈忍不住问。日航主谈点头说是。"好吧,第一点是什么?"麦道主谈急切地问。"价……价……""是价钱吗?"麦道主谈问。日航主谈又点了点头。"好,这一点可以商量。第二点是什么?"麦道主谈焦急地问。"性……性……""你是说性能吗?只要日航方面提出书面改进要求,我们一定满足。"麦道主谈脱口而出。

至此,日航一方说了什么呢?什么也没有说。麦道一方做了什么呢?在帮助日方跟自己交锋。他们先是帮日方把想说而没有说出来的话解释清楚,接着问出对方后面的话,就不假思索地匆忙做出许诺。结果,日航制造了第二次沟通障碍,有效地限制了麦道在价格磋商阶段的进攻,使麦道把谈判的主动权拱手交出。

麦道轻率地许诺让步,日航就想得寸进尺地捞好处。这是一项价值数亿美元的大宗贸易,还价应按照国际惯例取适当幅度,日航的主谈却故意装作全然不知,一开口就要求削价对半。麦道主谈听了不禁大吃一惊,看看对方是认真的,不像是开玩笑,就想既然已经许诺让价,为表示诚意就爽快地让吧,于是便说:"我们可以削价5%。"双方差距甚大,都竭力为自己的报价陈说大堆理由,第一轮交锋在激烈的争论中结束。这是日方制造的僵局。经过短暂的沉默,日方第二次报价削减10%,麦道方还价是5%,于是又唇枪舌剑地辩驳,尽管口干舌燥,可谁也没有说服谁。麦道公司的主谈此刻对成交已不抱太大希望,开始失去耐心,提出:"我们双方在价格上距离很大,有必要为成交寻找新的方法。你们如果同意,两天后双方再谈一次。"

日航谈判代表这时不得不慎重地权衡得失,价钱还可以争取再低一点,但不能削得太多,否则将触怒美国人,那不仅丧失主动权,而且连到手的5%让价也捞不到,倘若空着两手回日本,怎么向公司交代呢?他们决定适可而止。

重新开始谈判,日航一下子降了2%,还价8%,麦道公司增加1%,只同意削价7%,谈判又形成僵局。经过长时间的沉默,麦道公司的主谈决意终止交易,开始收拾文件。恰在这时,口吃了几天的日航主谈突然消除了语言障碍,十分流利地说道:"你们对新型飞机的介绍和推销使我们难以抵抗,如果同意降价8%,我们现在就起草购买11架飞机的合同。"(这增加的一架几乎是削价得来的)说完,他笑吟吟地起身,把手伸给麦道公司的主谈。"同意!"麦道的谈判代表们也笑了,起身和三位日本绅士握手:"祝贺你们,用最低的价钱买到了世界上最先进的飞机。"的确,日航代表把麦道飞机压至前所未有的低价位。

2. 韩国人的谈判风格

韩国是一个自然资源匮乏、人口密度很大的国家。韩国以贸易立国,近几十年经济发展较快。韩国人在长期的贸易实践中积累了丰富的经验,常在不利于己的贸易谈判中占上风,被西方国家称为"谈判的强手"。

(1)重视商务谈判的准备工作。

在谈判前,韩国人通常要对对方进行了解。一般是通过国内外的有关咨询机构了解对方情况,如经营项目、规模、资金、经营作风及有关商品行情等。如果不对对方有一定的了解,他们是不会与对方坐在谈判桌前的。而一旦同对方坐到谈判桌前,那么可以充分肯定韩国人一定已经对这场谈判进行了周密的准备。

（2）注重谈判礼仪和气氛。

韩国人十分注意选择谈判地点，一般喜欢选择有名气的酒店、饭店。会晤地点如果是韩国方面选择的，他们一定会准时到达；如果是对方选择的，韩国商人则不会提前到达，往往会稍微推迟到达。在进入谈判地点时，韩国方面一般是地位最高的人或主谈人走在最前面，因为他也是谈判的拍板者。韩国人十分重视谈判初始阶段的气氛，一见面就会全力创造友好的氛围，见面时总是热情地打招呼，向对方介绍自己的姓名、职务等。落座后，当被问及喜欢用哪种饮料时，他们一般选择对方喜欢的饮料，以示对对方的尊重和了解，再寒暄几句与谈判无关的话题，如天气、旅游等，以此创造一个和谐的气氛，而后才正式开始谈判。

（3）逻辑性和条理性强。

在谈判开始后，韩国人往往是与对方商谈谈判的主要议题。谈判的主要议题虽然每次各有不同，但一般包括五个方面的内容，即阐明各自意图、叫价、讨价还价、协商、签订合同。尤其是较大型的谈判，韩国人往往是直奔主题，开门见山。韩国人常用的谈判方法有两种，即横向谈判与纵向谈判。前者是进入实质性谈判后，先列出特别重要的条款，然后逐条逐项进行磋商；后者即对共同提出的条款，逐条协商，取得一致后，再转向下一条的讨论。有时也会两种方法兼而用之。

在谈判过程中，韩国人比日本人爽快，但善于讨价还价。有些韩国人直到最后一刻，仍会提出"价格再降一点"的要求。当然，他们也有让步的时候，但目的是在不利形势下，以退为进来战胜对手。这充分反映了韩国人在谈判中的顽强精神。

此外，韩国商人还会针对不同的谈判对象，使用"声东击西""先苦后甜""疲劳战术"等策略。在完成谈判签约时，韩国人喜欢使用合作对象国家的语言、英语、韩语三种文字签订合同，三种文字具有同等效力。

3. 东南亚人的谈判风格

东南亚包括许多国家，主要有印度尼西亚、马来西亚、新加坡、泰国、越南、菲律宾等国家。这些国家与我国地理距离较近，贸易机会十分频繁，交易范围非常广阔。

（1）印度尼西亚人的谈判风格。

印度尼西亚人很讲礼貌，绝对不在背后评论他人。除非是深交，否则难以听到他们的真心话。在洽谈时，他们表面上虽然十分友好，谈得很投机，但心里想的却可能完全是另一套。但是，如果与印度尼西亚人建立了推心置腹的交情，他们则往往可以成为十分可靠的合作伙伴。

（2）新加坡人的谈判风格。

新加坡经济发达，是亚洲"四小龙"之一。其种族的构成中，华人占70%以上。新加坡人乡土观念很强，他们勤奋、能干、耐劳、充满智慧，一般都很愿与中国公司进行商贸洽谈合作。老一代华侨还保持着讲面子的特点，"面子"在商务洽谈中具有决定性的意义。年轻一代华侨商人虽已具备了现代商人的素质和特点，但依然保持了老一代华侨的一些传统特点。例如，在洽谈中，如果遇到重要的决定，往往不喜欢做成书面的字据。但一旦订立了契约，则绝对不会违约，而是千方百计去履行契约，充分体现了华侨商人注重信义、珍惜朋友之间关系的商业道德。

（3）泰国人的谈判风格。

泰国是亚太地区新兴的发展中国家，在泰国控制着产业的很多为华侨，但泰国的华侨已经革除了和别的民族之间的隔阂,完全融进了泰国民族大家庭中。泰国人的性格特点是不信赖别人,而依靠家族来掌管生意,不铺张浪费。同业间能互相帮助,但不会结成一个组织来共担风险。假如外国人要同泰国人结成推心置腹的交情,那就要费很长一段时间。但一旦建立了友谊,泰国人便会完全信赖你,当你遇到困难时,也会给你通融。所以,诚实和富于人情味,在泰国人那里也是被充分肯定的。

4.阿拉伯人的谈判风格

(1)重视信誉。

在阿拉伯人看来,信誉是最重要的,谈生意的人必须首先赢得他们的好感和信任。因此,与阿拉伯商人谈判应注意先交朋友,后谈生意。与他们建立亲近关系的方法有:以重礼相待,如破格接待;在利益的实际待遇上均予以照顾,使其既有面子又得实惠。阿拉伯人好客知礼,对远道而来并亲自登门拜访的外国客人十分尊重。如果他们问及拜访的原因,最好说来拜访是想得到他的帮助。因为阿拉伯人不一定想变得更加富有,但却不会拒绝"帮助"某个已逐渐被他尊重的人。当合同开始生效时,可以减少拜访次数,但定期重温、巩固和加深已有的良好关系仍然非常重要,因为给他们留下一个重信义、讲交情的印象,会让客商在以后的谈判中获得意外回报。

例 10-2

美国石油公司经理的自述:"我会见石油输出国组织的一位阿拉伯代表,商谈协议书上的细节问题,谈话时,他逐渐向我靠拢过来,直到离我只有15厘米时才停下来。当时,我对中东地区风俗习惯不太熟,我往后退了退。这时,只见他迟疑了一下,皱了皱眉头,随即又向我靠近过来。我不安地又退了一步。突然,我发现我的助手正焦急地盯着我,并摇头向我示意,我终于明白了他的意思,我站住不动了。在一个我觉得最为别扭、最不舒服的位置上谈妥了这笔交易。"

(2)谈判节奏缓慢。

阿拉伯人不喜欢通过电话来交易。从某种意义上说,与阿拉伯人的一次谈判只是同他们进行磋商的一部分,因为他们往往要很长时间才能做出谈判的最终决策。当外商要想向他们推销某种商品时,必须多次拜访他们。第一次、第二次访问时是绝对不可以谈生意的,第三次可以稍微提一下,再访问几次后,方可以进入商谈。与阿拉伯人进行谈判时,要注意不能显得很急躁,这样往往欲速则不达。因为闲散的阿拉伯人一旦感到你把他挤进了繁忙的日程中,他很可能把你挤出他的日程。

(3)喜欢讨价还价。

阿拉伯人认为没有讨价还价就不是一场严肃的谈判。在阿拉伯国家,商店无论大小均可以讨价还价。标价只是卖主的"报价"。更有甚者,不还价即买走东西的人,还不如讨价还价后什么也未买的人受卖主的尊重。他们的逻辑是前者小看他,后者尊重他。因此,外商应建立起见价即讨的意识,凡有交易条件,必须准备讨价还价的方案;凡想成交的谈判,必须进行轰轰烈烈的讨价还价。

在阿拉伯国家中,谈判决策由上级谈判人员负责,但中下级谈判人员向上司提供的建议或意见会得到高度重视,他们在谈判中也起着重要作用。因此,外商与阿拉伯人进行谈判时,往往要同时与两种人打交道：首先是决策者，他们只对宏观问题感兴趣；其次是专家和技术人员，他们希望对方尽可能提供一些结构严谨、内容翔实的资料，以便仔细加以论证。与阿拉伯人做生意时，注意不要忽视后者的作用。

在阿拉伯商界还有一个代理商阶层。几乎所有的阿拉伯国家的政府都坚持，无论外商是同阿拉伯国家的私营企业谈判，还是同政府部门谈判，都必须通过代理商。如果没有合适的代理商，很难设想外商的生意能够进展顺利。在涉及重大生意时，代理商可以为外商在政府中找到合适的关系，使项目可以得到批准。代理商能使外商加速通过繁杂的文件壁垒，还可以为外商安排劳动力、运输、仓储、食宿供应，并帮助外商较快地收到生意中的回款等。

5. 以色列人的谈判风格

（1）注重信誉。

犹太人的关系网广泛而且坚固，他们对外团结一致并善于利用关系网查询谈判对手的情况，对不守信誉的行为不会宽容。如果他们发现对方曾在与其他人做生意时有种种令他们无法接受的行为，他们就会拒绝继续谈判，即使以前的谈判进展顺利，所以要同以色列人长期做生意，就必须给他们留下好印象。

（2）交易条件苛刻。

以色列人非常精明，并且交易条件比较苛刻，很难讨价还价。他们在谈判中不会轻易接受对方的条件，对于价格简直是锱铢必较。他们对协议条款总是字斟句酌、毫不马虎，且千方百计地让措辞有利于自己，以便万一市场行情变化，他们可以做出有利于自己的解释或寻找漏洞而拒绝履行合同。因此，与以色列人做生意签协议时，必须先充分地了解产品的市场行情，做到心中有数，然后在合同措辞上要绝对注意严谨，如果不熟悉法律，最好还是请一名内行的律师，以防以色列人在情况不利时寻找合同的漏洞。

（3）友好而坦诚。

刚见面会谈时，以色列人会笑容可掬地向对方问候。在谈判过程中，他们从不含糊其辞。如果他们觉得你的建议无法接受，就会明白告诉你"不能接受"，而不会像日本人那样支支吾吾、不置可否。如果还有商量的余地，以色列人也会坦率地告诉对方。他们认为只有明确地答复对方，才能避免谈判中不必要的纠纷。在双方发生争议时，以色列人的态度会非常认真和诚恳，但不会轻易承认自己有失误的地方。除非对方刨根问底，找出确凿的证据，他们才会为自己的失误承担责任。

（4）比较善变。

以色列人善变是为了以此控制对方的心理。在洽谈中，他们有时会为了某些条件与你争得面红耳赤，而过后不久，他们又会面带笑容地主动向你问好。如果对方的心理承受能力不够强，他们就很容易抓住对方的心理，及时控制主动权，向对手发起连连进攻。因此，遇到这种情况，应当稳住阵脚，不露声色，以沉着的态度来应对。

3.4　大洋洲人和非洲人的谈判风格

1. 大洋洲人的谈判风格

大洋洲包括澳大利亚、新西兰、斐济、巴布亚新几内亚等二十多个国家和地区。其中澳大利亚和新西兰是两个较发达、较为重要的国家。两国居民有 70% 以上是欧洲各国移民，其中以英国和法国的移民后裔居多,英语为其通用语言。两国经济上以农业、矿业为主,盛产小麦、椰子、甘蔗、菠萝、羊毛,以及铅、锌、锰等多种矿物,主要贸易对象是美、日和一些欧洲国家,出口以农、畜、矿产品为主,进口商品主要是机械、汽车、纺织品和化工品等。

(1)澳大利亚人的谈判风格。

澳大利亚各州自有宪法,铁路、地区开发、教育等事项由各自的州政府办理,因此,各州之间的地区观念比较浓厚。地广人稀的澳大利亚,其居民沉着好静,不喜欢生活环境被扰乱。

澳大利亚人在商务谈判中很重视办事效率。他们派出的谈判人员一般都有决定权,同时希望对方的谈判代表也有决定权,以免在决策中浪费时间。他们极不愿意把时间花在不能做决定的空谈中,也不愿采用开始高报价然后慢慢讨价还价的做法。他们采购货物时,大多采用招标的方式,以最低报价成交,根本不给对方讨价还价的机会。

澳大利亚人待人随和,不拘束,乐于接受款待。但他们认为招待与生意无关,是两项活动,公私分明。所以,与他们交往,不要以为在一起喝过酒生意就好做了。恰恰相反,澳大利亚商人在签约时非常谨慎,不太容易签约,一旦签约,也较少发生毁约的现象。他们重视信誉,而且成见较重,加上全国行业范围狭小、信息传递快,如果谈判中有不妥的言行,会产生广泛的不良影响。所以,谈判人员必须给他们留下好的第一印象,才能使谈判顺利进行。

(2)新西兰人的谈判风格。

新西兰是一个农业国,工业产品大部分需要进口。新西兰国民福利待遇相当高,大部分人都过着富裕的生活。其商人在商务活动中重视信誉,责任心很强,加上经常进口货物,多与外商打交道,他们都精于谈判,很难应付。

2.非洲商人的谈判风格

非洲是面积仅次于亚洲的世界第二大洲,东邻印度洋,西濒大西洋,北隔地中海与欧洲相望,东北角的苏伊士海峡与亚洲相连,地理位置十分重要。非洲大陆有五十多个国家,近6亿人口,绝大多数属于发展中国家,人民生活水平低,卫生状况差,教育和福利水平落后,经济贸易不发达,加上各国内部的暴力冲突和外部战乱连年不断,致使非洲国家在经济上严重依赖大国。

按照地理习惯,非洲可分为北非、东非、西非、中非和南非五个部分。不同地区、不同国家的人民在种族、历史、文化等方面的差异极大,因而他们在生活、风俗、思想等方面也各具特色。

非洲各部族内部的生活,具有浓厚的大家庭色彩。他们认为,有钱人帮没钱人是天经地义的。只要其中有人有职业、有收入,他们的亲戚就会来要钱。这种风俗使得很少有人愿意去积极谋职,努力赚钱,大多数人都将希望寄托在已有职业或家境富裕的族人身上。由此导致非洲人的时间观念较差,工作效率低下,办事能拖就拖。谈判时,他们很少准时到会,即使到了,也很少马上开始谈论正事,往往要海阔天空地谈论一通。对此,其他国家的谈判人员只能忍耐。

由于历史的原因,非洲人整体文化素质较低,有些从事商务谈判的人员对业务并不熟悉,因此,与其洽谈时,应把所有问题乃至各个问题的所有细节都以书面确认,以免日后产生误解或发生纠纷。另外,在非洲还要避免与空头公司做生意。空头公司往往只为骗取必要的许可证,或为了拿到你提供的样品,积极找你谈生意并一口答应你的条件和建议,得手后便逃之夭夭。非洲国家的法制不健全,很难依靠法律追究其责任。

在非洲诸国中,南非的经济实力最强,黄金和钻石的生产流通是其经济的最大支柱。南非商人的商业意识较强,他们讲究信誉,付款守时。他们会派出有决定权的人负责谈判,一般不会拖延谈判时间。尼日利亚的经济实力也较强,虽然以农业为主,但石油储量丰富,工业发展很快。尼日利亚当权人物都受过高等教育,能巧妙地运用关税政策,低价进口物美价廉的外国产品。

非洲各国内部存在许多部族。各部族之间的对立意识很强,族员的思想大都倾向于为自己的部族效力,对于国家的感情则显得淡漠。

与非洲商人洽谈时,首先要尊重其礼仪风俗,维护对方的自尊心,力求通过日常的交往增进友谊,为谈判顺利进行打下良好的基础。洽谈时,不要操之过急,而应适应其生活节奏,尽量按照其生活习惯,使对方感到己方对他们的尊重与关照,增强认同感。谈判中要对所有问题乃至各种术语和概念、条款细节逐一阐明与确认,以免日后发生误解与纠纷。

第11章 商务谈判综合案例

本章要点

1. 能够运用所学理论知识对各种商务谈判案例进行分析
2. 能够理解案例中各种谈判策略的运用
3. 探讨案例中谈判问题产生的原因,并对案例中的僵局或矛盾提出可行的建议或策略,提高自身的谈判技巧和能力

案例 1 卡内基与摩根的合作谈判

1898 年,美国总统麦金利趁当时古巴发生动乱之际,以缅因号战舰在哈瓦那海湾发生爆炸为借口,发动了美西战争(当时古巴是西班牙领地)。而与此同时,华尔街的龙头大哥摩根与钢铁大王卡内基展开了一场激烈的搏斗。

美西战争的爆发,使得匹兹堡的钢铁需求猛涨,美西战争最后以美国的胜利而告终,从而使得美国在国际上声名大振。在这样的背景下,摩根向卡内基发动钢铁大战的意义就更加大了。

由于看到了钢铁工业的前途无量,因此摩根也想在钢铁生意上做出成就,并把安插高级管理人员作为融资条件,收购伊利钢铁公司和明尼苏达钢铁公司,从而控制了这两家钢铁公司的股权。

但这两家钢铁公司与卡内基钢铁公司相比,只能算是小巫见大巫。由于美西之战导致钢铁价格猛烈上涨,摩根对钢铁产生更浓厚的兴趣,决定向卡内基发起进攻。

摩根一心想要主宰全美的钢铁生产与销售,于是开始明目张胆地向卡内基开刀。摩根首先合并了美国中西部的一系列中小型钢铁公司,成立了联邦钢铁公司,同时拉拢了国家钢管公司和美国钢网公司。接着,摩根又操纵联邦钢铁公司的关系企业和自己所属的全部铁路,取消了对卡内基的订货。

摩根认为卡内基这次肯定会做出巨大反应。但事情恰恰相反,卡内基不但没有反应,而且还出奇平静。作为以玩股票起家的卡内基,比任何企业更明白一点:冷静是最好的对策,特别是在这种关键时刻,自己面临的对手是能够在美国呼风唤雨的金融巨头,如果此时匆忙应战,最后吃亏的肯定是自己。

摩根很快就意识到自己碰钉子了,于是马上采取第二个步骤。摩根扬言:美国钢铁业必须合作,是否合并贝斯拉赫姆公司,尚在考虑之中,但合并卡内基公司,那是迟早的事情。这等于摩根向卡内基发出了挑战,摩根还威胁道:如果卡内基拒绝的话,摩根将与贝斯拉赫姆联手。

别人挑战也算不了什么,但是如果摩根真的与贝斯拉赫姆联手,那么卡内基就会被困在不利之地。在分析了局势后,卡内基终于做出了反应:这种合并真的有趣,参加一下也没什么不

好。至于条件,卡内基只要合并后新公司的公司债,不要股票。至于新公司的公司债方面,对卡内基钢铁资产的时价额以 1 美元比 1.5 美元计算。

1 美元比 1.5 美元,这个条件对摩根来说太苛刻了。但摩根经过考虑,最终还是答应了。摩根到底是怎么想的,无人知道,可能是此时已经骑虎难下,而更为可能的是,摩根考虑的是垄断后自己将得到诱人的高额利润。谈判很快达成了协议,卡内基的钢铁归到了摩根的名下。按照合约,卡内基钢铁公司的价额以合并后新组建的联邦钢铁公司的公司债还清。

卡内基看准了摩根的心理,同时也抓住了摩根的弱点。摩根不是要迫不及待地合并吗?行,合并可以,但是要牵着摩根的鼻子走,这样,以 1 美元比 1.5 美元的比率兑换了卡内基钢铁公司资产的价额后,卡内基的资产一下子从当时的 2 亿多美元上升至 4 亿多美元,几乎翻了一番。

莎士比亚说过:"人们满意时,就会付出高价。"满意是人们的一种心理表现,让步就意味着提高了对方的满意程度。退让的幅度有多大,对方的满意程度就有多大,让步的幅度要有上限和下限,如果能在上限和下限中间谈判成功,就达到了以退为进的目的。

问题:

1. 你认为这场谈判真正的获胜方是谁?
2. 卡内基的谈判技巧是什么?

案例 2　中日索赔谈判中的议价沟通与说服

我国从日本 S 汽车公司进口大批某款货车,使用时普遍发生严重质量问题,致使我国蒙受巨大的经济损失。为此,我国向日方提出索赔。

谈判一开始,中方简明扼要地介绍了该款货车在中国各地的损坏情况以及用户对此的反映。中方在此虽然只字未提索赔问题,但已为索赔说明了理由和事实根据,展示了中方谈判威势,恰到好处地拉开了谈判的序幕,日方对中方的这一招早有预料,因为货车的质量问题是一个无法回避的事实,日方无心在这一不利的问题上纠缠。日方为避免劣势,便不动声色地说:"是的,有的车子轮胎炸裂,挡风玻璃炸碎,电路有故障,铆钉震断,有的车架偶有裂纹。"中方觉察到对方的用意,便反驳道:"贵公司代表都到现场看过,经商检和专家小组鉴定,铆钉非属震断,而是剪断,车架出现的不仅仅是裂纹,而是裂缝。车架断裂不能用'有的'或'偶有',最好还是用比例数据表达更科学、更准确……"日方淡然一笑说:"请原谅,比例数据尚未准确统计。""那么,对货车质量问题贵公司能否取得一致意见?"中方对这一关键问题紧追不舍。"中国的道路是有问题的。"日方转了话题,答非所问。中方立即反驳:"诸位已去过现场,这种说法是缺乏事实根据的。""当然,我们对贵国实际情况考虑不够……""不,在设计时就应该考虑到中国的实际情况,因为这批车是专门为中国生产的。"中方步步紧逼,日方步步为营,谈判气氛渐趋紧张。中日双方在谈判开始不久,就在如何认定货车质量问题上陷入僵局。日方坚持说中方有意夸大货车的质量问题:"货车质量的问题不至于到如此严重的程度吧?这对我们公司来说,是从未发生过的,也是不可理解的。"此时,中方觉得该是举证的时候,并将有关材料向对方一推说:"这里有商检、公证机关的公证结论,还有商检拍摄的录像。如果……""不不!对商检、公证机关的结论,我们是相信的,我们是说贵国是否能够做出适当让步。否则,我们无法向公司交代。"日方在中方所提质量问题的攻势下,及时调整了谈判方案,采用以柔克刚的手法,向中方踢皮球,但不管怎么说,日方在质量问题上设下的防线已被攻克了。这就为中方进一步提出索赔价格要求打开了缺口。随后,双方在货车损坏归属问题上取得了一致的意见。日方一位部长不得不承认,这属于设计和制作上的质量问题所致。初战告捷,但是中方代表意识到更艰巨的较量还在后头。毕竟索赔金额的谈判才是根本性的。

随即,双方谈判的问题升级到索赔的具体金额上——报价、还价、提价、压价、比价,一场毅力和技巧较量的谈判竞争展开了。中方主谈人擅长经济管理和统计,精通测算。他翻阅了许多国内外的有关资料,甚至在技术业务谈判中,他也不凭大概和想当然,认为只有事实和科学的数据才能服人。此刻,在他的纸笺上,在大大小小的索赔项目旁,写满了密密麻麻的阿拉伯数字。这就是技术业务谈判,不能凭大概,只能依靠科学准确的计算。根据多年的经验,他不紧不慢地提出:"贵公司对每辆车支付加工费是多少?这项总额又是多少?""每辆车10万日元,计4.84亿日元。"日方接着反问道,"贵国报价是多少?"中方立即回答:"每辆16万日元,此项共计9.4亿日元。"精明能干的日方主谈人淡然一笑,与其副手耳语了一阵,问:"贵国报价的依据是什么?"中方主谈人将车辆损坏后各部件需如何修理、加固、花费多少工时等逐一报价。"我们提出的这笔加工费并不高。"接着中方代表又用了欲擒故纵的一招,"如果贵公司感到不合算,派人员维修也可以。但这样一来,贵公司的耗费恐怕是这个数的好几倍。"这一招很奏效,顿时把对方将住了。日方被中方如此精确的计算所折服,自知理亏,转而以恳切的态度征询:"贵国能否再压低一点。"此刻,中方意识到,就具体数目的实质性讨价还价开始了。中方答道:"为了表示我们的诚意,可以考虑贵方的要求,那么贵公司每辆出价多少呢?""12万日元。"日方回答。"13.4万日元怎么样?"中方问。"可以接受"。日方深知,中方在这一问题上已做出了让步。于是双方很快就此项索赔达成了协议。日方在此项目费用上共支付7.76亿日元。

然而,中日双方争论索赔的最大数额的项目却不在此,而在于高达几十亿日元的间接经济损失赔偿金。在这一巨大数目的索赔谈判中,日方率先发言。他们也采用了逐项报价的做法,报完一项就停一下,看看中方代表的反应,但他们的口气却好似报出的每一个数据都是不容打折扣的。最后,日方统计可以给中方支付赔偿金30亿日元。中方对日方的报价一直沉默不语,用心揣摩日方所报数据中的漏洞,把所有的"大概""大约""预计"等含糊不清的字眼都挑了出来,有力地抵制了对方所采用的浑水摸鱼的谈判手段。

在此之前,中方谈判班子昼夜奋战,数字不停地在电子计算机的荧光屏上跳动着,显示出各种数字。在谈判桌上,中方报完每个项目的金额后,讲明这个数字测算的依据,在那些有理有据的数字上,打的都是惊叹号。最后中方提出间接经济损失费70亿日元。

日方代表听了这个数字后,惊得目瞪口呆,老半天说不出话来,连连说:"差额太大,差额太大!"于是,进行无休止的报价、压价。

"贵国提的索赔额过高,若不压半,我们会被解雇的。我们是有妻儿老小的……"日方代表哀求着。老谋深算的日方主谈人使用了哀兵制胜的谈判策略。

"贵公司生产如此低劣的产品,给我国造成多大的经济损失啊!"中方主谈人接过日方的话,顺水推舟地使用了欲擒故纵的一招,"我们不愿为难诸位代表,如果你们做不了主,请贵方决策人来与我们谈判。"双方各不相让,只好暂时休会。这种拉锯式的讨价还价,对双方来说是一种毅力和耐心的较量。因为谈判桌上,率先让步的一方就可能被动。

随后,日方代表急用电话与日本S公司的决策人密谈了数小时。接着谈判重新开始了,此轮谈判一开始就进入了高潮,双方舌战了几个回合,又沉默下来。此时,中方意识到,己方毕竟是实际经济损失的承受者,如果谈判破裂,就会使己方获得的谈判成果付诸东流;而要诉诸法律,麻烦就更大。为了使谈判已获得的成果得到巩固,并争取有新的突破,适当的让步是打开成功大门的钥匙。中方主谈人与助手们交换了一下眼色,率先打破沉默说:"如果贵公司真有诚意的话,彼此均可适当让步。"中方主谈人为了防止由于己方率先让步所带来的不利局面,建议双方采用"计分法",即双方等量让步。"我公司愿意付 40 亿日元。"日方退了一步,并声称,"这是最高突破数了。""我们希望贵公司最低限度必须支付 60 亿日元。"中方坚持说。

这样一来,中日双方各自从己方的立场上退让了 10 亿日元。双方比分相等。谈判又出现了转机。双方界守点之间仍有 20 亿日元的逆差。但一个界守点对双方来说,都是虚设的。更准确地说,这不过是双方的一道最后的争取线。该如何解决这"百米赛路"最后冲刺阶段的难题呢? 双方的谈判专家都是精明的,谁也不愿看到一个前功尽弃的局面。几经周折,双方共同接受了由双方最后报价金额相加除以 2,即 50 亿日元的最终谈判方案。

除此之外,日方愿意承担下列三项责任:

第一,确认出售给中国的全部该款货车为不合格品,同意全部退货,更换新车。

第二,新车必须重新设计试验,精工细作,制作优良,并请中方专家检查验收。

第三,在新车未到之前,对旧车进行应急加固后继续使用,日方提供加固件和加固工具等。

一场罕见的特大索赔案终于公正地交涉成功了。

问题:

1. 日方在谈判过程中运用了什么谈判策略? 描述其运用要点。

2. 中方在谈判过程中运用了什么谈判策略? 试述中方谈判的成功之处。

案例 3　该拒绝而不拒绝的代价

罗杰·汤普勒的资本总额不足 14 万美元,在长岛开了一家小型家电公司,经营日本的电视机、收录机。20 世纪 80 年代初,他见放音机热销且中国从事"三来一补"业务的势头正旺,于是动起不花本钱的念头。经向江苏某外贸公司征询,他与常州一家无线电厂接触,于是三方就来件装配贸易进行谈判。

"我有 1 万台立体声放音机原件,每台的价格是 30 美元,每台我可以出 2 美元装配费,要求在两个月内拿到全部成品。"汤普勒首先开盘。

"按我国组装费的平均价格,每台放音机装配费应在 3 美元。我们希望在这个水准上达成交易。"厂方代表当即还盘。

"这一笔生意应该是长期合作的良好开端,希望双方不要有太多的计较,是否都做一些让步,以每台 2.4 美元达成协议如何?"外贸公司代表不偏不倚地开出中间价。双方都表示"同意",在价格上算是意见基本一致了。

接着谈判付款方式,三方立刻出现分歧:"我方在加工价格上首先做了让步,作为对等条件,你们在支付方式上也要有所变通,先付汇后收汇。"汤普勒坚定地提出要求。

"你是说我方先付原件费用,你在装配完毕之后再付整机费,其中的差价就是加工费?"外贸公司代表问。

"是这样的。"汤普勒答。

"按国际惯例,加工方是不能动用外汇的,通常对来件不计价或者计价而不结算,待加工完毕后一并结算。"外贸公司代表拒绝了对方的要求。

"我并没有要求你们最终的结果是动用外汇，只是要你们先付后收，在交易完成以后你们不仅没有动用外汇，反而增加了外汇。因此我的要求并不过分，何况我们是第一次合作，对你们能否准时加工完毕、加工质量如何心中都没有底，总不能先让资金停滞在原件上吧?"汤普勒颇似坦诚地说道。

"请放心，我们保证准时交货，保证整机质量可靠。"厂方代表插言道。

"如果真是这样，履行合同就没有任何问题了。既然不存在问题，你们为什么不能在收到原件时付汇，在完成装配后收汇呢? 假如你们对我有所担心的话，可以不用托收方式，只以国际贸易最可靠的信用证方式。由你们开信用证收件，我开回头信用证收件，贷款由双方的开证银行保障支付，这还能出现什么差错吗?"汤普勒头头是道地说。

"从一般道理上看是不错的，但两份信用证之间有个衔接问题。就是说，在我方信用证的有效期内，您应及时开出回头信用证，使我方付出的外汇不致脱空。"外贸公司代表说。

"请不要介意，我只是想说明国际贸易中防止付汇脱空的通常做法，也相信您不会违反这些做法的。"外贸公司代表解释道。

"希望我们按常规做成来件加工生意。"厂方代表认为外贸公司代表有些过分，于是打圆场。

"您既然会及时开回头信用证取货，完成交易就不至于出现意外，我方因此可以先付后收。按照惯例，这笔生意的原件进口方和成品出口方都将是我们公司。无线电厂为加工方，您是原件出口方和成品进口方。我方将委托银行开出远期信用证，请您委托银行开即期回头信用证给我公司，您若要取出我方远期信用证所载 30 万美元款额，必须在开出 32.4 万美元即期信用证后。请您见谅，这种约束性条款是外贸合同中必不可少的。"外贸公司代表慎重地说道。

"这样做实在太烦琐!"汤普勒颇为不屑地说道。

"补充这一限制性条款只是例行公事，请汤普勒先生别介意。我们双方会合作得很愉快的!"厂方代表赶紧缓和谈判气氛。

合同签毕，外贸公司一星期后开出有效期 90 天的信用证。汤普勒接到通知之后，立即背靠背地转开信用证给日本厂商，购进 1 万套原件运往常州。他等于用中方的外汇额转手做这笔来件加工生意。常州该无线电厂提前 10 天，保质保量地完成了装配任务。货到长岛销售一空，汤普勒轻松地赚进 20 万美元。他与日方结算完毕，补上 2.4 美元的加工费，才向中方开出回头信用证，完成了加工业务。

合同履行顺利，汤普勒第二次来华，提出续订 10 万台立体声放音机装配的新合同。外贸公司见生意扩大 10 倍很是高兴，该无线电厂更是欣喜异常，但都没有了想过其中有什么蹊跷。于是三方立即举行第二次谈判。

外贸公司代表坚持一切不变，按照前次合同条款续订。汤普勒强调"首次合同履行得很好，证明双方都有成交的诚意，没必要把前次的限制性条款写进新合同"。外贸公司代表指出，生意就是生意，合同条款必须完备，写进限制性条款不影响彼此友好往来，与双方相互信任也没有关系。

本次交易货与款分三批流通。合同开始履行，第一批货与款的交付颇为顺利，双方准时交接货物，及时开出信用证，结算得一清二楚。谁知正在此时日本立体声放音机的原件大幅降价，每台跌至 20 美元，汤普勒却依然要中方外贸公司按 30 美元一台开远期信用证。我方没有及时了解市场变化,依照合同开了 104 万美元的远期信用证。汤普勒收到后,以 20 美元一台背靠背地向日本厂商开信用证,暗中扣下 34 万美元的原料差价,但由于中方信用证载明的限制条款终于使这笔差价仍然不得动用。汤普勒垂涎这笔巨资,决定要把障碍扫除,于是第三次来华谈判。

"你们在信用证上写明附加条款的内容,长岛银行看了就不肯给予资金融通,使我大笔资金压在原件进口上,经营生意非常困难。为了合同的后续执行,我要求取消信用证上的附加条款。"汤普勒欲施偷梁换柱之计,如此这般地说道。

"您提出此项要求,等于修改合同。"外贸公司代表当即指出对方的真意。

"是的,如果不能修改,只能中止合同。对于后面的装配业务,我将另找对象。"汤普勒语气坚定地说。

"取消限制性条款,有可能使我方的收汇脱空。"外贸公司代表说明拒绝的理由。

"你的担心实际上是不存在的。首先,我的原件握在你们手里,用你们的话说叫'跑得了和尚跑不了庙'。有货物在手,你们还担心什么? 其次,我收到成品就能获得利润,我是绝不会放弃这种唾手可得的好处的。"汤普勒振振有词地说道。

"附有限制性条款是国际加工合同的惯例,也是我国的通常做法。这一点是不允许改变的。"外贸公司代表据理力争。

"我知道这些道理,仅仅是要求一点点灵活性,其实取消限制条款对你方并无妨碍,但我可以从长岛银行获得资金融通,这有利于合同的履行,它的结果是对双方都有好处! 很遗憾,你们不肯谅解我的经营困难。对不起,我们之间的交易只能就此结束,我将通知长岛银行退回你方的信用证。"汤普勒态度十分坚决地发出最后通牒。

眼看谈判即将破裂,无线电厂代表赶紧要求:"休谈半天,明天再作最后答复。"送走汤普勒,无线电厂代表与外贸公司代表紧急磋商。外贸公司强调不宜取消限制,而且银行方面也认为风险太大。无线电厂则要求给外商适度的松动,理由是第一笔合同完满履行,第二笔合同的首批业务也顺利兑现,已证明外商有一定的可信度,不应再有过多的顾虑。对此外贸公司代表说不出反对的充分理由,于是在厂方急于获利的催促下,中方一致同意汤普勒修改合同的请求。

此后我方认真履行修改后的合同,准时开出不附限制条款的 104 万美元远期信用证。汤普勒立即从长岛银行取走 34 万美元的原件差额。不久,立体声放音机在国际市场上大幅降价,汤普勒的 3.4 万台卖不出去了。他居心叵测地不再开回头信用证,伪称"在美国运输有困难,请暂缓发货,等第三批装配完毕再一起发出"。我方不知其中有弊,依然按时开出第三批的远期信用证 140 万美元,汤普勒又取走 40 万美元的差价,从日本买进原件后发往中国,携带两批原件差价 84 万美元溜之大吉。

问题:

1. 结合案例,分析如何正确处理谈判协议的变更、解除、转让与纠纷?

2. 中方在谈判过程中犯的关键错误是什么? 从中可以得出什么经验教训?

案例 4　美国瓦那公司与日本夏山株式会社的谈判

瓦那食品公司是美国《幸福》月刊推选出的世界级大型企业,该公司负责海外事务的董事马莱在对日本市场进行调查以后,为寻求合作对象开始与日本大型食品企业进行接触。日本食品企业夏山株式会社对与瓦那进行长期合作表现出极大的兴趣。马莱与当时负责海外事务的董事、后成为夏山株式会社社长的山下二郎签订协议是 1982 年的事。其后两企业之间交换了协议备忘录,双方签署了一个为期 12 年的开设垄断代销店的合同。

这样,瓦那食品公司将在日本生产瓦那公司产品的许可证转给夏山株式会社。此合同 1982 年 9 月初签订,同年 11 月,初级产品由瓦那发送至夏山株式会社。1984 年 1 月,夏山株式会社开始在日本国内生产和销售瓦那产品塑料盒装的奶酪甜点心。

1984 年终,夏山株式会社在日本国内生产的奶酪甜点心销售额远不能达到合同签订时所期待的水平。这样,根据许可证合同专利权使用条款,夏山株式会社必须向瓦那支付有关国内生产瓦那奶酪甜点心的最小值专利使用费。

但是,夏山株式会社根据许可证合同条款对所应支付的最小值专利使用费一事的"正当性"表示了异议。他们认为,夏山方面在生产瓦那的奶酪甜点心方面损失较大,瓦那方面在收取二重利益。

夏山方面回信马莱,表示对马莱要求支付最小值专利使用费一事的"正当性"提出抗议,于是双方开始谈判。夏山方面特别主张,只有将塑料盒装全部换成金属罐装,这才能真正说国内生产已经开始了。他们强调,既然 1984 年度奶酪甜点心在日本销售额的五分之四属进口产品,就很难说已开始国内生产,因此最小值专利使用费支付条款根本就无法适用。夏山株式会社认为自己是受骗了。

很显然,罐装进口品影响了盒装国产品的销路。夏山一些管理人员甚至猜疑瓦那公司是以最小值专利使用费为借口,试图从夏山株式会社勒索二重利益。山下二郎认为,马莱是诓骗夏山、勒索资金的罪魁祸首,对马莱也就特别恼火。在后来的一段时期,山下将谈判事宜交给了部下。他离开日本期间,其部下在会见瓦那负责人时却同意全额支付最小值专利使用费的余款。气急败坏的山下在与律师商量以后,给瓦那公司会长马斯塔兹写了一封英文信,信中申明了夏山株式会社的立场(大意为夏山其他职员未经任何讨论就同意付款,他对此一无所知),同时要求对方考虑退还夏山年轻职员三周前寄出的最小值专利使用费款项。信中还谈及了其他一些对瓦那公司的要求。这就使瓦那在谈判过程中对夏山株式会社越来越警惕,对它的真实意图越来越存有疑虑。

山下寄出的书信令马斯塔兹及其成员困惑不解。山下显然对瓦那公司负责海外事务的马莱董事存有不信任感,进而要求与马斯塔兹本人谈判。这对青睐于马莱的马斯塔兹来说实为一件憾事。事后给山下回信的仍是马莱。开头他先说明这是秉承马斯塔兹的旨意寄发的,但不幸的是,这封信全是马莱的格调。该信写得很长,形式主义色彩很浓,山下更为恼火。此后,瓦那方面再也没有接到夏山方面的任何回复。

在这段时间里,马莱给夏山销售负责人写了一封信。在信中,他提出为了重新定义许可证合同上的暧昧条款,重新计算专利费的建议,同时又要求再次开始商谈那拖而不决的协议,以讨论如何在日本销售已经在其他国家取得成功的瓦那食品公司的新产品。1985 年 8 月,双方在东京举行了会议。瓦那方面的谈判小组由马莱和三名成员组成,夏山方面出席的是山下和其他四名成员。

马莱为成功地举行此次会议做了许多细致的准备,同时又带了三名成员来东京,花费不少。但会议结局简直是灾难性的。不管瓦那方面提出什么建议,山下一律加以阻止、责难和拒绝。在会议初始阶段,山下批评了瓦那方面的有关专利使用费一事的要求,他满脸涨得通红,愤愤不平地说:"你们简直像一帮装模作样、戴着善良假面具的吸血鬼、守财奴。"

马莱及其同事开始以为这不过是种稍带幽默的俏皮话,他们只不过有气无力地笑了笑。在长达三个小时的会议上,山下不时怒气冲冲地重复一句:"你们瓦那一帮子人想糊弄、欺骗、诈取我们夏山株式会。"

这下瓦那方面感到了不悦。事后马莱指出:"这是一种野蛮、非理性的语言,在历次商业谈判中我从没听过这种语言,也没想到在日本会听到这种措辞。因此对山下的措辞我们感到莫大震惊和困惑,一时无言以对。"那时的关系简直到了濒临破灭的境地。

这时尽管瓦那方面摸不清山下发火的原因,但确已感到两家企业的关系岌岌可危。他们曾侧面向夏山的年轻职员打听过使事态恶化到如此地步的原因,结果一无所获。丧失了信心的瓦那在两个方案之间摇摆:一个是为促进相互理解,寻求打破僵局的良策,寻找一位中间人;另一个是痛苦地告诉对方解除合作关系。

会议过去三个月了,瓦那方面仍未找到从僵局中解脱的良策。他们既无明确战略,又没法弄清产生误解的原因。过了两周,他们在没有一张王牌的情形下与夏山进行谈判。这时唯一的希望就是山下给马斯塔兹的信。从信的格调上可明显察觉夏山希望与瓦那保持关系。尽管如此,在这个阶段,它还是无助于解开存在于两家企业间的疙瘩。

这时,瓦那公司派人来到设在日本的国际谈判研究所商量对策。他们向谈判顾问请教了有关下一轮谈判的问题。

在对有关此事的所有书信进行研究,并用电话详细询问马莱以后,谈判研究所的顾问提出了如下建议。首先是咨询顾问对日本人态度的解释:

①山下的态度是一种有意识的计谋,这样他可以掌握主动权,即可以先发制人。

②山下个人或许对马莱存在敌意,这就使得纠纷的火焰越燃越烈。

③对第二个观点可作如下解释:马莱的书信既长又啰唆,形式主义色彩浓重,含有教训口气,书信本身并不难理解,但其方式在日本人看来最基本的一点就是极具攻击性。马莱在解决问题时(比起面谈或电话来)偏重于借助书信。这给日本人一种冷淡的形式主义的印象。山下认为自己的职务及社会地位远高于马莱,因此对马莱的书信一概不予回复。他认为小看马莱也无不当之处。

其次是对瓦那食品公司提出的建议:

①彻底改变交流方式。不再依赖于书信来往,以后碰到难题要与对方面对面交谈。在以后的谈判中要增加精通事务的专职翻译。

②在与夏山进入正式谈判前,有必要充分调整一下瓦那在日本发展事业的必要性和最终目标,并就目前夏山能否与瓦那建立事业发展关系及其必要性等事项作出客观判断。

③如你们认为"已经不可能了",即准备放弃两者关系的话,还不如以此为要挟,在良好的私人交往基础上建立起更有效的关系。

④为使日方恢复到正常状态,应承诺进行永久性投资。

⑤国际谈判研究所的顾问特别强调在与夏山进行下一轮谈判时,首先应按顺序对以前的谈判背景和状态作出有计划的充分说明:第一,说明有关当今国际形势以及日美关系对国际通商关系的影响。第二,叙述事件原委、瓦那的目标以及自己所理解的夏山的目标,说明在现阶段哪些目标已经达到,如何看待存在的问题,同时坦率承认自己感到弄错的地方及对夏山方面

误解的地方。第三,坦率表明可取得统一意见和仍存在分歧的问题,特别是就销售、说明义务、专利使用费、两家企业关系及有关瓦那在日发展的全盘经营方式等提出建议。这些工作与签订合同时临时性的解释相比,是今后建立和维持与夏山关系的一个新的良策。

咨询顾问补充说:"要考虑到这次谈判或许是瓦那方面全盘表明自己立场的最后一次机会。如果匆忙进入细节讨论,那么将来合作的可能性不可避免地会丧失殆尽,或者丢失一半。"

马莱及其三名同事抵达东京,但对与夏山的下一轮谈判心中无数。第二天,他们会同国际谈判研究所的顾问和翻译,讨论了谈判采取的方式,还进行了必要的排练。这时双方定于12月4日重新进行谈判。

在谈判前的碰头会上,顾问就像一位舞台监督,自由指挥着谈判小组的编排以及每个人所应采取的态度。顾问强调了以下几点:

①在谈判开始前,瓦那方面首先要决定所希望的议事日程和讨论顺序,并派一位与夏山方面关系最好的人员将此方案送去,以期得到对方同意(在征得对方同意的议事日程中特别要就长时间拖而不决的"新产品销售"一事尽最大努力)。

②开场白必须通俗易懂,富有公理。

③开始时,将各要点印制在卡片簿上,按照上面所写的内容进行。首席谈判马莱指出各要点并加以说明,随后翻译将之译出。另外还要留一点提问的时间(顾问认为比起互通信息解释疑惑,瓦那方面增加时间说明情况效果更好)。

④美方成员各司其职,一人做首席谈判的助手,记录一切发言(特别是己方成员的发言),将此整理后递呈首席谈判参考,这样首席谈判可以将全部精力倾注于谈判;其余两人观察在首席谈判提出新建议后对方成员的反应。在提到必须谨慎注意日本人的反应时,顾问举例谈到了日方表现出"有兴趣""赞成""绝对反对"等意思时的反应动作。

⑤全体成员必须努力使对方感到整个小组在默默地支持着首席谈判所列的要点。在首席谈判提出要点时,其他成员应先看一下首席谈判,接着再观察日方反应,然后再点点头,以示首席谈判所言极是。

12月3日下午瓦那驻日本的工作人员为使有关事项获得对方同意,会见了日方有关人员。结果在所有项目上他几乎都得到了对方的同意,只是在"新产品销售"一事遇到了困难。日方解释他们的老板绝对反对在这次讨论中议及此事。这样,瓦那方面只得被迫后退了一步。

第二天谈判按期进行。在互道空洞无实的客套话之后,马莱要求准许总结一下到目前为止的双方关系。20分钟以后,夏山方面对马莱提出的要求表示出极大的兴趣,并流露出赞许、亲切的神情。特别是当马莱检讨自己作为首席谈判言行有误时,日方的上述表现更为突出。马莱在开场白接近尾声时,提出希望能讨论有关新产品的销售问题。这时夏山方面表示接受这本不愿接受的事实。当马莱还想继续发言时,山下打断了他的话,用近乎谢罪的语调开始说明他为何不愿讨论这一议题的原因。他谈到夏山内部存在问题、财政的制约以及优先顺序等,他解释说,将优先考虑夏山和瓦那之间业已开展的合作。具有讽刺意义的是,山下的说明向马莱提供了他本想通过"新产品销售"的讨论来获得的所有情报。

双方的坦率和诚实使两者之间的个人感情发生了惊人的变化。马莱两眼生辉,他使山下放下了高傲的架子。山下的部下也露出了笑容。瓦那公司一位董事事后谈及此事时感慨地说,谈判终于成功了,终于打破了偏见和越积越深的误解形成的僵局。

当然,夏山和瓦那之间后来的合作并非毫无龃龉、畅通无阻。但是,通过这次谈判,两家企业之间恢复了对彼此的尊敬,它们明确表明自己的观点,并互为对方所接受,它们之间也能够相互尊重各自立场的相异之处。夏山在反复研究瓦那有关新产品的设想后,决定生产这种最有希望的新产品。

问题:

1. 在谈判前一阶段,双方陷入僵局的原因是什么?
2. 结合案例分析日本商人的谈判风格并阐述应该如何与日本商人打交道。
3. 双方在谈判沟通中存在什么问题? 结合案例分析商务谈判沟通的技巧。

案例 5 巨额球衣赞助谈判

曼联队曾与英国著名的移动电话公司沃达丰签订了每年 3000 万英镑、共四年的巨额球衣赞助合同。对于这桩交易,无论是曼联队,还是沃达丰公司都非常满意,那么,到底谁是其中的大赢家呢?

曼联队的股票在 1991 年正式上市,随后该队在 1992 年开始的英格兰足球超级联赛中一直保持了优异的成绩,七年中五夺超级联赛锦标,三夺足总杯,并于 1999 年成为囊括超级联赛、足总杯、欧洲冠军杯和丰田杯的"四冠王"。这使得该队的股价一再创下新高。曼联队在球场上叱咤风云,在球场外也是挣钱的能手。1997 年,他们曾创纪录地赚得 2760 万英镑的纯利润,令其他球队难以超越。

为了进一步提高球队的经济效益,曼联队又有两项大动作,首先是扩建老特拉福德球场,使座位数增加到 6.7 万个,仅此一点,就使该队在每个主场比赛中的票房收入超过 150 万英镑。另一个重要举动就是在与夏普公司的球衣赞助合同到期后高价卖出胸前广告权。能在全球最受欢迎球队的球衣上做广告,许多大公司都兴趣盎然,微软、雅虎、不列颠航空等大公司频频与曼联队接触。经过几个月的谈判后,英国最大的移动电话公司沃达丰最终出人意料地击败阿联酋航空等竞争对手,以 3000 万英镑的天价占领了曼联队胸前的"宝地"。虽然这个价钱比外界预测的 4000 万至 5000 万的价格要低,但已经是当时足坛最大的球衣广告交易。在此鼓舞之下,曼联俱乐部高层人士透露,他们的下一个目标就是令曼联队成为英国历史上首个年营业额超过 10 亿英镑的俱乐部。

就在人们都在羡慕曼联队又赚了大钱的同时,一家在美国做运动市场推广的公司指出,在这桩交易中真正的大赢家不是曼联队,而是沃达丰公司。该公司的分析员指出,能以 3000 万英镑的价钱在曼联队球衣上做四年广告,绝对是物超所值。以 NBA 为例,飞利浦公司用 1.2 亿美元的高价才获得了亚特兰大鹰队的比赛场馆冠名权。曼联队是当今足坛曝光率最高的球队,因此沃达丰公司的付出与获益相比"简直是微不足道"。

沃达丰公司行政总裁表示,该公司不但会为曼联队提供资金,还会协助曼联队发展资讯,将来曼联队的球迷将可以在新型的手机上观看到曼联队的比赛和入球精选等。不过传统的曼联队球迷似乎并不大买账,他们觉得这桩交易使曼联队的商业味越来越浓,已经偏离了传统的曼联精神。至于用手机看曼联队比赛更是一个无甚新意的小花样,难道所有曼联队的球迷都买得起这样昂贵的新型手机吗?

沃达丰公司则表示手机的价格将越来越低,将来的新型手机不会超出绝大多数曼联队球迷的购买力。也有不少球迷欣赏沃达丰公司的计划,期望能更方便地了解球队的动态和随时随地欣赏到曼联队的比赛。

这桩交易令球迷们最充满期望的是曼联队在获得巨额赞助之后将有更多的资金用于购买球星,据说时任曼联主帅弗格森已经拟定了一份收购名单,计划在下个赛季将一批名将带到老特拉福德球场。多年来曼联队一直因为不能随便动用资金而错过了很多购买球星的机会,当年就曾因为舍不得给订金而未能买到后来成为世界足球先生的罗纳尔多。

不过,曼联队高层人士透露,这笔资金将主要用于帮助曼联队偿还扩建老特拉福德球场的贷款和修建一个新的训练场,余下的部分将用于发展青少年足球计划。弗格森将得到大约2000万英镑来实施他的收购计划,这个数目与往年相比并没有太大的增长。

问题:

1. 曼联队的天价广告从何而来?

2. 沃达丰为何以天价投资曼联?这笔投资合算吗?

3. 你认为到底谁是最大的赢家?

第12章 商务谈判模拟训练

本章要点

1. 能够梳理商务谈判理论知识
2. 能够应对和处理实际谈判中会遇到的各类问题
3. 提升分析问题及解决问题的能力
4. 掌握商务谈判的实际技巧和方法

(1)你手头有一批货物可供外销。你认为若能卖到 200000 美元,就感到十分满足了。现在某外商提议以 300000 美元的现汇购买这批货物,此时,你最明智的做法是什么?

A.毫不犹豫地接受该客商的建议

B.告诉他一星期后再做答复

C.跟他讨价还价

(2)某单位采购人员正向你厂采购某种车床,这位采购人员表示希望买一台 120000 元的车床,但他的预算只容许他购买价格不超过 110000 元的车床,此时你怎么处理?

A.向他致歉,表示你无法将该车床的价格压低到他预算所允许的范围内

B.运用工厂给你的权力,为他提供特惠价格

C.请他考虑购买价格较为低廉的其他型号的车床

(3)你是某汽车制造厂厂长。某天你突然接到某外国进口商的电话,要你在一个月内提供 1000 辆汽车,因为他经销的某种品牌汽车的公司倒闭,以致无法按时交货。假定你一个月内能提供 1000 辆汽车。面对这种情况,你将怎么处理?

A.立即回复,表示欣然接受他的订购

B.立即回复,表示欣然接受他的订购,但指明紧急装运的额外开支应由对方负担

C.回复对方无法在这样短的时间内办妥报关与装运手续,向他表示拒绝并致歉

(4)你是某种零件的供应商。某日下午你突然接到某买主的紧急电话,要你立即赶赴机场去跟他商谈有关向你大量采购的事宜。他在电话中说,他有急事前往某地不能在此处停留过长时间。你认为这是一个难得的机会,因此在他登机前 15 分钟赶到机场。他向你表示,假若你能以最低的价格供应,他愿意同你签订一年的供需合约。在这种情况下,你选择怎么做?

A.提供最低的价格

B.提供稍高于最低价的价格

C.提供比最低价格高出很多的价格,以便为自己留有更大的谈判余地

D.祝他旅途愉快,告诉他你将与他的下属联系,并先商谈一下零件的价格,希望他旅途结束后能与你再联系

(5)你是某饮料厂的销售经理,正在与某客户磋商供应某种饮料的事宜。该客户要求你厂

的饮料每瓶必须削价0.5元,否则他就改买其他饮料厂提供的不同品牌的饮料。该客户每年向你厂采购饮料8000万瓶,面对他的要求,你选择怎么做?

A. 礼貌地拒绝他,并阐明你的困难

B. 接受他的要求

C. 做出一定的让步,提出一个折中的解决办法

D. 表示你可以考虑考虑

(6)你正准备对有意向你购买客车渡轮的客商报价,你将采取的报价方式是:

A. 在报价单上逐项列明船体、主机、客舱等的详细价格

B. 在报价单上只粗略地将整船分为若干部分,并标出每一部分的价格

C. 只报出整船价格,避免分项报价

(7)你为处理某商品交易的纠纷到达深圳,并通知香港客商到深圳面议。但后来你发现对方并非此谈判的负责人,而是他的下属。在这种情况下,你选择怎么处理?

A. 坚持要与谈判的负责人谈判

B. 问其下属能否全权代理,是否具有谈判的最高决策权

C. 尝试先与其下属进行谈判,根据谈判的情况再做应对

(8)在某次谈判中,对方对你的报价表示不接受,但是他并不提出自己的期望和意见,只是强调你的报价太高。在这种情况下,你该怎么办?

A. 拒绝对方的意见,坚持自己的报价是合理的

B. 要求他提出具体的意见,说明其对价格的意向

C. 问他认为你报价过高的理由是什么

D. 你自己提出解决问题的办法

(9)你是汽车制造商,最近与一客户经过了艰苦的谈判,最后终于达成了协议。但在签订合同之前,该客户又提出了一个最后要求:汽车漆成白、黑两种颜色,这两种颜色正好与你厂的生产计划相吻合。面对客户的这种"附加"要求,你选择怎么处理?

A. 告诉他,如果按照他的要求漆成这两种颜色,需要额外支付费用

B. 如实告诉他你厂计划,表示可以按照他的要求办

C. 问他要求漆成这两种颜色的原因是什么

D. 表示漆成这两种颜色需要调整既定的生产线,难度较大,恐怕难以满足对方的要求

(10)你是一位汽车进口公司的采购经理,正在与某客户洽谈明年的汽车进口事宜。对方提出明年每辆汽车要加价2000元,但对方愿意与你各负担50%。此时,你的反应是:

A. 提议对方负担70%,你方负担30%

B. 拒绝接受对方的加价

C. 接纳对方加价的意见

D. 要求对方说明加价的理由

(11)两个月前你向某国投标承建某项工程项目。最近该国通知你,你已中标,但要求你按照所投总价降低5%承建此项工程,面对这种情况,你怎么答复?

A. 同意减价5%

B. 提议减价3%,否则不能接受

C. 向该国提议,只有在改变投标条件的前提下,你才愿意考虑减价

D. 拒绝做出任何让步

（12）你是一家公司的销售经理,在一次谈判中,客户对你的报价反应是:你所报的价格太高,在竞争激烈的市场环境下,应该降低你的报价。面对客户的这种反应,你应该采取什么策略?

A. 为了得到订单,采取降价措施

B. 提议他不如向报价更低的供应商采购

C. 要求他把其他供应商的报价单提供给你看

D. 问他期望中的合理报价是多少

（13）你是一家推土机公司的推销工程师,假如有一家公司愿意购买这种推土机,那么你应该首先去找客户公司中的什么人?

A. 采购代理人

B. 总经理

C. 现任推土机驾驶员

D. 工会代表

E. 客户公司接待人员所建议的某些人员

（14）你是一家广告代理机构的市场调查经理,这家机构正在处理一项很大的客户业务,但你的调查研究结果表明,公司的广告根本没起任何作用,广告创作中存在的一个严重问题把客户都赶走了,代理机构是你的雇主,你选择怎么做?

A. 在某个会议上公开地把这一情况同时告诉代理机构和其客户

B. 让代理机构的经理们去处理这个问题

C. 以一种不致暴露你的调查结果的方式来分析数据

D. 干脆编造一份虚假的有利于你的代理机构的报告

（15）一批从名牌卡车底部卸下来的轻便型日本电机,一般情况下每个电机价格为400美元,你只用每台50美元的价格就买下来了。有一位客户想买入这种电机,他很想知道,如果从你手里买200台这样的电机,需要花多少钱? 你经过调查发现,他的营业合法性似乎存在疑问,在这种情况下,你选择怎么答复他?

A. 告诉他电机的质量情况,并请他出价

B. 告诉他每个电机100美元,这是最初报价,也是最后定价,明天就没货了

C. 告诉他,这种电机的市场行价为每台400美元,但是如果他愿意多要并且用现金支付的话,你可以每台200美元的价格卖给他

D. 拒绝他

（16）你是一家合资企业中负责劳资关系的专家,工会要求增加20%的工资而不允许附带任何条件,因为另一个合资企业刚刚拿到这个标准。目前,通货膨胀率为11%。如果可能的话,你想把工资增加的幅度调整为9%,最多不超过12%,因为公司经营情况并不乐观,所以利润甚微。在这种背景下,你首先对工资增幅提出的报价应为:

A. 3%　　　B. 8.5%　　　C. 7.5%　　　D. 7.5%,同时达成一项生产效率的交易

（17）某外商提供的货物中部分有瑕疵,你曾数次要求他提出解决方案,但他却置之不理,此时你应该怎么办?

A. 中止对整批货物的货款支付

B. 中止对含有瑕疵的货物的货款支付

C. 向外商提出妥协条件

(18)在商务谈判中,你企图说服某人做某件事时,应首先采取什么步骤?

　　A. 向他宣传这样做的好处

　　B. 回答他提出的异议

　　C. 抓紧时机,迅速与之成交

　　D. 确定存在什么问题

(19)你对供应商账单中某些方面存在异议,供应商对某些事情做得不到位或根本没有提供相应的服务却把服务费用都加在了你的头上,你应该采取什么办法呢?

　　A. 拒付全部账单

　　B. 拒付有异议的那部分账单

　　C. 表示愿意对有争议的账单按照一家一半的原则分摊

　　D. 请对方做出解释

(20)对某个项目进行成本估算时,为了使项目获得批准,你倾向于采取什么做法?

　　A. 每一细节都列为条款,逐项做出估价和成本的估算

　　B. 把所有条款都累积在一起,分条详述,并提出总和在一起的估算

　　C. 提出若干选择方案,就像专门的购货清单一样

　　D. 对能精确说明问题的条款提出估算,对存在疑问的条款则仅提出一些汇总的数字

　　E. 根本不做估算,只是给出一个泛泛的总体指标

(21)假设你是公司的一位销售经理,正在和两位争着与你公司做生意的旅游代理人谈判。你已经告诉他们,你公司将在北京饭店订60人的床位,召开年度销售会议,费用的限度也告诉了他们,但你还是希望能够得到一些额外的免费服务:三次观光旅行,一次免费的夜总会娱乐,飞机上和旅馆中为你的董事们增加两个额外的席位。在你方并没有做出任何肯定保证的情况下,你将:

　　A. 首先向对方提出你的最高要求

　　B. 首先向对方提出你的最低要求

　　C. 把你的要求和盘托出,让对方去区别处理

　　D. 只要能把所有要求说清楚了就行,提问的方式是无关紧要的

(22)你是自己开诊所的牙科医生。有一位病人欠你一大笔钱,并且他的账已经欠了很长时间了,你在什么时候和他提出为好?

　　A. 你不会提的,你知道他很有钱,这样做不符合职业习惯

　　B. 在你给他钻牙时偶尔提及

　　C. 在开始治疗以前

　　D. 在治疗以后,你的接待员会跟他提及此事

(23)多年来,你公司的劳资关系一直非常糟糕,到处是争执,与工会之间有矛盾,生产效率低,成本高,风气差。假设你是新上任的总经理,对这些问题有什么解决办法?

　　A. 对大家讲明公司经营的现实,让他们明白谁说了算,要求员工服从你

　　B. 随着问题的出现,一件一件地去解决

　　C. 说服员工们,让他们相信,就生产率进行谈判对他们有好处

D.重组企业管理班子,寻求合作

E.照通常那样行事,但抓住每一次机会来表明你所说的话是表里一致,不夸张也不缩水,要使自己站在丝毫没有讨价还价余地的地位上

(24)一位轮胎制造商已经悄悄从你手中夺去了轮胎批发的业务,他曾鼓励你囤积,使用他给的延期贷款大量买入并存放轮胎,然而在市场处于不景气的时候,他们又要把贷款收回。现在的问题是不把你的公司卖给他,你就要破产。他也已经答应在他那里给你谋一个职位,你将如何选择?

A.接受这份工作,在你以后东山再起之前,尽你所能学会如何经营管理

B.接受这份工作,但是秘密地准备报复他

C.破产,和他们一起完蛋

D.卖掉企业,然后走自己的路

E.抓住你所能抓住的任何机会与之抗争,把存货卖出去,把即将发生的事情通知你的其他供货人和银行,请他们暂时不要催你付款,对这位制造商提出指控,在法庭上与之抗争。

(25)作为航空公司的经理,你发现大雾正在延误着你的飞机的航行。你的乘客陆续到来并且赶不上转乘的航班,一切都是杂乱无章的。你的助手捅了一下你的手臂,有一个重要的电话等你去接,扩音器里在喊着你的名字,而你的手机也在不停地响着。这时,一位怒气冲冲的女士在人群中指着你,大声指责你的公司把她的行李箱弄丢了,明天她要去参加她儿子的婚礼,可是她现在只穿着牛仔裤和衬衫……在这种情况下,你应该怎么办?

A.把她交给你的助手去处理

B.在航空公司的休息室里,请她喝一杯咖啡

C.告诉她,正如她所看到的那样,你现在忙得很,请她等一下

D.请她重复一遍她的遭遇给你听

附录 A 气质测试

请仔细阅读量表中的每一道题,对照自己,实事求是答题,不必有顾虑,如果你认为非常适合你的情况记 2 分,比较适合记 1 分,拿不准记 0 分,比较不适合记－1 分,完全不适合记－2 分,请根据看题后的第一印象尽快记分,不要在每个题目上浪费太多时间考虑。

(1)做事力求稳妥,不做无把握的事。

(2)遇到可气的事就怒不可遏,想把心里话全说出来才痛快。

(3)宁肯一个人干事,不愿很多人在一起。

(4)到一个新环境很快就能适应。

(5)厌恶强烈的刺激(如尖叫、噪声、危险和镜头等)。

(6)和人争吵时,总是先发制人,喜欢挑剔。

(7)喜欢安静的环境。

(8)善于和人交往。

(9)羡慕那种善于克制自己情绪的人。

(10)生活有规律,很少违反作息制度。

(11)在多数情况下情绪是乐观的。

(12)碰到陌生人觉得很拘束。

(13)遇到令人气愤的事,能很好地克制自我。

(14)做事总是有旺盛的精力。

(15)遇到问题常常举棋不定。

(16)在人群中不觉得过分拘束。

(17)情绪高昂时,觉得干什么都有兴趣;情绪低落时,又觉得干什么都没意思。

(18)当注意力集中于某一事物时,别的事很难使我分心。

(19)理解问题总比别人快。

(20)碰到危险情景,常有一种恐惧感。

(21)对工作、学习、事业怀有很高的热情。

(22)能够长时间做枯燥、单调的工作。

(23)符合兴趣的事,干起来劲头十足。

(24)一点小事就能引起情绪波动。

(25)讨厌做那种需要耐心、细致的工作。

(26)与人交往不卑不亢。

(27)喜欢参加热闹的活动。

(28)喜欢看感情细腻,描写人物内心活动的作品。

(29)工作、学习时间长了,常感到厌倦。

(30)不喜欢长时间谈论一个问题,愿意实际动手干。

(31)宁愿侃侃而谈,不愿窃窃私语。

(32)别人说我总是闷闷不乐。

(33)理解问题常比别人慢些。

(34)疲倦时只要经过短暂休息,就能精神抖擞地重新投入工作。

(35)心里有事宁愿自己想,不愿说出来。

(36)认准一个目标,就希望尽快实现,不达到目的誓不罢休。

(37)学习、工作一段时间,常比别人疲倦。

(38)做事情有些莽撞,常不考虑后果。

(39)老师或师傅讲授新知识、新技术时,总希望他讲得慢些,多重复几遍。

(40)能够很快地忘记那些不愉快的事情。

(41)做作业或完成一件工作,总比别人花的时间多。

(42)喜欢运动量大的体育活动,或参加各种文艺活动。

(43)不能很快把注意力从一件事转移到另一件事上去。

(44)接受一个任务后,总希望把它迅速解决。

(45)认为墨守成规比冒风险强一些。

(46)能够同时注意几件事情。

(47)当烦闷的时候,别人很难使我高兴起来。

(48)爱看情节曲折、激动人心的小说。

(49)对工作抱认真严谨、始终一贯的态度。

(50)和周围人的关系总是处不好。

(51)喜欢复习学过的知识,重复做已经掌握的工作。

(52)喜欢做变化大、花样多的工作。

(53)小时候会背的诗歌,我似乎比别人记得清楚。

(54)别人说我"出语伤人",可我并不觉得这样。

(55)在体育活动中,常因反应慢而落后。

(56)反应敏捷,头脑机智。

(57)喜欢做有条理而不麻烦的工作。

(58)兴奋的事使我失眠。

(59)老师或师傅讲课,常常听不懂,但是弄懂后就很难忘记。

(60)假如工作枯燥无味,马上就会情绪低落。

记分法:把各题得分按照下列序号相加,算出总分。

气质类型	对应测试题目得分															总分
胆汁质	2	6	9	14	17	21	27	31	36	38	42	48	50	54	58	
多血质	4	8	11	16	19	23	25	29	34	40	44	46	52	56	60	
黏液质	1	7	10	13	18	22	26	30	33	39	43	45	49	55	57	
抑郁质	3	5	12	15	20	24	28	32	35	37	41	47	51	53	59	

评分标准:如果某项总分较高,高出其他得分4分以上,则为某种气质。如果有两栏得分显著超过另两栏得分(超过4分以上),而且得分较近,则为两种气质混合型。如果三种得分相当但均高于第四种,则为三种气质混合型。四种都很接近,则为四种混合型。

测试结果可表现为13种气质类型:①胆汁;②多血;③黏液;④抑郁;⑤胆汁—多血;⑥多血—黏液;⑦黏液—抑郁;⑧胆汁—抑郁;⑨胆汁—多血—黏液;⑩多血—黏液—抑郁;⑪胆汁—多血—抑郁;⑫胆汁—黏液—抑郁;⑬胆汁—多血—黏液—抑郁。

四种典型气质类型的行为特点如下。

(1)胆汁质。这种气质最突出的特点是具有很高的兴奋度,因而在行为上表现出不均衡性。这种人脾气暴躁,好挑衅,态度直率,精力旺盛。他们能够以极大的热情投身于事业,埋头于工作,能够克服在达到既定目标道路上的重重困难。但是,一旦精力消耗殆尽,这种人就往往对自己的能力失去信心,情绪低落下来。

(2)多血质。这种人最突出的特点是热忱和有显著的工作效能。他们对自己的事业有着浓厚的兴趣,并能保持相当的时间。这种人有很高的灵活性,容易适应变化了的生活条件,善于交际,在新的环境里不感到拘束。他们精神愉快,朝气蓬勃,但是一旦事业不顺利,或需要付出艰苦努力时,其热情就会大减,情绪容易波动。这种人大都机智敏锐,能较快地把握新事物,在从事多变和多样化的工作时,成绩卓著。

(3)黏液质。这种人安静、均衡,始终是平稳的、坚定的和顽强的。这种人能够较好地克制冲动,能严格地遵守既定的生活规律和工作制度。他们态度持重,交际适度。他们的不足之处是其固定性有余而灵活性不足。但这种惰性也有积极的一面,它可以保持从容不迫和严肃认真的品格。对这种人,安排从事有条理、冷静和持久性的工作为好。

(4)抑郁质。这种人最突出的特点是具有高度的敏感性,因而最容易受到挫折。他们比较孤僻,在困难面前优柔寡断,在面临危险情势时会感到极度的恐惧。这种人常常为微不足道的缘由而动感情。他们很好相处,能胜任别人的委托,能克服困难,具有坚定性。

　　在每一个大标题中的四个选择题中只选择一个最符合你自己的,并在英文字母后面做记号。一共40题,不能遗漏。

　　注意:请按照第一印象最快地选择,如果不能确定,可回忆童年时的情况,或者以你最熟悉的人对你的评价来从中选择。

一、1.富于冒险:愿意面对新事物并敢于下决心掌握的人　　D
　　2.适应力强:轻松自如适应任何环境　　S
　　3.生动:充满活力,表情生动,多手势　　I
　　4.善于分析:喜欢研究各部分之间的逻辑和正确的关系　　C

二、1.坚持不懈:要完成现有的事才能做新的事　　C
　　2.喜好娱乐:开心,充满乐趣与幽默感　　I
　　3.善于说服:用逻辑和事实而不用威严和权力服人　　D
　　4.平和:在冲突中不受干扰,保持平静　　S

三、1.顺服:易接受他人的观点和喜好,不坚持己见　　S
　　2.自我牺牲:为他人利益愿意放弃个人意见　　C
　　3.善于社交:认为与人相处是好玩,而不是挑战或者商业机会　　I
　　4.意志坚定:决心以自己的方式做事　　D

四、1.使人认同:因人格魅力或性格使人认同　　I
　　2.体贴:关心别人的感受与需要　　C
　　3.竞争性:把一切当作竞赛,总是有强烈的赢的欲望　　D
　　4.自控性:控制自己的情感,极少流露　　S

五、1.使人振作:给他人清新振奋的刺激　　I
　　2.尊重他人:对人诚实　　C
　　3.善于应变:对任何情况都能做出有效的反应　　D
　　4.含蓄:自我约束情绪与热忱　　S

六、1.生机勃勃:充满生命力与兴奋　　I
　　2.满足:容易接受任何情况与环境　　S
　　3.敏感:对周围的人和事过分关心　　C
　　4.自立:独立性强,只依靠自己的能力、判断与才智　　D

七、1.计划者:先做详尽的计划,并严格要依计划进行,不想改动　　C
　　2.耐性:不因延误而懊恼,冷静且能容忍　　S
　　3.积极:相信自己有转危为安的能力　　D
　　4.推动者:动用人格魅力鼓励别人参与　　I

八、1.肯定自信:极少犹豫或者动摇　　D

2.无拘无束:不喜欢预先计划,或者被计划牵制   I

3.羞涩:安静,不善于交谈   S

4.有时间性:生活处事依靠时间表,不喜欢计划被人干扰   C

九、1.迁就:改变自己以与他人协调,短时间内按照他人的要求行事   S

2.井井有条:有系统有条理安排事情   C

3.坦率:毫无保留,坦率发言   I

4.乐观:令他人和自己相信任何事情都会好转   D

十、1.强迫性:发号施令,强迫他人听从   D

2.忠诚:一贯可靠,忠心不移,有时毫无保留地奉献   C

3.有趣:风趣、幽默,把任何事物都能变成精彩的故事   I

4.友善:不主动交谈,不爱争论   S

十一、1.勇敢:敢于冒险,无所畏惧   D

2.体贴:待人得体,有耐心   S

3.注意细节:观察入微,做事情有条不紊   C

4.可爱:开心,与他人相处充满乐趣   I

十二、1.令人开心:充满活力,并将快乐传于他人   I

2.文化修养:对艺术特别喜爱,如戏剧、交响乐   C

3.自信:坚信自己的个人能力   D

4.贯彻始终:情绪平稳,做事情坚持不懈   S

十三、1.理想主义:以自己完美的标准来设想衡量新事物   C

2.独立:自给自足,独立自信,不需要他人的帮助   D

3.无攻击性:不说或者不做可能引起别人不满或反对的事情   S

4.富有激励:鼓励别人参与、加入,并把每件事情变得有趣   I

十四、1.感情外露:从不掩饰情感、喜好,交谈时常身不由己接触他人   I

2.深沉:深刻并常常内省,对肤浅的交谈会厌恶   C

3.果断:有很快做出判断与结论的能力   D

4.幽默:语气平和而有冷静的幽默   S

十五、1.调解者:经常居中调节不同的意见,以避免双方的冲突   S

2.音乐性:爱好参与并有较深的鉴赏能力   C

3.发起人:高效率的推动者,是他人的领导者,闲不住   D

4.喜交朋友:喜欢周旋于聚会中,善交新朋友,不把任何人当陌生人   I

十六、1.考虑周到:善解人意,热心帮助别人,记住特别的日子   C

2.执着:不达目的,誓不罢休   D

3.多言:不断地说话、讲笑话以娱乐他人,觉得应该避免沉默而带来的尴尬   I

4.容忍:易接受别人的想法和看法,不需要反对或改变他人   S

十七、1.聆听者:愿意听别人倾诉   S

2.忠心:对自己的理想、朋友、工作都绝对忠诚,有时甚至不需要理由   C

3.领导者:天生的领导,不相信别人的能力能比得上自己   D

4.精力充沛:充满活力   I

十八、1.知足:满足自己拥有的一切,很少羡慕别人　S

2.首领:要求领导地位及别人跟随　D

3.制图者:用图表数字来组织生活,解决问题　C

4.惹人喜爱:人们注意的中心,令人喜欢　I

十九、1.完美主义者:对自己、对别人都是高标准要求　C

2.和气:易相处,易让人接近　S

3.勤劳:不停地工作,完成任务,不愿意休息　D

4.受欢迎:聚会时的灵魂人物,受欢迎的宾客　I

二十、1.跳跃性:充满活力,生气勃勃　I

2.无畏:大胆前进,不怕冒险　D

3.规范性:时时坚持自己的举止合乎认同的道德规范　C

4.平衡:稳定,走中间路线　S

二十一、1.乏味:死气沉沉,缺乏生气　S

2.忸怩:躲避别人的注意力,在众人的注意下不自然　C

3.露骨:好表现,华而不实,声音大　I

4.专横:喜欢命令支配,有时略显傲慢　D

二十二、1.散漫:生活任性无秩序　I

2.无同情心:不易理解别人的问题和麻烦　D

3.缺乏热情:不易兴奋,经常感到好事难做　S

4.不宽恕:不易宽恕和忘记别人对自己的伤害,易嫉妒　C

二十三、1.保留:不愿意参与,尤其是当事情复杂时　S

2.怨恨:把实际或者自己想象的别人的冒犯经常放在心中　C

3.逆反:抗拒或者拒不接受别人的方法,固执己见　D

4.唠叨:重复讲同一件事情或故事,忘记已经重复多次,总是不断找话题　I

二十四、1.挑剔:坚持琐事细节,总喜欢挑不足　C

2.胆小:经常感到强烈的担心、焦虑　S

3.健忘:缺乏自我约束,导致健忘,不愿意回忆无趣的事情　I

4.率直:直言不讳,直接表达自己的看法　D

二十五、1.没耐性:难以忍受等待别人　D

2.无安全感:感到担心且无自信心　S

3.优柔寡断:很难下决定　C

4.好插嘴:一个滔滔不绝的发言人,不是好听众,不注意别人的讲话　I

二十六、1.不受欢迎:由于强烈要求完美,而拒人千里　C

2.不参与:不愿意加入,对别人的生活不感兴趣　S

3.难预测:时而兴奋,时而低落,或总是不兑现诺言　I

4.缺乏同情心:很难当众表达对弱者或者受难者的同情　D

二十七、1.固执:坚持照自己的意见行事,听不进去不同意见　D

2.随兴:做事没有一贯性　I

3.难于取悦:因为要求太高而使很难取悦别人　C

4.行动迟缓:迟迟才行动,不易参与或者行动总是慢半拍　S

二十八、1.平淡:平实淡漠,中间路线,无高低之分,很少表露情感　S

2.悲观:尽管期待最好,但往往首先看到事物的不利之处　C

3.自负:自我评价高,认为自己是最好的人选　D

4.放任:允许别人做他喜欢做的事情,为的是讨好别人,令别人鼓吹自己　I

二十九、1.易怒:善变,孩子性格,易激动,过后马上就忘了　I

2.无目标:不喜欢目标,也无意制订目标　S

3.好争论:易与人争吵,不管何事都觉得自己是对的　D

4.孤芳自赏:容易感到被疏离,经常没有安全感或担心别人不喜欢和自己相处　C

三十、1.天真:孩子般的单纯,不理解生命的真谛　I

2.消极:往往看到事物的消极面和阴暗面,而很少有积极的态度　C

3.鲁莽:充满自信,有胆识,但总是不恰当　D

4.冷漠:漠不关心,得过且过　S

三十一、1.担忧:时时感到不确定、焦虑、心烦　S

2.不善交际:总喜欢挑人毛病,不被人喜欢　C

3.工作狂:为了回报或者说成就感,而不是为了完美,因而设立宏伟的目标,不断工作,耻于休息　D

4.喜获认同:需要旁人认同赞赏,像演员　I

三十二、1.过分敏感:对事物过分反应,被人误解时常感到被冒犯　C

2.不圆滑老练:经常用冒犯别人或考虑不周的方式表达自己　D

3.胆怯:遇到困难退缩　S

4.喋喋不休:难以自控,滔滔不绝,不能倾听别人的意见　I

三十三、1.腼腆:事事不确定,对所做的事情缺乏信心　S

2.生活紊乱:缺乏安排生活的能力　I

3.跋扈:冲动地控制事物和别人,喜欢指挥他人　D

4.抑郁:常常情绪低落　C

三十四、1.缺乏毅力:反复无常,互相矛盾,情绪与行为不合逻辑　I

2.内向:活在自己的世界里,思想和兴趣放在心里　C

3.不容忍:不能忍受他人的观点、态度和做事的方式　D

4.无异议:对很多事情漠不关心　S

三十五、1.杂乱无章:生活环境无秩序,经常找不到东西　I

2.情绪化:情绪不易高涨,感到不被欣赏时心情容易低落　C

3.喃喃自语:低声说话,不在乎说不清楚　S

4.喜操纵:精明处事,操纵他人,使对自己有利　D

三十六、1.缓慢:行动思想均比较慢　S

2.顽固:决心依自己的意愿行事,不易被说服　D

3.好表现:希望吸引他人,需要自己成为被人注意的中心　I

4.有戒心:不易相信他人,对他人语言背后的真正的动机存在疑问　C

三十七、1.孤僻:需要大量的时间独处,避开人群　C

　　2. 统治欲:毫不犹豫地表示自己的正确或控制能力　D

　　3. 懒惰:总是先估量事情要耗费多少精力,能不做最好　S

　　4. 大嗓门:说话声和笑声总盖过他人　I

三十八、1. 拖延:凡事起步慢,需要推动力　S

　　2. 多疑:凡事持怀疑态度,不相信别人　C

　　3. 易怒:在行动不快或不能完成指定工作时易烦躁和发怒　D

　　4. 不专注:无法专心致志或者集中精力　I

三十九、1. 报复性:记恨并惩罚冒犯自己的人　C

　　2. 烦躁:喜新厌旧,不喜欢长时间做相同的事情　I

　　3. 勉强:不愿意参与或者投入　S

　　4. 轻率:因没有耐心,不经思考,草率行动　D

四十、1. 妥协:为避免矛盾,即使自己是对的,也不惜放弃自己的立场　S

　　2. 好批评:不断地衡量和判断,经常考虑提出反对意见　C

　　3. 狡猾:精明,总是有办法达到目的　D

　　4. 善变:像孩子般注意力短暂,需要各种变化,怕无聊　I

将以上的选择做一个统计,并记在括号内。

　　D—(　) I—(　) S—(　) C—(　)

计算各项得分。超过 10 分称为显性因子,可以作为性格测评的判断依据;低于 10 分称为隐性因子,对性格测评没有实际指导意义,可以忽略;结果有两项及以上超过 10 分,说明同时具备两项特征。

测试结果解释

(1) D 型:Dorminance 支配型(指挥者)。

情绪——易怒

恐惧——被利用

作风——高 D 直接、有压迫感、果断

　　　　中 D 好胜、有自信、不摆架子

　　　　低 D 小心、温和、谦虚

　　D 型人有自己的想法,且非常想成功,同时极善于让别人依他们的方法做事,他们会做全盘考量,并看情况是否有利。为满足自己的需要,他们会通过直接且压迫性的行为掌控环境,但现状不利时,他们通常能压住反对的声音。他们的工作忙碌,有效率,有组织,果断,反应快且善言辞,同时尖锐而不圆滑,因为他们以事为主,并要求结果。他们经常成为组织的火车头,因为他们好胜、喜欢改变且讨厌现况。身为爱探险的行动派,他们要的是直接答案,且喜欢马上看到结果。

(2) I 型:Influence 影响型(社交者)。

情绪——乐观

恐惧——排斥、失去社会认同

作风——高 I 精力充沛、自我促销、容易交往

　　　　中 I 稳若泰山、有自信、深思熟虑

　　　　低 I 自制、悲观、退缩

I型人生性较乐观,会将大多数状况视为有利条件,有别于D型人的敏感行为,由于他们急于认识他人并获其欣赏,因此,这类人的行为有时是不善社交者很难理解的。他们通常有能力说服他人共同合作。他们的自我意识很强,与D型人一样口才极佳,但I型人较圆滑,对他人的感觉较敏感,他们非常外向,且以他人为主,同时珍视关系。他们喜欢人际接触频繁的环境,因为他们在任何时候都可以交朋友。I型喜欢招待他人,懂得享受美食与餐厅气氛。这类人追求时髦,喜爱行动自由与物质享受。他们的工作环境友善、个人化且可激发创意。工作时步调快速又即兴,除非他们想获得他人的赏识,否则,他们会忽略细节,且杂乱无章。这类人会迅速把所有的东西塞进抽屉,因为看来更"体面"。周遭居住或工作的人,几乎不可能从他们的桌子或档案里找到任何东西,虽然他们知道东西"就在附近"。他们天生乐观,而滥用此特质的缺点之一,就是对谁都信赖,且听他人说话,会选择性地听自己想听的部分,或者自己乐观希望发生的部分。

(3)S型:Steadiness稳健型(支持者)。

情绪——无情绪

恐惧——突然改变、失去保障

作风——高S有耐心、容易预测、立场超然

   中S冷静、通融、步调快、动作快

   低S停不住、性急、即兴、紧张

S型人,对大多数组织而言是"纯金",因为他们不仅是忠诚的员工,也是可信赖的团队成员。他们是按部就班的逻辑思考者,喜欢为一个目标奋斗。稳健型偏爱稳定且可预测的环境,而需要改变时,他们会希望事先被告知。他们热爱长期的工作关系,以服务为导向,同时有耐心且和善,是一个能设身处地且富有同情心的聆听者,他们真正关心他人的感觉和问题,在专案中尤其能扮演幕僚的角色。他们偏好休闲协调的穿着。他们的工作环境个人化、轻松、友好且非正式。他们喜欢一致、缓慢且简单的方法,同时具备长期的专注力,使他们能稳健地执行工作。他们在冒险之前,会希望能得知所有相关证据。

(4)C型:Compliance服从型(思考者)。

情绪——危机意识

恐惧——被批评、缺乏标准

作风——高C精准、尽忠职守、自制

   中C重分析、逃避、固执

   低C武断、有反抗心、不圆滑

C型人谨慎并会严格遵守规定。他们天生精准且会把工作安排得井然有序。由于他们思路清晰,只要知道正确的方向,就会受到激励。他们对自己和下属的要求都非常高。这类人遵守纪律,讲求细节且维持高标准,不管做什么都要求完美。工作时从就业的层面而言,他们多为会计师、程序设计师等。

附录 C 谈判能力测试

测试一

根据自己的实际情况,认真考虑下列问题。从所给备选答案中,选出最符合自己的一项,并在选出项前的字母上画上"√"记号。

1. 你通常是否先准备好,再进行商谈?
   A. 总是　　　　　　　　B. 时常　　　　　　　　C. 有时
   D. 不常　　　　　　　　E. 都没有

2. 你是否相信商谈时对方告诉你的话?
   A. 不,我非常怀疑　　　B. 普通程度的怀疑　　　C. 有时候不相信
   D. 大概相信　　　　　　E. 几乎永远相信

3. 商谈时你是否常做乐观的打算?
   A. 几乎每次都关心最乐观的一面
   B. 相当关心　　　　　　C. 普通程度关心
   D. 不太关心　　　　　　E. 根本不关心

4. 你是否能适当表达自己的观点?
   A. 经常　　　　　　　　B. 超过一般水准　　　　C. 一般水准
   D. 低于一般水准　　　　E. 相当差

5. 你是不是一个很好的倾听者?
   A. 非常好　　　　　　　B. 比一般人好　　　　　C. 普通程度
   D. 低于一般水平　　　　E. 很差

6. 在商谈中,你想要定下哪一种目标?
   A. 很难达成的目标　　　B. 想当然的目标　　　　C. 不太难也不太易的目标
   D. 相当适合的目标　　　E. 不太难,比较容易达成的目标

7. 你对于解决问题是否有创见?
   A. 非常有　　　　　　　B. 相当有　　　　　　　C. 有时候会有
   D. 不太多　　　　　　　E. 几乎没有

8. 面对那些地位比你高的人,感觉如何?
   A. 非常舒服　　　　　　B. 相当舒服　　　　　　C. 复杂的感觉
   D. 不舒服　　　　　　　E. 相当不舒服

9. 商谈时,你是否会将内心的感受流露出来呢?
   A. 非常容易　　　　　　B. 比大部分的人容易　　C. 普通程度
   D. 不太经常　　　　　　E. 几乎没有

10. 商谈中你是否会问探索性的问题?

A. 擅长此道   B. 相当不错   C. 一般程度

D. 不太好   E. 不擅此道

11. 商谈时,你对自己的目标的执着程度如何?

A. 非常执着   B. 相当执着   C. 有点执着

D. 不太执着   E. 相当有弹性

12. 你认为自己是不是一个谨守策略的人?

A. 当然   B. 有时   C. 合理地运用

D. 时常会忘记运用策略   E. 几乎先说再考虑

13. 你是否能广泛地听取各方面的意见?

A. 是的,非常能   B. 大部分如此   C. 普通程度

D. 不听取别人的意见   E. 观念相当固执

14. 正直对你来说重要不重要?

A. 非常重要   B. 相当重要   C. 重要

D. 不重要   E. 非常不重要

15. 你对谈判的看法如何?

A. 高度的竞争   B. 大部分竞争,小部分合作

C. 大部分合作,小部分竞争

D. 高度的合作   E. 一半竞争,一半合作

16. 有人在陈述和你不同的观点时,你能够倾听吗?

A. 把头掉转开   B. 听一点点,很难听进去   C. 听一些,但不太在意

D. 合理地倾听   E. 很注意地听

17. 你对于别人的动机和愿望的敏感程度如何?

A. 高度敏感   B. 相当敏感   C. 普通程度

D. 比大部分人敏感度低   E. 不敏感

18. 兴奋时,你是否会激动?

A. 很镇静   B. 原则上很镇静,但会被对方激怒

C. 和大部分相同   D. 性情有点急躁

E. 有时会激动起来

19. 生意上的秘密,你是否会守口如瓶?

A. 非常保密   B. 相当保密   C. 一般程度

D. 常常说得比应该说的还多

E. 说得太多

20. 商谈中,你面对直接的冲突有何感觉?

A. 非常不舒服   B. 不舒服

C. 虽然不喜欢,但还是会面对它

D. 有点喜欢这种挑战

E. 非常喜欢这种机会

谈判能力测试记分方法

题号	A	B	C	D	E
1	10	8	4	−4	−10
2	10	8	4	−4	−10
3	−10	10	10	−5	−10
4	10	5	0	−4	−8
5	10	8	0	−8	−10
6	8	10	5	0	−10
7	10	8	0	0	−10
8	10	8	3	−3	−10
9	−10	−5	0	5	10
10	10	10	4	0	−8
11	10	10	3	−5	−15
12	10	5	0	−5	−8
13	10	3	5	−5	−10
14	10	8	5	0	−10
15	−10	10	8	−10	5
16	−10	−5	5	10	15
17	15	10	0	−10	−15
18	10	8	5	−5	−10
19	10	8	0	−8	−15
20	−10	−5	10	10	−5

测评结论:

①得分在 171～200 分说明谈判能力强;

②得分在 141～170 分说明谈判能力较强;

③得分在 90～140 分说明谈判能力一般;

④得分在 90 分以下说明谈判能力较差。

测试二

1. 你认为商务谈判( )。

A. 是一种意志的较量,谈判双方一定有输有赢

B. 是一种立场的坚持,谁坚持到底,谁就获利多

C. 是一种妥协的过程,双方各让一步一定会海阔天空

D. 是双方的关系重于利益,只要双方关系友好,必然带来理想的谈判结果

E.是双方妥协和利益得到实现的过程,以客观标准达成协议可得到双赢结果

2.在签订合同前,对方谈判代表认为合作条件很苛刻,按此条件自己无权做主,还要通过上司批准。此时你应该(　　)。

A.责怪对方谈判代表没有权做主就应该早声明,以致浪费这么多时间

B.询问对方上司批准合同的可能性,在最后决策者拍板前,要留有让步余地

C.提出要见决策者,重新安排谈判

D.与对方谈判代表先签订合作意向书,取得初步的谈判成果

E.进一步给出让步,达到对方谈判代表有权做主的条件

3.为得到更多的让步,或是为了掌握更多的信息,对方提出一些假设性的需求或问题,目的在于摸清底牌。此时你应该(　　)。

A.按照对方假设性的需求和问题诚实回答

B.对于各种假设性的需求和问题不予理会

C.指出对方的需求和问题不真实

D.了解对方的真实需求和问题,有针对性地给予同样假设性的答复

E.窥视对方真正的需求和兴趣,不给予清晰的答案,并将计就计促成交易

4.谈判对方提出几家竞争对手的情况向你施压,说你的价格太高,要求你给出更多的让步,你应该(　　)。

A.更多地了解竞争状况,坚持原有的合作条件,不要轻易让步

B.强调自己的价格是最合理的

C.为了争取合作,以对方提出的竞争对手的最优惠价格条件成交

D.询问对方,既然竞争对手的价格如此优惠,为什么不与他们合作

E.提出竞争事实,说明对方提出的竞争对手情况不真实

5.当对方提出如果这次谈判你能给予优惠条件,保证下次给你更大的生意时,你应该(　　)。

A.按照对方的合作要求给予适当的优惠条件

B.为了双方的长期合作,得到更大的生意,按照对方要求的优惠条件成交

C.了解买主的人格,不要以"未来的承诺"来牺牲"现在的利益",可以其人之道,还治其人之身

D.要求对方将下次生意的具体情况进行说明,以确定是否给予对方优惠条件

E.坚持原有的合作条件,对对方所提出的下次合作不予理会

6.谈判对方有诚意购买你整体方案的产品(服务),但苦于财力不足,不能完整成交。此时你应该(　　)。

A.要对方购买部分产品(服务),成交多少算多少

B.指出如果不能购买整体方案,就以后再谈

C.要求对方借钱购买整体方案

D.如果有可能,可协助对方贷款或改变整体方案,改变方案时,要注意相应条件的调整

E.先把整体方案的产品(服务)卖给对方,对方有多少钱就先给多少钱,所欠的钱以后再说

7.对方在达成协议前,将许多附加条件依次提出,要求得到你更大的让步,此时你应该(　　)。

A.强调你已经做出的让步,强调"双赢",尽快促成交易

B. 对对方提出的附加条件不予考虑,坚持原有的合作条件

C. 针锋相对,对对方提出的附加条件提出相应的附加条件

D. 不与这种"得寸进尺"的谈判对手合作

E. 运用推销证明的方法,将已有的合作伙伴情况介绍给对方

评分标准:

1. A:2　　B:3　　C:7　　D:6　　E:10
2. A:2　　B:10　　C:7　　D:6　　E:5
3. A:4　　B:3　　C:6　　D:7　　E:10
4. A:10　　B:6　　C:5　　D:2　　E:8
5. A:4　　B:2　　C:10　　D:6　　E:5
6. A:6　　B:2　　C:6　　D:10　　E:3
7. A:10　　B:4　　C:8　　D:2　　E:7

参考文献

[1] 王汉清. 逻辑学[M]. 北京:机械工业出版社,2013.

[2] 黄卫平,董丽丽. 国际商务谈判[M]. 北京:机械工业出版社,2014.

[3] 武洪明,许湘岳. 职业沟通教程[M]. 北京:人民出版社,2011.

[4] 王辉. 关于价格弹性理论的一点探讨[J]. 东南大学学报,2002(4).

[5] 金姆. 大胆下注[M]. 海口:海南人民出版社,1988.

[6] 皮尔逊. 如何交际[M]. 陈金武,朱家麟,黄星民,译. 长沙:湖南人民出版社,1987.

[7] 利普托特. 商战法则[M]. 大连:东北财经大学出版社,2003.

[8] 赵敦华. 西方哲学简史[M]. 北京:北京大学出版社,2013.

[9] 罗斌. 谈判圣经[M]. 北京:中国长安出版社,2006.